交通工程教学指导分委员会"十三五"规划教材
高等学校交通运输与工程类专业教材建设委员会规划教材

Traffic Flow Theory and Application
交通流理论及应用

王 昊　金诚杰　编著

人民交通出版社股份有限公司
北京

内 容 提 要

本书主要介绍交通流的特征与特性,及其平衡态和非平衡态的数学模型构建方法。全书共12章,第1章介绍交通流理论研究的内容和发展沿革;第2章介绍交通流的基本参数描述方法;第3章介绍交通流的基本特征;第4、5、6章介绍常用的交通流微观动力学模型;第7、8章介绍常用的交通流宏观动力学模型;第9、10章介绍交叉口处交通流的分析方法;第11章介绍行人交通流基本理论;第12章介绍交通流理论的新发展。

本书既可作为高等院校交通工程专业的必修课程教材,也可作为交通运输类相关专业选修课程教材,并可供交通运输规划与管理、交通信息与控制等领域的研究者和工程技术人员参考使用。

图书在版编目(CIP)数据

交通流理论及应用 / 王昊,金诚杰编著. —北京：人民交通出版社股份有限公司,2020.8
ISBN 978-7-114-16453-8

Ⅰ.①交… Ⅱ.①王…②金… Ⅲ.①交通流—高等学校—教材 Ⅳ.①U491.1

中国版本图书馆CIP数据核字(2020)第052519号

交通工程教学指导分委员会"十三五"规划教材
高等学校交通运输与工程类专业教材建设委员会规划教材
Jiaotongliu Lilun ji Yingyong

书　名：	交通流理论及应用
著作者：	王　昊　金诚杰
责任编辑：	司昌静
责任校对：	席少楠
责任印制：	刘高彤
出版发行：	人民交通出版社股份有限公司
地　址：	(100011)北京市朝阳区安定门外外馆斜街3号
网　址：	http://www.ccpcl.com.cn
销售电话：	(010)59757973
总经销：	人民交通出版社股份有限公司发行部
经　销：	各地新华书店
印　刷：	北京印匠彩色印刷有限公司
开　本：	787×1092　1/16
印　张：	14.5
字　数：	362千
版　次：	2020年8月　第1版
印　次：	2020年8月　第1次印刷
书　号：	ISBN 978-7-114-16453-8
定　价：	45.00元

(有印刷、装订质量问题的图书由本公司负责调换)

高等学校交通运输与工程类专业(道路、桥梁、隧道与交通工程)教材建设委员会

主 任 委 员：沙爱民　（长安大学）

副主任委员：梁乃兴　（重庆交通大学）
　　　　　　　陈艾荣　（同济大学）
　　　　　　　徐　岳　（长安大学）
　　　　　　　黄晓明　（东南大学）
　　　　　　　韩　敏　（人民交通出版社股份有限公司）

委　　　员：（按姓氏笔画排序）
　　　　　　　马松林　（哈尔滨工业大学）　　王云鹏　（北京航空航天大学）
　　　　　　　石　京　（清华大学）　　　　　申爱琴　（长安大学）
　　　　　　　朱合华　（同济大学）　　　　　任伟新　（合肥工业大学）
　　　　　　　向中富　（重庆交通大学）　　　刘　扬　（长沙理工大学）
　　　　　　　刘朝晖　（长沙理工大学）　　　刘寒冰　（吉林大学）
　　　　　　　关宏志　（北京工业大学）　　　李亚东　（西南交通大学）
　　　　　　　杨晓光　（同济大学）　　　　　吴瑞麟　（华中科技大学）
　　　　　　　何　民　（昆明理工大学）　　　何东坡　（东北林业大学）
　　　　　　　张顶立　（北京交通大学）　　　张金喜　（北京工业大学）
　　　　　　　陈　红　（长安大学）　　　　　陈　峻　（东南大学）
　　　　　　　陈宝春　（福州大学）　　　　　陈静云　（大连理工大学）
　　　　　　　邵旭东　（湖南大学）　　　　　项贻强　（浙江大学）
　　　　　　　胡志坚　（武汉理工大学）　　　郭忠印　（同济大学）
　　　　　　　黄　侨　（东南大学）　　　　　黄立葵　（湖南大学）
　　　　　　　黄亚新　（解放军理工大学）　　符锌砂　（华南理工大学）
　　　　　　　葛耀君　（同济大学）　　　　　裴玉龙　（东北林业大学）
　　　　　　　戴公连　（中南大学）

秘 书 长：孙　玺　（人民交通出版社股份有限公司）

前言

　　交通流理论是交通工程学的基础理论之一,是一门运用数学和物理的方法研究车流、人流等群体交通单位在不同交通设施内运行特征和规律的交叉学科。交通流理论的研究揭示了群体交通单位在系统层面的动力学特性和统计学特征,包括平衡态的特性、非平衡态的特性以及两者间的相互联系等。交通流理论属于交通工程学中最早发展起来的几个分支之一,其理论广泛应用于通行能力分析、交通网络分析、交通规划与设计、交通管理与控制等多个领域。

　　随着社会发展和科技进步,交通流理论的内涵不断丰富,研究方法和技术手段也在不断更新。本书是在参考国内外优秀教材和著作成果的基础上,结合东南大学交通工程专业多年来的教学经验编写而成。本书的主要特色包括:

　　(1) 注重内容的系统性和逻辑性。本书以交通流系统的平衡态与非平衡态之间的联系为主线,介绍了交通流平衡态基本图特征、非平衡态宏微观动力学特征、动力学模型与基本图模型间的关系,以及宏微观动力学模型间的关系等,力图揭示交通流系统内存在的普遍联系,帮助读者深刻理解交通流的本质。

　　(2) 注重内容的广度与深度,满足不同目标的教学需求。本书在内容设置上涵盖了面向连续流设施的交通流理论、间断流设施的交通流理论以及行人交通流理论,给读者提供一个较为完整的交通流理论知识体系。同时,书中增加了交通流稳定性分析、换道模型、高阶连续模型等内容,以满足希望对交通流理论有更为深入了解的读者的需求。

　　(3) 注重关注理论前沿和发展动态。本书在传统交通流理论内容的基础上,增加了近年来理论研究的一些新发展和新成果,包括三相交通流理论、智能网联环境下交通流建模方法等,以保证读者能够结合最新的理论发展方向进行学习。

(4) 注重内容的可读性。交通流理论中一些经典模型和分析方法涉及控制理论中稳定性分析、流体力学中动力学方程等知识。这些内容对于交通工程专业和土木工程专业背景的读者较为陌生。本书增加了对这些重要模型、理论推导过程的详细介绍,并大量采用插图、例题的形式,帮助读者理解,增强内容的可读性。

(5) 注重交通流理论的工程应用性。传统交通流理论教学注重对理论方法的学习,忽视对理论应用的介绍,容易造成理论与应用脱节的问题。本书增加了交通流模型参数标定方法、数值计算方法、数值仿真方法等内容的介绍,力求达到理论与应用结合的目的。

本书由东南大学王昊、金诚杰编著。其中,第1~5章、第7~10章由王昊撰写,第6、11章由金诚杰撰写,第12章由王昊、金诚杰合写。东南大学博士研究生秦严严、董长印、陈全,硕士研究生付之兵等参与了部分章节初稿的编写工作。

本书在编写过程中,还得到了国内外很多专家学者的支持和鼓励,在此表示诚挚的谢意! 同时,本书在编写过程中参考了国内外大量书籍、文献,在此谨向文献作者表示崇高的敬意和衷心的感谢!

东南大学的黄蓉、彭显玥、阮天承等研究生参与了书稿文献材料的收集整理工作、部分插图的绘制工作,以及文字校对工作,在此表示感谢!

限于编者水平,书中难免存在错误和疏漏之处,敬请广大读者给予批评指正和意见反馈,作者邮箱:haowang@seu.edu.cn,特此致谢!

作　者

2020 年 1 月

目录

第1章　绪论 ··· 1
1.1　交通流理论研究的内容与意义 ··· 1
1.2　交通流理论的发展沿革 ·· 2
1.3　交通流模型间的联系 ··· 3
1.4　本书内容介绍 ·· 4
课后习题 ··· 6
第2章　交通流基本参数 ·· 7
2.1　基于时空轨迹的交通流基本参数描述方法 ······························ 7
2.2　基于累积计数曲线的交通流基本参数描述方法 ······················ 12
2.3　交通流基本参数的一般性定义 ·· 17
2.4　交通流基本特征参数观测方法 ·· 21
课后习题 ·· 26
参考文献 ·· 26
第3章　交通流基本特征 ·· 27
3.1　交通流统计特征 ·· 27
3.2　交通流基本图特征 ··· 38
3.3　交通流动态特征 ·· 46
课后习题 ·· 48
参考文献 ·· 48
第4章　跟驰模型 ·· 50
4.1　跟驰模型的一般性描述 ··· 50
4.2　刺激-反应类模型 ··· 52
4.3　安全间距类模型 ·· 58
4.4　优化速度类模型 ·· 63
4.5　社会力模型 ·· 71
4.6　低阶线性模型 ··· 78

4.7 跟驰模型标定 ··· 80
4.8 跟驰模型的稳定性 ·· 82
课后习题 ·· 88
参考文献 ·· 89

第 5 章 换道模型 ··· 90
5.1 换道模型的一般性描述 ·· 90
5.2 Gipps 模型 ·· 91
5.3 离散选择类换道模型 ··· 94
5.4 MOBIL 模型 ·· 96
5.5 换道模型的参数标定 ··· 98
课后习题 ··· 101
参考文献 ··· 101

第 6 章 元胞自动机模型 ·· 102
6.1 概述 ·· 102
6.2 单车道模型 ··· 103
6.3 多车道模型 ··· 109
课后习题 ··· 114
参考文献 ··· 114

第 7 章 宏观连续模型 ··· 117
7.1 LWR 模型 ·· 117
7.2 高阶连续模型 ·· 125
7.3 连续模型与跟驰模型之间的联系 ·· 129
7.4 连续模型的数值计算 ··· 133
课后习题 ··· 135
参考文献 ··· 136

第 8 章 元胞传输类模型 ·· 137
8.1 无匝道元胞传输模型 ··· 137
8.2 有匝道元胞传输模型 ··· 143
8.3 LC 模型 ··· 148
课后习题 ··· 150
参考文献 ··· 151

第 9 章 间隙接受理论 ··· 152
9.1 间隙接受模型 ·· 152
9.2 参数标定 ··· 156
9.3 主路优先交叉口通行能力分析 ··· 158
9.4 环形交叉口通行能力分析 ·· 163
课后习题 ··· 166
参考文献 ··· 168

第 10 章 交叉口延误分析 ··· 169
  10.1 无信号控制交叉口延误 ··· 169
  10.2 信号控制交叉口延误 ·· 171
  课后习题 ·· 186
  参考文献 ·· 187

第 11 章 行人交通流 ·· 188
  11.1 统计学特征 ·· 188
  11.2 连续模型 ··· 195
  11.3 离散模型 ··· 198
  课后习题 ·· 202
  参考文献 ·· 202

第 12 章 交通流理论的新发展 ··· 205
  12.1 三相交通流理论 ··· 205
  12.2 智能网联交通流 ··· 213
  课后习题 ·· 217
  参考文献 ·· 218

第 1 章
绪论

1.1 交通流理论研究的内容与意义

交通流理论是运用物理学与数学的定律描述交通特性的交通工程学基础理论之一。最初,有关交通流的研究主要针对道路上行驶的机动车流的特性。20 世纪 90 年代后,有关行人、自行车等其他交通方式的交通流特性研究也开始发展。道路机动车交通流始终是交通流理论最主要的研究对象。机动车交通流的特性与其行驶的道路类型密不可分。通常,道路设施可分为两类:连续流设施和间断流设施。连续流设施为机动车流提供了相对连续的运行环境,几乎没有强制性阻断干扰,因而在该类设施上机动车流能够连续不中断地行驶。连续流设施上行驶的机动车流称为连续流。典型的连续流设施包括高速公路、普通公路以及城市快速路等。间断流设施则对交通流的通行存在强制性阻断干扰,如平面交叉口、交通信号控制等。城市街道是典型的间断流设施,因而城市地面道路上行驶的车流是间断流。

连续流和间断流的特性不同,其研究方法也有所区别。连续流具有明显的类流体特征,流体内颗粒(车辆)间的相互作用、波动特性、系统平衡状态特性与非平衡态特性等是连续流交通特性研究中的核心内容,在方法论上多采用类似流体力学、质点系动力学等理论方法。间断流受到强制阻断干扰,流体的波动性易被打断。由于间断流遇到的阻断干扰多为受控性干扰,因而如何进行交通流通行权的控制以及分析各种控制方式下的交通流有何特性成为间断流研究的重点内容,在方法论上,常采用排队论、概率论、数学优化等理论方法。

研究交通流运行规律的重要作用是为交通设施的规划、设计、管理和控制提供理论支撑。应用交通流理论的模型和方法可以分析各类道路设施在不同服务水平下的通行能力,以及预测交通流在道路网络上的时空演化特征。前者是道路交通规划与设计所需的基本参数,后者为交通流实时预测与控制提供关键技术。因此,交通流理论是研究交通系统供给能力与特性的基础方法论工具,对交通学科的发展具有重要的意义。

1.2 交通流理论的发展沿革

交通流理论的发展大致经历了四个时期,每个时期的理论发展各有特点,分述如下。

1.2.1 20世纪30~40年代

一般认为,交通流的研究最早始于20世纪30年代。在20世纪30~40年代这段时期,道路车流量并不大,交通密度较为稀疏。在这种情况下,车辆到达具有一定的随机性,且车与车之间的相互影响作用较弱。因此,这一时期主要采用概率论和统计学的方法对交通流的特征进行观测和统计分析,包括对流率、速度、密度等宏观交通流参数的观测,以及对车辆到达分布、车头时距分布、车速分布等交通流统计特征的研究。这些早期的研究工作开启了交通流理论两个重要的研究领域:交通流基本图理论和交通特性的统计分布。基本图理论揭示了交通流系统中流率、速度与密度三个基本参数之间的内在关系,是交通流最基本、最重要的规律之一。它定义了交通流不同的系统状态,是进行道路通行能力分析、服务水平划分的直接理论基础,也是交通流动力学、道路网络交通分配等理论研究所需的基础模型。交通特性的统计分布一方面能够预测道路设施在给定时段内到达的车辆数,另一方面也为间隙接受理论、排队论等方法论提供交通特性的统计分布函数。这一时期的研究工作拉开了交通流理论研究的序幕,也为后面的理论发展奠定了基础。

1.2.2 20世纪50~60年代

20世纪50年代后,机动车数量逐渐增多,道路上开始出现大量的密集车流。车辆到达的随机性减弱,车与车之间的相互影响作用增强,交通流动力学研究的意义开始凸显。这一时期,一批物理学家、数学家以及控制论、统计学、心理学领域的学者加入了交通流理论研究的行列,交通流理论研究迎来了第一个蓬勃发展时期。在这段时期内,形成了多个基本图模型,提出了车辆跟驰模型、宏观连续模型(LWR模型)、排队论模型,以及交叉口信号控制和延误分析方法等一大批经典理论与方法。交通流的研究涉及了连续流和间断流两类不同的形态,以及平衡态基本图、微观动力学、宏观动力学、交通信号控制、Maxband绿波优化等不同的理论方法,交通流理论体系基本形成。其中,交通流动力学模型的发展是这一时期的标志性成果。无论是微观跟驰模型还是宏观连续模型,都为深入理解交通流的动态特性以及后续计算机交通仿真技术发展提供了关键方法论。

1959年,在美国底特律市举行了第一次国际交通流研究专题研讨会。这次会议被认为是交通流理论形成的标志之一。此外,交通流理论方面的一些重要著作和学术刊物也在这一时期形成,包括"Traffic Engineering and Control""Transportation Science""Transportation Research"等,对交通流理论乃至整个交通学科的后续发展产生了深远的影响。

1.2.3　20世纪70~80年代

20世纪70~80年代,交通流理论的微观动力学模型和宏观动力学模型都有一些进展。在微观动力学建模方面,出现了安全跟驰模型和车辆换道模型。与早期通用汽车实验室的跟驰模型不同,安全跟驰模型没有采用"刺激-反应"的建模思路,而是采用了安全驾驶策略导出了跟驰车速与车间距离的函数关系,为深入理解车辆跟驰行为提供了新的角度。与此同时,车辆换道模型也被提出,形成了车辆换道完整过程的模型表达方法,并结合跟驰模型开发了交通流计算机仿真软件。在宏观动力学领域,交通流的通行能力陡降现象(Capacity Drop)、磁滞现象(Hysteresis Loop)等复杂非线性特征逐渐引起相关研究人员的重视。1971年,Payne提出了第一个高阶连续模型。高阶连续模型突破了LWR模型只能求得平衡态解的限制,能够描述更多复杂的交通流非平衡态现象。此后,更多的高阶连续模型相继产生,Prigogine等学者提出了类气体动力学的三阶连续模型。

此外,交通信号协调控制理论也在这一时期得到了进一步发展。借助道路交通流状态检测器以及交通信号联网控制技术,SCATS、SCOOT等一批交通信号实时协调控制系统得到了广泛的应用,推动了交通信号控制技术的发展。

1.2.4　20世纪90年代以后

20世纪90年代后,得益于交通观测技术和计算机技术的进步,交通流理论的研究迎来了新一轮的大发展。这一时期,交通流理论研究几乎在每个领域都有所突破。在交通流基本图模型方面,Kerner提出了一种全新的观点——三相交通流。与传统基本图模型不同之处在于,三相交通流认为交通流的状态包括三种:自由流、同步流和运动堵塞。在微观动力学领域,元胞自动机模型开始广泛应用于交通流的仿真分析。相比跟驰模型,元胞自动机模型引入了随机效应,并拥有更高的计算效率,可以用于更大范围路网的微观交通仿真。在宏观动力学领域,出现了速度梯度型连续模型,克服了早期密度梯度连续模型的缺陷。此外,Daganzo提出了元胞传输模型,使交通流宏观动力学模型从路段模型向网络模型发展。在非机动车交通流方面,行人流的建模理论发展迅速,并逐渐形成了独立的研究方向和模型体系。

进入21世纪,智能网联交通流成为新的研究热点。自动驾驶汽车因具备灵敏的环境感知能力以及车-车通信和车-路通信功能,其交通动力学特性也与人工驾驶汽车有所区别。如何为自动驾驶汽车建立新的交通流模型,如何准确描述智能网联环境下自动驾驶汽车和人工驾驶汽车混合交通流的交通特性,是未来交通流理论的重要课题。

1.3　交通流模型间的联系

交通流理论的内容包含统计特征、基本图特征、动力学特征等,这些内容本质上反映了交通流系统不同状态的特性。事实上,交通流系统的不同状态之间是存在联系的,这种联系也存在于交通流的各种模型之中,大体上体现在以下两个方面:

第一,交通流平衡态模型和动态模型之间的联系。平衡态模型主要指基本图模型,它描述了交通流平衡态条件下,基本状态参数之间的关系。动态模型主要包括各类动力学模型。我们发现,大部分动力学模型中都含有基本图模型。这表明,交通流系统存在内生动力或自组织机制,它驱动着非平衡态交通流系统向平衡态演化。类似于弹簧或钟摆,当受到干扰偏离平衡态后,系统在平衡态附近振荡,并最终回归平衡态。

第二,交通流宏观模型和微观模型之间的联系。宏观模型着重在流体层面刻画交通流的一般特性和规律,主要包括平衡态基本图模型和宏观动力学模型(连续模型)。微观模型则着眼于个体车辆的行为特性,主要包括跟驰模型和换道模型。基本图模型是平衡态条件下微观跟驰模型在系统层面集聚效应的体现,因而从跟驰模型出发可以导出其对应的宏观基本图模型。在动力学方面,连续模型是微观跟驰模型动力学特性在宏观层面的集聚,因而两者之间可以相互转换。交通流模型间的联系如图1.3.1所示。

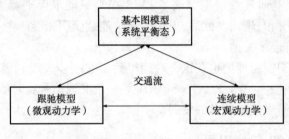

图1.3.1 交通流模型间的联系

1.4 本书内容介绍

本书共分为12章。第1章为绪论,总体介绍交通流理论的内容与意义;第2章介绍交通流基本参数的定义与观测方法;第三章介绍交通流的统计特征、平衡态基本图特征以及非平衡态特征;第4、5、6章为微观动力学模型部分,分别介绍跟驰模型、换道模型和元胞自动机模型;第7、8章为宏观动力学模型部分,分别介绍宏观连续模型和元胞传输模型;第9、10章为间断流分析方法,包括间隙接受模型和交叉口延误分析模型;第11章为行人交通流模型;第12章为交通流理论的新发展,介绍三相交通流理论和智能网联交通流建模方法。各章节内容的关系如图1.4.1所示。

①三相交通流模型将基本图划分为三个不同状态,有别于传统基本图模型。
②跟驰模型可以通过积分变换或平衡态求解获得相应的基本图模型。
③跟驰模型可以拓展为MOBIL换道模型,使跟驰与换道在模型上获得统一。
④跟驰模型与宏观连续模型之间可通过坐标系变换实现相互转换。
⑤交通流车头时距的统计分布特征是间隙接受模型的关键构成部分。
⑥元胞传输模型本质上是宏观连续模型的时空离散化表达。
⑦LWR模型假设交通流始终处于平衡状态,模型的解满足基本图关系。
⑧高阶连续模型能够描述交通流的时走时停等非平衡态特征。
⑨交叉口主路优先控制条件下次要道路车辆延误的分析方法。
⑩三相交通流模型的基本图包含交通流非平衡态特征。

第1章 绪 论

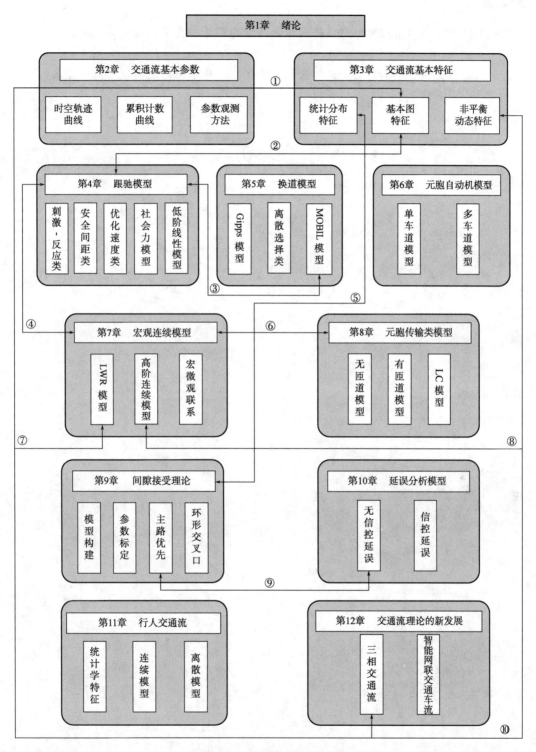

图1.4.1 各章节之间的关系

课后习题

1. 从交通流特性的角度可以将道路交通设施分为哪两种类型？这两类设施上的交通流运行有何特点？

2. 如何理解交通流平衡态的含义？交通流平衡态与非平衡态之间存在何种关系？

第 2 章
交通流基本参数

流率、速度和密度是交通流的三个基本特征参数,是描述交通流状态及特性的基础概念。它们的定义源自早期交通工程实践中对交通流的认识以及当时的观测方法。本章从时空轨迹曲线和累积计数曲线两类常用的交通流特性分析工具出发,介绍交通流基本特征参数的定义方法及其相互之间的关系。

2.1 基于时空轨迹的交通流基本参数描述方法[1]

2.1.1 交通流时空轨迹图与三参数定义

在对交通流基本参数和特征进行定义和描述的时候,通常主要关注车流沿道路曲线方向的运动特征。因此,交通流基本参数中的速度指车流沿道路曲线方向的速度。若以车辆沿道路曲线方向的位移为纵坐标,以时间为横坐标,则车辆沿道路曲线方向运动的时空轨迹可用图 2.1.1 表示。

图 2.1.1 中的车辆轨迹显示了不同时刻车辆在道路上所处的位置。通常,该轨迹由离散的观测点进行曲线拟合获得。显然,当拟合的轨迹曲线足够光滑(二阶可导)时,轨迹上任意点的一阶导数为车辆在该时刻沿道路曲线方向的行驶速度,二阶导数则为车辆的加速度。从图 2.1.1 中的轨迹曲线可以看出,车辆运动经历了先加速后减速的过程。

2.1.1.1 流率、车头时距与时间平均车速

当道路上有多辆车在行驶时,可以将所有车辆的时空轨迹绘制在同一个图上,如图 2.1.2 所示。若观察者位于路侧某个位置 x^* 处对车流进行观测,在 T 时段内统计得到通过观测点的车辆数为 m,则该时段内交通流的流率记为 $q=m/T$。根据定义,第 $i-1$ 辆车与第 i 辆车的车头依次通过观测点的时间差记为第 i 辆车的车头时距 h_i。当观测时段足够长,观测到的车辆足够多的时候,以下等式是近似成立的:

$$T \approx \sum_{i=1}^{m} h_i \tag{2.1.1}$$

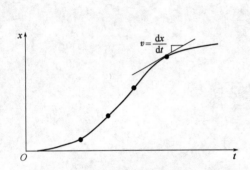

图 2.1.1 车辆沿道路曲线方向运动的时空轨迹　　图 2.1.2 流率与车头时距的关系

将流率的定义式代入上式,可得:

$$\frac{1}{q} = \frac{T}{m} \approx \frac{1}{m}\sum_{i=1}^{m} h_i = \bar{h} \tag{2.1.2}$$

式中,$\bar{h}$ 为平均车头时距。以上公式表明流率和平均车头时距互为倒数关系。

记录依次经过观测点的所有车辆的地点车速 $v_i(i=1,2,3,\cdots)$,通过对所有车辆地点车速取算数均值,可以获得交通流的平均速度。由于该平均车速是建立在一段观测时间内的统计量,因而称该速度为时间平均车速,其表达式如下:

$$\bar{v}_t = \frac{1}{m}\sum_{i=1}^{m} v_i \tag{2.1.3}$$

式中,$\bar{v}_t$ 为时间平均车速。

2.1.1.2 密度、车头间距与空间平均车速

换一种视角来观测交通流。当从高空鸟瞰道路时,可以用高空摄影的方法记录某个瞬间($t=t^*$)道路上车辆的位置分布,如图 2.1.3 所示。若 t^* 时刻在长度为 L 的路段范围内观测到 n 个车辆,则该时段内交通流的密度记为 $k=n/L$。根据定义,第 $j-1$ 辆车与第 j 辆车的车头之间的距离记为第 j 辆车的车头间距 s_j。当观测路段足够长,观测到的车辆足够多的时候,以下等式是近似成立的:

$$L \approx \sum_{j=1}^{n} s_j \tag{2.1.4}$$

将密度的定义式代入上式,可得:

$$\frac{1}{k} = \frac{L}{n} \approx \frac{1}{n}\sum_{j=1}^{n} s_j = \bar{s} \tag{2.1.5}$$

式中，$\bar{s}$ 为平均车头间距。以上公式表明密度和平均车头间距互为倒数关系。

记录 t^* 时刻观测到的所有车辆的地点车速 $v_j(j=1,2,3,\cdots)$，通过对所有车辆地点车速取算数均值，也可以获得交通流的平均速度。由于该平均车速是建立在一段空间范围内的统计量，因而称该速度为空间平均车速，其表达式如下：

$$\bar{v}_s = \frac{1}{n}\sum_{j=1}^{n}v_j \tag{2.1.6}$$

式中，$\bar{v}_s$ 为空间平均车速。

2.1.1.3 一般性视角

如果把观测交通流的方式推广到更一般的情形，让观测者乘坐速度为 v_0 的观测车在道路上对交通流进行观测，并记录下观测车超越其他车辆以及被其他车辆超越的时刻和位置，将这些点坐标记录在时空图中。当有多名观测者分别乘坐多辆速度为 v_0 的观测车进行类似观测的时候，即可通过曲线拟合获得该条道路上观测时段内的所有车辆时空轨迹曲线，如图2.1.4所示。

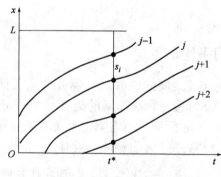

图2.1.3 密度与车头间距的关系

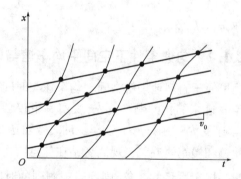

图2.1.4 移动观测描绘的车辆时空轨迹

虽然在实际交通观测中很少采用移动观测的方式，但移动观测给出了一般性的轨迹点样本观测方法。注意，当移动观测者自身的速度 v_0 等于0时，移动观测就是前述的固定点观测方式，而当移动观测者自身的速度 v_0 趋近于无穷时，移动观测即等同于高空摄影观测。

【例题 2.1.1】

有一个周长为 L 的圆形环道，有 n 辆车以相同的速度在环道上行驶，车辆行驶一周所需的时间为 C，请画出环道上车辆的时空轨迹图，计算环道交通流率和交通密度，并探寻环道上速度、密度、流率三者间的关系。

【解答】

定义环道上起点位置坐标为 $x=0$，终点坐标为 $x=L$，车辆沿顺时针方向绕环运动，时空轨迹如图2.1.5所示。

由题可知，环道上车辆的速度为 $v_R = L/C$。

假设观测者在环道起点处观测交通流，观测时间为 C，则在观测时间内一共观测到 n 辆车经过观测断面。根据交通流率的定义可知环道流率为：$q_R = n/C$。

根据交通密度的定义可知，任意时刻在长度为 L 的环道上均有 n 辆车在行驶，因此，环道的交通密度为：$k_R = n/L$。

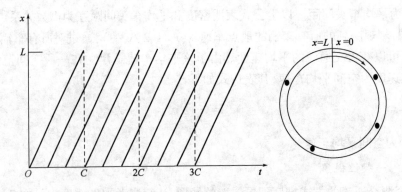

图 2.1.5 环道交通流车辆时空轨迹

由流率和密度的表达式可以推知:

$$\frac{q_R}{k_R} = \frac{\frac{n}{C}}{\frac{n}{L}} = \frac{L}{C} = v_R$$

即,$q_R = k_R v_R$。

2.1.2 匀速条件下空间平均车速与时间平均车速

为了便于直观地理解空间平均车速与时间平均车速之间的关系,本节采用匀速条件下车辆时空轨迹来简化问题。首先,观察一个仅含有快车和慢车两类车辆的交通流,快车速度为 v_1,慢车速度为 v_2,则 $v_1 > v_2$。车辆的时空轨迹如图 2.1.6 所示,其中粗线条和细线条分别代表快车轨迹和慢车轨迹。当观测者站在任意固定点 x^* 位置观测交通流时,发现通过观测点的快车数量是慢车数量的 3 倍,则此时观测到的时间平均车速 $\bar{v}_t = (3v_1 + v_2)/4$;而在任意时刻 t^* 进行航拍观测时,则发现快车数量是慢车数量的 1/2,此时观测到的空间平均车速 $\bar{v}_s = (v_1 + 2v_2)/3$。显然,在这个例子中,观测到的时间平均车速高于空间平均车速,亦即 $\bar{v}_t > \bar{v}_s$。

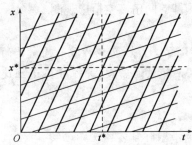

图 2.1.6 含有快车和慢车的简单交通流

虽然以上例子是一个简化的情况,但是其揭示的时间平均车速与空间平均车速之间的关系与实际交通流的观测结果是一致的。那么,在流率、速度、密度三参数之间的定义关系式 $q = k\bar{v}$ 中,速度应该采用时间平均车速还是空间平均车速呢?

2.1.2.1 空间平均车速的使用

为了弄清楚上述问题,本节给出一个匀速条件下的简单解释。假设道路上的交通流由若干速度不同的分流组成。在每个分流内,车辆以相同的速度和车头距离匀速行驶。此外,假设不同速度的分流之间可以不受阻碍地超车。交通流车辆轨迹如图 2.1.7 所示。

对于任意一组分流 i,存在如下关系式:

$$h_i v_i = s_i \tag{2.1.7}$$

式中,h_i、v_i、s_i 分别为第 i 组分流的车头时距、速度和车头间距。将式 2.1.7 做如下变形:

$$\frac{1}{h_i} = v_i \frac{1}{s_i} \qquad (2.1.8)$$

因为车头时距与流率互为倒数,车头间距与密度互为倒数,因此有如下关系:

$$q_i = v_i k_i \qquad (2.1.9)$$

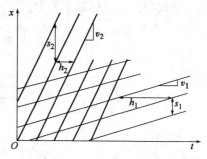

图 2.1.7 不同速度的交通分流

式中,q_i,k_i 分别为第 i 组分流的流率和密度。交通流的流率和密度可以看成由所有分流的流率和密度构成的,因而有:

$$q = \sum_i q_i \qquad (2.1.10)$$

$$k = \sum_i k_i \qquad (2.1.11)$$

于是:

$$q = \sum_i v_i k_i = k \sum_i v_i (k_i/k) \qquad (2.1.12)$$

由交通密度的定义以及空间平均车速的定义可知:

$$\bar{v}_s = \sum_i v_i (k_i/k) \qquad (2.1.13)$$

因此,将式(2.1.13)代入式(2.1.12)可得:

$$q = k\bar{v}_s \qquad (2.1.14)$$

通过上述推导可知,流率等于密度与空间平均车速的乘积,这是交通流三参数的基本关系式。本节给出的推导过程是在理想条件下获得的关系,更严谨的推导方法将在下一节中应用速度、密度、流率的扩展定义做介绍。

2.1.2.2 由空间平均车速估计时间平均车速

类似之前的做法,假设交通流是由 m 个速度不同的分流组成的,则根据时间平均车速和空间平均车速的定义,有:

$$\bar{v}_t = \frac{\sum_{i=1}^m q_i v_i}{\sum_{i=1}^m q_i} = \frac{\sum_{i=1}^m q_i v_i}{q} \qquad (2.1.15)$$

$$\bar{v}_s = \frac{\sum_{i=1}^m k_i v_i}{\sum_{i=1}^m k_i} = \frac{\sum_{i=1}^m k_i v_i}{k} \qquad (2.1.16)$$

对于每组分流而言,式(2.1.9)成立。将式(2.1.9)代入式(2.1.15)可得:

$$\bar{v}_t = \frac{\sum_{i=1}^m (k_i v_i) v_i}{q} = k \frac{\sum_{i=1}^m (k_i/k) v_i^2}{q} = k \frac{\sum_{i=1}^m f_i v_i^2}{q} \qquad (2.1.17)$$

式中,$f_i = k_i/k$。将交通流三参数关系式(2.1.14)代入式(2.1.17),可得:

$$\bar{v}_t = k \frac{\sum_{i=1}^m f_i v_i^2}{k\bar{v}_s} = \frac{1}{\bar{v}_s} \sum_{i=1}^m f_i v_i^2 \qquad (2.1.18)$$

将式(2.1.18)做如下变形:

$$\bar{v}_t = \frac{1}{\bar{v}_s}\sum_{i=1}^{m}f_i v_i^2 = \frac{1}{\bar{v}_s}\sum_{i=1}^{m}f_i[\bar{v}_s + (v_i - \bar{v}_s)]^2$$

$$= \frac{1}{\bar{v}_s}\left[\sum_{i=1}^{m}f_i\bar{v}_s^2 + 2\sum_{i=1}^{m}f_i\bar{v}_s(v_i - \bar{v}_s) + \sum_{i=1}^{m}f_i(v_i - \bar{v}_s)^2\right] \quad (2.1.19)$$

注意:

$$\sum_{i=1}^{m}f_i\bar{v}_s^2 = \bar{v}_s^2\sum_{i=1}^{m}f_i = \bar{v}_s^2 \quad (2.1.20)$$

$$\sum_{i=1}^{m}f_i\bar{v}_s(v_i - \bar{v}_s) = \bar{v}_s\sum_{i=1}^{m}f_i(v_i - \bar{v}_s) = 0 \quad (2.1.21)$$

$$\sum_{i=1}^{m}f_i(v_i - \bar{v}_s)^2 = \sigma_s^2 \quad (2.1.22)$$

式中,σ_s^2 为观测路段内所有车辆的速度方差。

将式(2.1.20)、式(2.1.21)、式(2.1.22)代入式(2.1.19),整理后可得:

$$\bar{v}_t = \frac{1}{\bar{v}_s}(\bar{v}_s^2 + \sigma_s^2) = \bar{v}_s + \frac{\sigma_s^2}{\bar{v}_s} \quad (2.1.23)$$

以上结果构建了时间平均车速与空间平均车速之间的关系,同时也表明时间平均车速大于空间平均车速。需要说明的是,上述关系是在理想的匀速条件假设下获得的,实际道路上的车辆速度总是处于变化中,因而上述关系式在现实中并不是严格成立的。

2.2 基于累积计数曲线的交通流基本参数描述方法[1]

2.2.1 累积计数曲线图

除了车辆时空轨迹图之外,累积计数曲线图也是一种非常重要的描述交通流特征的工具。设想有一观测者站在路边记录累计经过他身前的车辆数 N 和对应的时刻 t,并将这些数据点描绘在图上,如图2.2.1所示。

图中横坐标轴为时间,纵坐标轴为累积车辆计数。如图2.2.1所示,实际观测记录的累积车辆计数曲线 $N(t)$ 为阶梯式的折线图,并不便于进行分析。为此,实际应用中常采用一条光滑的曲线 $\tilde{N}(t)$ 来拟合观测获得的数据点。事实上,当观测时间足够长时,把大量的数据点绘制在一张图上,会发现数据点自然形成一条累积计数曲线。显然,累积计数曲线的陡峭程度能够反映单位时间内经过观测点车辆的多少。曲线越陡则表明在该时段内经过观测点的车辆数越多。累计车辆计数值关于时间的变化率即为流率,用数学语言描述为:

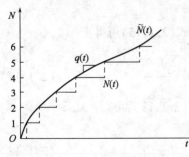

图 2.2.1 累积计数曲线

$$q = \frac{d\tilde{N}(t)}{dt} \qquad (2.2.1)$$

式中,q 为经过观测点的交通流率。

累积计数曲线最常见的应用就是分析交通设施的延误情况。下面先通过一个简单的例子来做介绍。设想有两名观测者分别位于某一路段的上游和下游两个观测断面。假设该路段不计长度(上、下游断面紧挨着),则当路段不拥挤时,车辆到达上游断面后随即离开下游断面,没有任何延误。然而,当路段拥挤时,车辆到达上游断面后需要等待一段时间,然后方可离开下游断面,因而产生了延误。由于忽略了路段的长度,不妨假想车辆在上、下游观测点之间形成了向上方叠加式的排队。将上游观测者记录的累积车辆计数曲线定义为到达曲线 $A(t)$,下游观测者记录的累积车辆计数曲线定义为离去曲线 $D(t)$,并绘制于同一张图上,得到如图 2.2.2 所示的延误图。

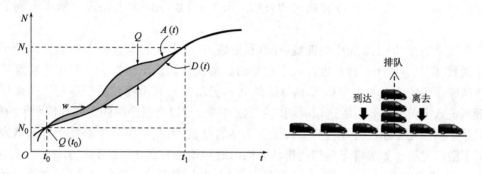

图 2.2.2　不计长度路段的延误分析

从图 2.2.2 中可以看出,t_0 时刻到达上游断面和离开下游断面的车辆数相等,即 $A(t_0) = D(t_0) = N_0$,因而 t_0 时刻路段的排队长度 $Q(t_0) = 0$。随后,到达的车辆数多于离去的车辆数,即 $A(t) > D(t)$,直到 t_1 时刻,到达车辆数和离去车辆数再次相等。那么,以 t_0 时刻为基准时刻,后续新到达的车辆数比后续离去的车辆数多的部分即为在上、下游观测断面之间叠加式排队的车辆数,其计算表达式如下:

$$Q(t) = Q(t_0) + [A(t) - A(t_0)] - [D(t) - D(t_0)] = A(t) - D(t) \qquad (2.2.2)$$

另外,通过对累积到达函数 $A(t)$ 和累积离去函数 $D(t)$ 取反函数,可以获得某辆车到达和离开路段的时刻,两者的时间差即为该辆车在该路段的延误值。具体地,对于到达该路段的第 N 辆车,其延误 $w(N)$ 可用下式计算:

$$w(N) = D^{-1}(N) - A^{-1}(N) \qquad (2.2.3)$$

于是,通过对叠加式排队车辆数 $Q(t)$ 在时间上积分,即可获得所有车辆在该路段上的总延误。在图 2.2.2 中,总延误即 t_0 到 t_1 之间到达曲线和离去曲线围合区域的面积,表达式如下:

$$\text{Delay} = \int_{t_0}^{t_1} Q(t) dt = \int_{t_0}^{t_1} [A(t) - D(t)] dt \qquad (2.2.4)$$

此处之所以给出叠加式排队这一假想模式,是为了强调车辆在该叠加式队列中是完全静止的,速度为 0。正因如此,式(2.2.4)方可成立。

2.2.2 延误分析

以上内容展示了应用累积计数曲线分析路段延误的简单例子,而现实中的路段长度是不可忽略的。那么,当考虑路段长度时,延误如何进行分析呢?假设有两位观测者分别位于某一路段的上游和下游断面,分别记录到达上游和离开下游的累积车辆计数,如图2.2.3中到达曲线$A(t)$和离去曲线$D(t)$所示。

假设在自由流状态下,车辆以期望速度或路段限速值行驶,此时车辆从路段上游行驶至路段下游无任何延误,其所需时间为τ。那么,将到达曲线$A(t)$向右平移τ可获得一条新的曲线,记为$V(t)$。$V(t)$曲线给出了当路段不存在任何延误时,所有车辆离开路段下游断面的时刻。这条虚拟的曲线并不是实际观测获得的,而车辆实际离开下游断面的时刻如曲线$D(t)$所描绘。显然,虚拟曲线$V(t)$和实际离去曲线$D(t)$之间的水平距离即为车辆在路段上、下游之间的延误值$w(N)$。曲线$V(t)$和曲线$D(t)$之间的围合面积即为该路段上所有车辆的总延误值。

需要注意的是,图2.2.3中的曲线$V(t)$和曲线$D(t)$之间的垂直距离并非实际处于排队中的车辆数,而是等价于不计长度路段中假想的叠加式排队的车辆数。这是因为实际道路上处于排队中车辆的速度并不为0,车辆排队的队列仍以较低的速度在缓慢运行。如果仔细分析车辆从进入上游到离开下游这段时间内的状态特征,可以将整个时间大致分成两个阶段:第一阶段是车辆以期望速度行驶直至加入排队队尾的过程,第二阶段是车辆处于排队队列中缓慢离开下游的过程。如果将车辆到达排队队尾的时刻绘制在图中,即可获得图2.2.4中的曲线$B(t)$。曲线$B(t)$描绘了每辆车加入排队队列的时刻,亦即第一阶段结束,第二阶段开始的时刻。定义第二阶段的时长为$t_Q(N)$,则:

$$t_Q(N) = D^{-1}(N) - B^{-1}(N) \tag{2.2.5}$$

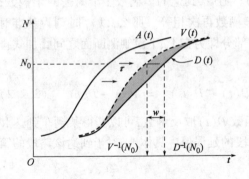
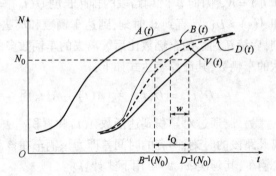

图2.2.3　路段延误分析图示1　　　　　图2.2.4　路段延误分析图示2

车辆在第一阶段没有延误,因此车辆延误仅在第二阶段产生。考虑到车辆在第二阶段并非完全静止等待,而是低速移动,因而第二阶段的时长并不能都视为延误。事实上,第二阶段时长比排队队列以期望速度离开下游多花费的时间才是实际车辆延误值。因此,有$t_Q(N) > w(N)$。

接下来,我们基于图2.2.4讨论在延误观测中常见观测变量之间的关系。在实际观测中,较易观测的量包括到达曲线$A(t)$、离去曲线$D(t)$、车辆的延误w、路段的自由流速度(期望速度)v_f、排队队列的移动速度v_Q,以及排队车辆的消散率μ。相对较难观测的量包括排队长度

d_Q、车辆排队时间 t_Q、排队车辆的平均车头间距 $\bar{h}_Q$,以及累积加入排队车辆计数曲线 $B(t)$。

车辆排队时间 t_Q 与排队长度 d_Q 及排队移动速度 v_Q 之间存在如下关系:

$$t_Q = \frac{d_Q}{v_Q} \tag{2.2.6}$$

则车辆延误值为:

$$w = t_Q - \frac{d_Q}{v_f} = \frac{d_Q}{v_Q} - \frac{d_Q}{v_f} \tag{2.2.7}$$

对式(2.2.7)做变形即可获得排队长度表达式:

$$d_Q = \frac{w}{\frac{1}{v_Q} - \frac{1}{v_f}} \tag{2.2.8}$$

将式(2.2.8)代入式(2.2.6)可得:

$$t_Q = \frac{w}{1 - \frac{v_Q}{v_f}} \tag{2.2.9}$$

式(2.2.8)与式(2.2.9)的意义在于,它们为我们提供了一种从易观测值间接推算不易观测值的方法。当获得了车辆排队时间 t_Q 后,即可在图2.2.4中绘出曲线 $B(t)$。随后,即可计算出任意时刻排队队列中的车辆数:

$$Q(t) = B(t) - D(t) \tag{2.2.10}$$

考虑到排队车辆的平均车头间距为:

$$\bar{h}_Q = \frac{v_Q}{\mu} \tag{2.2.11}$$

任意时刻排队队列在空间上的长度可以表达为 $[B(t) - D(t)]\frac{v_Q}{\mu}$。

通过应用累积计数曲线,我们可以将观测交通流复杂特征的任务简化为在固定观测点记录车辆到达时刻这一简单的工作。然后,结合路段自由流车速、排队移动速度以及排队消散率这些稳定的参数,即可推算出其他重要的并且相对较难观测的交通流特征量。

2.2.3 时空域上的累积计数函数

累积计数曲线和车辆时空轨迹是两种常用的交通流特征描述工具。累积计数曲线主要关注交通流在宏观层面的特征,而车辆时空轨迹则聚焦个体车辆的运动特征。事实上,两者之间存在着一定的联系。图2.2.5显示了某条路段上依次驶过的所有车辆的时空轨迹。在图2.2.5中,位于左上角的第一条曲线是第一辆驶入该路段车辆的轨迹,第二条曲线是第二辆车的,依次类推。那么,当一个累积计数观测者的观测位置 x 以及观测时刻 t 位于两条相邻时空轨迹之间的时空域时,观测得到的累积车辆计数值 $N(t,x)$ 都是相等的,如图中阴影区域,在该时空域中,累积计数值处处相等,均为3辆。若将累积计数函数定义为时空域 (t,x) 上的二元函数 $N(t,x)$,则在图2.2.5中的阴影区域内,有 $N(t,x) = 3$。

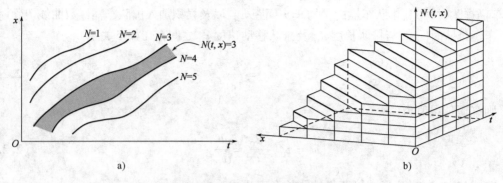

图 2.2.5 时空域上的累积计数函数示意

当采用二元函数来定义累积计数函数时，累积计数函数在时空图中是一个曲面，但并不光滑，而是一个由若干个连续等高面组成的类似台阶式的表面。为了方便分析，可以用一个经过各条车辆轨迹的光滑的曲面 $\tilde{N}(t,x)$ 来代替 $N(t,x)$，且要求 $\tilde{N}(t,x)$ 在时间轴和位移轴两个方向上均可导。那么，易见函数 $\tilde{N}(t,x)$ 随着 t 增大而增大，随着 x 增大而减小。如图 2.2.6 所示，函数 $\tilde{N}(t,x)$ 关于时间的变化率即流率，而关于空间位移的变化率即交通密度，用数学表达式描述如下：

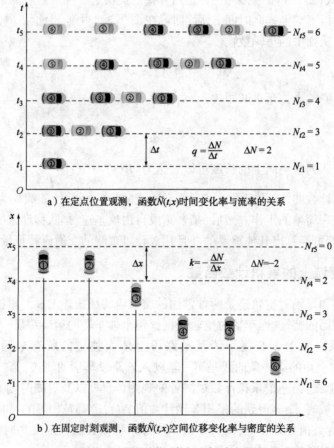

a）在定点位置观测，函数 $\tilde{N}(t,x)$ 时间变化率与流率的关系

b）在固定时刻观测，函数 $\tilde{N}(t,x)$ 空间位移变化率与密度的关系

图 2.2.6 累积计数函数与流率、密度关系

$$\frac{\partial \tilde{N}(t,x)}{\partial t} = q(t,x) \qquad (2.2.12)$$

$$\frac{\partial \tilde{N}(t,x)}{\partial x} = -k(t,x) \qquad (2.2.13)$$

注意,式(2.2.13)中等号右边交通密度前的符号为负号,这是由于在空间位移 x 的正方向上,累积车辆计数值是递减的。

2.3 交通流基本参数的一般性定义

前面介绍了交通流三参数的基本定义,本节将借助车辆时空轨迹曲线对交通流三参数定义做一般性拓展。

2.3.1 定义在二维时空域上的交通流参数

假设在图 2.3.1 中的二维时空域上存在多条车辆轨迹。

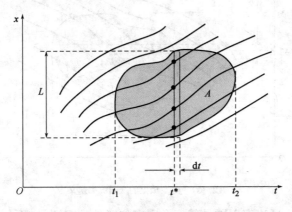

图 2.3.1 时空域上的交通密度定义

在图 2.3.1 所示的时空图中,存在多条车辆轨迹。假设一观测者在某时刻 t^* 观测到长度为 L 的路段上有 n 辆车,则根据之前交通密度的定义,t^* 时刻该路段的交通密度 $k=n/L$。若在时空图上存在任意闭曲线围合区域 A,在区域 A 内 t 时刻的观测路段长度为 $L(t)$,路段上的车辆数为 $n(t)$,则 t 时刻的交通密度 $k(t)=n(t)/L(t)$。对于一段非常短的时间 $\mathrm{d}t$ 而言,有:

$$k(t) = \frac{n(t)}{L(t)} = \frac{n(t)\mathrm{d}t}{L(t)\mathrm{d}t} \qquad (2.3.1)$$

不难发现,在式(2.3.1)中,交通密度不再是某一个瞬时的观测量,而是拓展为一个时空区域内的观测量。它的分子是 $n(t)$ 辆车在时段 t 到 $t+\mathrm{d}t$ 内的总行程时间,分母为时空观测域的面积 $L(t)\mathrm{d}t$。当时段非常短时,该拓展定义下的交通密度值与 t 时刻传统定义下的交通密度值是相等的。如果将这一新的交通密度定义法拓展到任意闭曲线围合区域 A 内,则可以得到时空域 A 内的交通密度定义:

$$k(A) = \frac{\int_{t_1}^{t_2} n(t) \, dt}{\int_{t_1}^{t_2} L(t) \, dt} = \frac{t(A)}{|A|} \tag{2.3.2}$$

式(2.3.2)表明,在任意时空观测域 A 内,交通密度值等于观测域 A 内所有车辆的总行程时间与观测域 A 的面积之比。

类似地,可以将交通流率定义在时空观测域上做相应的一般性拓展。在图2.3.2所示的时空图中,假设一观测者在路侧某位置 x^* 观测到 T 时段内有 n 辆车经过观测断面,则根据之前交通流率的定义,x^* 位置该路段观测时段内的交通流率 $q = n/T$。若在时空图上存在任意闭曲线围合区域 A,在区域 A 内 x 位置处观测时长 $T(x)$ 内经过观测点的车辆数为 $n(x)$,则 x 位置处的 $T(x)$ 时段内交通流率 $q(x) = n(x)/T(x)$。对于一段非常短的路段长度 dx 而言,有:

$$q(x) = \frac{n(x)}{T(x)} = \frac{n(x)\,dx}{T(x)\,dx} \tag{2.3.3}$$

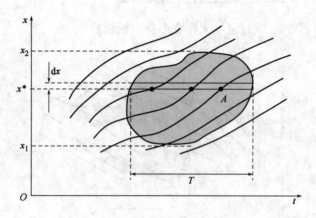

图2.3.2 时空域上的交通流率定义

在式(2.3.3)中,交通流率不再是某一个固定位置处的观测量,而是拓展为一个时空区域内的观测量。它的分子是 $n(x)$ 辆车在位置 x 到 $x+dx$ 之间路段内的总位移,分母为时空观测域的面积 $T(x)\,dx$。当路段非常短时,该拓展定义下的交通流率值与 x 位置处传统定义下的交通流率值是相等的。如果将这一新的交通流率定义法拓展到任意闭曲线围合区域 A 内,则可以得到时空域 A 内的交通流率定义:

$$q(A) = \frac{\int_{x_1}^{x_2} n(x)\,dx}{\int_{x_1}^{x_2} T(x)\,dx} = \frac{d(A)}{|A|} \tag{2.3.4}$$

式(2.3.4)表明,在任意时空观测域 A 内,交通流率值等于观测域 A 内所有车辆的总位移与观测域 A 的面积之比。

如果将时空域 A 内所有车辆的总位移与总行程时间的比值定义为时空域 A 内交通流的平均速度,则:

$$v(A) = \frac{d(A)}{t(A)} = \frac{\frac{d(A)}{|A|}}{\frac{t(A)}{|A|}} = \frac{q(A)}{k(A)} \tag{2.3.5}$$

式(2.3.5)表明,当采用上述平均速度定义时,时空域 A 内交通流的平均速度等于流率与密度的比值,这与传统定义下三参数关系 $q = kv$ 相一致。因此,将交通流三参数的传统定义拓展到时空域上在理论上是自洽的。

前面章节介绍了应用航空拍摄法对空间平均车速的观测方法,在这里我们应用时空域的观点对空间平均车速重新回顾一下。在图 2.3.1 中,假设在 t^* 时刻观测路段范围内共有 n 辆车,在 t^* 时刻的地点车速为 $v_i(i=1,2,\cdots,n)$,考查在微小时间段 t^* 到 $t^* + \mathrm{d}t$ 内的矩形时空域 A^*,有:

$$t(A^*) = n\mathrm{d}t \tag{2.3.6}$$

$$d(A^*) = \sum_{i=1}^{n} v_i \mathrm{d}t \tag{2.3.7}$$

根据时空域上平均车速的定义,

$$v(A^*) = \frac{d(A^*)}{t(A^*)} = \frac{\sum_{i=1}^{n} v_i \mathrm{d}t}{n\mathrm{d}t} = \frac{1}{n}\sum_{i=1}^{n} v_i \tag{2.3.8}$$

此时,时空域 A^* 内的平均车速与 t^* 时刻传统航拍观测法获得的空间平均车速是一致的。这也进一步佐证了在三参数基本关系式 $q = kv$ 中,速度应为空间平均车速,而非时间平均车速。同时,也说明时空域上定义的平均车速本质上是空间平均车速。

类似地,在图 2.3.2 中,假设 T 时段内经过观测点 x^* 位置共有 m 辆车,其地点车速为 v_i,$i = (1,2,\cdots,m)$,考查在微小路段 x^* 到 $x^* + \mathrm{d}x$ 内的矩形时空域 A^*,有:

$$d(A^*) = m\mathrm{d}x \tag{2.3.9}$$

$$t(A^*) = \sum_{i=1}^{m} \frac{\mathrm{d}x}{v_i} = \mathrm{d}x \sum_{i=1}^{m} \frac{1}{v_i} \tag{2.3.10}$$

根据时空域上平均车速的定义,

$$v(A^*) = \frac{d(A^*)}{t(A^*)} = \frac{m\mathrm{d}x}{\mathrm{d}x\sum_{i=1}^{m}\frac{1}{v_i}} = \frac{1}{\frac{1}{m}\sum_{i=1}^{m}\frac{1}{v_i}} \tag{2.3.11}$$

同样地,式(2.3.11)表达的依然是空间平均车速。不难发现,该速度是 T 时段内所有经过观测点 x^* 位置车辆地点车速的调和均值。因此,式(2.3.11)给出了空间平均车速的另一种估计方法,即固定观测点的空间平均车速的估计方法。

实际交通观测中,还有一种常用的空间平均车速观测方法,如图 2.3.3 所示。

在给定长度为 L 的路段上,观测给定时间 T 内,所有通过该路段的 n 辆车的行程时间 $t_i(i=1,2,\cdots,n)$,则根据时空域上平均车速的定义,有:

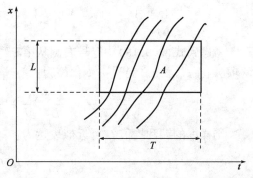

图 2.3.3　固定长度时空域上的空间平均车速

$$v(A^*) = \frac{d(A^*)}{t(A^*)} = \frac{nL}{\sum_{i=1}^{n} t_i} = \frac{L}{\frac{1}{n}\sum_{i=1}^{n} t_i} = \frac{L}{\bar{t}} \tag{2.3.12}$$

式(2.3.12)提供了空间平均车速的另一种表达方法,即观测路段长度与所有经过该路段车辆平均行程时间的比值。

2.3.2 由时间平均车速估计空间平均车速[2]

空间平均车速是一个非常重要的参数。然而,相对于时间平均车速而言,空间平均车速的观测更为困难。式(2.3.11)给出了在固定断面观测空间平均车速的方法,该方法揭示了由时间平均车速观测样本估计空间平均车速的路径。

这里需要应用统计学中样本算术均值和调和均值之间的关系。假设有一个包含 N 个观测值的样本,X_i 为第 i 个观测值。令 M 和 H 分别表示样本的算术均值和调和均值,表达式如下:

$$M = \frac{1}{N}\sum_{i=1}^{N} X_i \tag{2.3.13}$$

$$H = \frac{1}{\frac{1}{N}\sum_{i=1}^{N} \frac{1}{X_i}} \tag{2.3.14}$$

该样本的方差为 V_M,表达式如下:

$$V_M = \frac{1}{N}\sum_{i=1}^{N} (X_i - M)^2 \tag{2.3.15}$$

将 $1/X_i$ 在 M 点处泰勒(Taylor)展开:

$$\frac{1}{X_i} = \frac{1}{M} - \frac{1}{M^2}(X_i - M) + \frac{1}{M^3}(X_i - M)^2 - \frac{1}{M^4}(X_i - M)^3 + \cdots \tag{2.3.16}$$

则样本调和均值 H 的倒数可以表达为:

$$\frac{1}{N}\sum_{i=1}^{N} \frac{1}{X_i} = \frac{1}{N}\sum_{i=1}^{N} \frac{1}{M} - \frac{1}{NM^2}\sum_{i=1}^{N}(X_i - M) + \frac{1}{NM^3}\sum_{i=1}^{N}(X_i - M)^2 - \frac{1}{NM^4}\sum_{i=1}^{N}(X_i - M)^3 + \frac{1}{NM^5}\sum_{i=1}^{N}(X_i - M)^4 \cdots \tag{2.3.17}$$

根据样本算术均值的性质可知,式(2.3.17)中 $\sum_{i=1}^{N}(X_i - M) = 0$,且所有 $(X_i - M)$ 奇数次幂的和都接近于0。于是,去掉式(2.3.17)中 $(X_i - M)$ 奇数次幂的求和项,可得:

$$\frac{1}{N}\sum_{i=1}^{N} \frac{1}{X_i} \approx \frac{1}{N}\sum_{i=1}^{N} \frac{1}{M} + \frac{1}{NM^3}\sum_{i=1}^{N}(X_i - M)^2 + \frac{1}{NM^5}\sum_{i=1}^{N}(X_i - M)^4 + \cdots \tag{2.3.18}$$

考虑到式(2.3.18)中等号右侧从第三项开始后面的各项均接近于0,可以略去,仅保留前两项,因而式(2.3.18)进一步化简为:

$$\frac{1}{N}\sum_{i=1}^{N} \frac{1}{X_i} \approx \frac{1}{N}\sum_{i=1}^{N} \frac{1}{M} + \frac{1}{NM^3}\sum_{i=1}^{N}(X_i - M)^2 = \frac{1}{M} + \frac{V_M}{M^3} \tag{2.3.19}$$

则样本的调和均值 H 可近似表达为:

$$H \approx \frac{1}{\frac{1}{M} + \frac{V_M}{M^3}} \tag{2.3.20}$$

对式(2.3.20)做如下变形,最终化简为:

$$H \approx \frac{1}{\frac{1}{M} + \frac{V_M}{M^3}} = \frac{M^3}{M^2 + V_M} = \frac{M}{1 + \frac{V_M}{M^2}} = \frac{M\left(1 - \frac{V_M}{M^2}\right)}{\left(1 + \frac{V_M}{M^2}\right)\left(1 - \frac{V_M}{M^2}\right)}$$

$$= \frac{M\left(1 - \frac{V_M}{M^2}\right)}{1 - \left(\frac{V_M}{M^2}\right)^2} \approx M\left(1 - \frac{V_M}{M^2}\right) = M - \frac{V_M}{M} \tag{2.3.21}$$

当样本为道路上某断面地点车速的观测样本时,样本算术均值即为时间平均车速,而调和均值即为空间平均车速。因此,式(2.3.21)的交通意义为基于时间平均车速观测样本的空间平均车速估计式:

$$\bar{v}_s = \bar{v}_t - \frac{\sigma_t^2}{\bar{v}_t} \tag{2.3.22}$$

回顾本章 2.1 节中由空间平均车速样本估计时间平均车速的计算式(2.1.23),将其与式(2.3.22)联立,可得:

$$\frac{\bar{v}_s}{\bar{v}_t} = \frac{\sigma_s^2}{\sigma_t^2} \tag{2.3.23}$$

2.4 交通流基本特征参数观测方法

交通流理论的研究以实际交通流运行特征为基础,因而对于交通流基本特征参数的观测是交通流理论研究中的重要工作。

2.4.1 交通流检测器

交通流检测器种类很多,按照检测器的工作位置可分为固定检测器和移动检测器,按照检测范围可分为断面检测器和区间检测器,按照检测对象可分为占位触发检测器、速度检测器、位置检测器、距离检测器。下面对各类常见检测器的特点做具体介绍。

2.4.1.1 气压管检测器

气压管检测器是一种依靠车轮压力产生气压信号进行车辆通过时刻记录的检测装置。在使用时需将其垂直于行车道方向铺设于被检测路段上。当铺设单根气压管时,可检测车辆经过路段的时刻,并间接获得车头时距和流率数据。当采用两根距离相近的气压管进行测量时,可根据车轮碾压两根气压管的时间差计算车辆的地点车速,进而通过前后轮碾压气压管的时间差计算车辆轴距,从而识别车型信息。气压管检测器属于占位触发检测器,通过组合使用可以构造成速度检测器。图 2.4.1 为气压管式车辆检测器示意图。

优点:拍照快速,费用低,维修简单。

缺点:在大流量条件下检测精度下降,当车辆停留在气压管上时精度失真。

适用性:可用于短期或临时交通量测量。

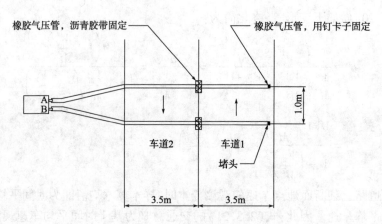

图 2.4.1　气压管式车辆检测器示意图

2.4.1.2　磁感应线圈检测器

基于电磁感应原理,将感应线圈埋置于路面下,当车辆通过线圈时,线圈磁通量发生变化从而触发信号记录车辆到达时刻和通过检测器的时长等信息。当使用单个线圈检测器时,可以检测车辆通过时刻数据,进而获得车头时距、流率数据;同时,还可以获得交通流占有率数据。当采用两个距离相近的线圈检测器进行测量时,可以通过车辆经过两个线圈的时差计算获得车辆的地点车速数据。磁感应线圈检测器属于占位触发检测器,通过组合使用可以构造成速度检测器。图2.4.2为磁感应线圈式车辆检测器示意图。

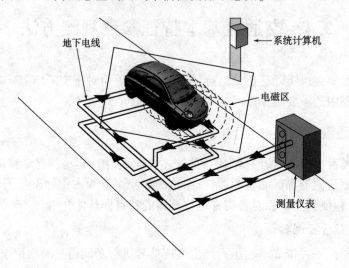

图 2.4.2　磁感应线圈式车辆检测器示意图

优点:测速和交通量检测精度较高,工作稳定性好,检测交通参数全面。

缺点:安装时对路面有破坏作用,影响路面寿命;维修需要开挖路面;车辆拥堵时检测精度降低。

适用性:广泛用于各类道路,具体由安装条件和维护要求决定。

2.4.1.3　微波(雷达)类检测器

微波检测器利用微波(雷达)检测原理,向道路检测断面连续发射微波,通过反射波束检测车辆的存在和车辆移动速度。微波检测器既可以感知车辆是否存在，又可以通过多普勒效应计算车辆速度，因而是一种集占位检测功能和速度检测功能于一体的交通检测器。图2.4.3为微波车辆检测器示意图。

优点：安装不破坏路面，维修时不封闭车道；可检测运动车辆，亦可检测静止车辆；可全天候检测，且对交通量的检测精度较高。

缺点：交通量小、车辆速度差距大时，其检测精度下降；安装精度要求高。

适用性：广泛用于各类道路，流量大、速度均匀的道路应用效果较好。

图2.4.3 微波车辆检测器示意图

2.4.1.4 视频检测器

视频检测器采用实时视频拍摄的方法采集道路交通流的视频图像数据，并通过计算机图像识别技术提取车辆的状态信息数据，包括车辆到达检测点的时刻、车速、流率、占有率、行车轨迹以及排队长度等。视频检测器既具备占位检测功能又具备速度检测功能，是一种智能型检测器。图2.4.4为视频车辆检测器示意图。

图2.4.4 视频车辆检测器示意图

优点：安装不破坏路面，维修时不封闭车道；可检测运动车辆，亦可检测静止车辆；可提取车辆行驶轨迹数据。

缺点：当能见度低时，其检测精度下降；安装精度要求高；设备成本较高。

适用性：广泛用于各类道路，支持对驾驶行为、交通事件等复杂信息的检测。

2.4.1.5 卫星定位系统接收仪

卫星定位系统接收仪包括GPS接收仪和北斗系统接收仪，安装于车辆内部，实时记录车辆的位置坐标数据。通过坐标采样的时间差可以进一步计算车辆的速度、加速度等信息。卫星定位系统接收仪属于位置检测器。当相邻的前后车辆同时安装卫星定位系统接收仪时，可以通过两车的坐标差计算车辆间距等信息。图2.4.5为基于卫星定位系统的车辆检测器示意图。

图2.4.5 基于卫星定位系统的车辆检测器示意图

优点：对车辆位置坐标的检测精度高，可检测车辆的运动轨迹。

缺点：当卫星信号弱时，检测精度失效；无法用于交通流宏观特征参数检测。

适用性：记录个体实验车辆行车轨迹数据，或车辆跟驰数据。

2.4.2 交通流主要特征参数观测方法

交通流主要特征参数包括流率、速度、密度、占有率、车头时距等。下面介绍这些特征参数的观测方法。

2.4.2.1 流率

通常，对流率的观测是基于道路某个特定断面进行的，可采用人工计数的方式或选用占位触发类检测器进行观测，包括气压管检测器、磁感应线圈检测器、反射波检测器、射频检测器以及视频检测器。观测员持计时器记录观测时段内通过道路断面的车辆数，或将检测器安装于被观测道路断面位置，自动采集观测时段内通过道路断面的车辆数。然后，根据流率定义，将观测时段内统计获得的车辆数除以观测时长，获得流率值。

2.4.2.2 速度

对于车辆地点车速的观测可分为直接观测和间接观测两类。直接观测主要采用反射波类检测器，根据多普勒效应计算通过观测位置的车辆瞬时车速。间接观测则通过距离与时间的比值计算车辆速度。通常，在被观测位置前后设置两处连续观测断面，并安装占位触发类检测器。根据车辆依次通过连续断面的时间差即可计算车辆通过两断面的行驶速度。当连续两观测断面之间距离较近时，采用人工计时的观测方法误差较大。

当获得连续经过观测断面的地点车速后，即可根据算术均值[式(2.1.3)]和调和均值[式(2.3.11)]计算获得时间平均车速和空间平均车速。

2.4.2.3 密度

相对流率和速度而言，直接观测交通密度难度较大。实际交通观测中，通常采用间接法，通过观测流率和空间平均速度计算出交通密度。

2.4.2.4 占有率

占有率定义为观测时间内检测器被车辆所占用的时间总和与观测时段长的比值，也被称为交通流时间密集度，与空间密集度（交通密度）概念相对应。占有率是磁感应线圈等占位触发类车辆检测器可以直接检测获得的交通流特征参数。假设检测器长度为 d，第 i 辆车的长度为 l_i，通过检测器时的速度为 v_i，观测时段 T 内共有 n 辆车通过检测器，则占有率 o 可由下式计算：

$$o = \frac{\sum_{i=1}^{n} \frac{(d + l_i)}{v_i}}{T} \tag{2.4.1}$$

当假设所有车辆长度都等于平均车长 $\bar{l} = 1/n \sum_{i=1}^{n} l_i$ 时，式(2.4.1)可以做以下变形：

$$o \approx (d + \bar{l}) \frac{n}{T} \cdot \frac{1}{n} \sum_{i=1}^{n} \frac{1}{v_i} = (d + \bar{l}) \frac{q}{v_s} = (d + \bar{l})k \tag{2.4.2}$$

因此,占有率与交通密度之间成近似的正比关系,这也为交通密度的观测提供了另一种间接的近似方法,即通过测量占有率进行推算。

2.4.2.5 车头时距

车头时距定义为交通流中相邻车辆的车头依次连续通过同一观测断面的时间差。不难发现,车头时距可以采用人工计数的方式或使用占位触发类车辆检测器进行观测。通常,车头时距与流率的观测是同时进行的。

2.4.3 车辆时空轨迹观测

与 2.3 节中介绍的交通流主要特征参数相比,车辆时空轨迹所蕴含的交通流动态信息更为丰富、全面,因而近年来越来越受到关注。车辆时空轨迹数据是由一系列时空坐标点组成的,记录了车辆在每一个采样时刻的空间坐标。由本章 2.1 节,我们很容易通过车辆的轨迹数据计算得到交通流的流率、速度、密度、车头时距、车头间距等特征参数。车辆时空轨迹的观测方法主要分为两类,即随车轨迹观测法和高空摄影观测法。

2.4.3.1 随车轨迹观测法

随车轨迹观测法的观测设备通常由车载卫星定位系统接收仪和车载距离检测器构成。其中,车载卫星定位系统接收仪用于实时记录实验车辆自身运动的时空轨迹,车载距离检测器用于实时测量并记录实验车辆与前方相邻车辆或后方相邻车辆之间的距离。在观测过程中,保持车载卫星定位系统接收仪和车载距离检测器对数据的采样频率一致。通过在实验车自身时空轨迹基础上叠加与前(后)相邻车辆的距离差值,即可获得前(后)相邻车辆的时空轨迹。图 2.4.6 为随车轨迹观测示意图。

图 2.4.6 随车轨迹观测示意图

2.4.3.2 高空摄影观测法

高空摄影观测法通常利用建筑物高点或飞行器从高空拍摄地面交通流视频,并从视频中提取车辆的运动轨迹数据。视频轨迹提取方法有人工法和计算机图像处理法两类。人工法提取轨迹一般需要在拍摄视频的路段上留有参考线,并测定参考线的实际坐标或相邻参考线之间的实际距离。然后,当视频中车辆行驶到参考线位置时人工记录车辆经过参考线的时刻,与参考线的实际坐标信息相结合形成时空轨迹数据。计算机图像处理法则采用特定的算法识别视频中的车辆对象,在视频播放过程中持续跟踪车辆对象,并记录每一帧图像中车辆的位置坐标,最终获得车辆的时空轨迹数据。图 2.4.7 为高空摄影观测示意图。

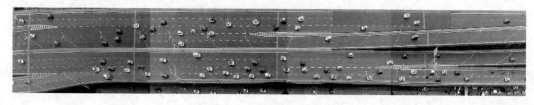

图 2.4.7 高空摄影观测示意图

课后习题

1. 选取高速公路或快速路典型路段，对交通流率、时间平均车速、空间平均车速、交通密度进行观测。

2. 选取城市道路路段，绘制路段的累积车辆到达曲线和离去曲线，并计算车辆总延误、平均车辆延误以及最大排队车辆数。

3. 假设有一个环道，长度为 $L=120\text{m}$。t_0 时刻，有三辆车 A、B、C 从同一位置 x_0 出发，沿顺时针方向绕环行驶，三辆车的速度分别为 $v_A=10\text{m/s}$、$v_B=20\text{m/s}$、$v_C=30\text{m/s}$。一观测者在 x_0 位置，从 t_0 时刻开始观测了 12s。试计算观测者观测到的时间平均车速和空间平均车速，并比较两者的大小。

参考文献

[1] Daganzo, Carlos F. Fundamentals of Transportation and Traffic Operations [M]. Oxford, UK: Elsevier Science Ltd., 1997.

[2] 鸠洛夫 D L,休伯 M J. 交通流理论[M]. 蒋璜,任福田,肖秋生,徐吉谦,译. 北京:人民交通出版社,1983.

第 3 章
交通流基本特征

交通流是由大量个体车辆构成的系统。交通流的基本特征包括微观层面的统计特征和宏观层面的系统特征。微观统计特征包括车辆到达分布、车头时距分布、速度分布等,宏观系统特征包括交通流基本图特征和动态特征等。

3.1 交通流统计特征

3.1.1 车辆到达分布

在交通工程中,我们经常面临这样的问题:确定在分析时段内会有多少车辆到达指定的交通设施,或者计算在给定时间间隔 t 内有 x 辆车到达指定设施的概率是多大。这类问题对于设施通行能力分析以及排队长度估计至关重要。我们把描述车辆到达事件概率的数学分布称为车辆到达分布,属于离散型分布。

3.1.1.1 泊松分布

我们先仔细地思考一下交通流的形成过程。出行者从城市的各个角落驾车驶入道路网络,汇集形成车流。出行者的出行活动是完全按照自己需求执行的,因而在出行时间和出行起讫点的选择上是彼此独立的。当交通需求很低的时候,车流量很小,车辆之间的时间间隔较大。此时,车辆先后到达道路设施可视为独立不相关事件,因而符合泊松分布的假设。实际观测结果表明,低流量条件下车辆到达服从泊松分布,其概率表达式如下:

$$P(x) = \frac{(\lambda t)^x \mathrm{e}^{-\lambda t}}{x!} \quad x = 0,1,2,\cdots \tag{3.1.1}$$

式中,$P(x)$为时间间隔t内,车辆到达数为x的概率;t为时间间隔(s);λ为车辆平均到达率(veh/s)。

记时间间隔t内平均车辆到达数为m,则$m = \lambda t$,式(3.1.1)简化为:

$$P(x) = \frac{m^x \mathrm{e}^{-m}}{x!} \quad x = 0,1,2,\cdots \tag{3.1.2}$$

泊松分布是最常用的车辆到达分布形式之一,常用于对低流量公路车辆到达分布的描述。当交通需求增大时,道路上的车辆变得拥挤,交通流以车队的形式在道路上运行。此时,车辆的运行受车队的约束,先后到达交通设施不再是相互独立的事件。因此,泊松分布不适合描述拥挤状态下车辆到达数的分布特征。

在实际交通观测中,假如已确定路段上车辆到达服从泊松分布,那么根据式(3.1.2)可知,只需要获得时间间隔内平均车辆到达数m,即可确定泊松分布的具体表达式。而平均车辆到达数m是容易获得的,它等于观测时段内到达车辆的总数与观测时间间隔数量的比值。图3.1.1显示了当每分钟平均到达6辆车的时候,泊松分布条件下车辆的到达概率情况。

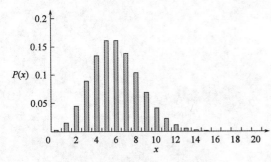

图3.1.1 泊松分布下车辆到达概率
(到达率m为6辆/min)

泊松分布的性质告诉我们,其期望和方差均为m。因而,对于车辆达到方差与期望的比值接近1的统计样本可以考虑用泊松分布拟合。泊松分布的另一个特点是它可以以递推的形式表达。由式(3.1.2)不难得出:

$$P(x) = \frac{m}{x} P(x-1) \quad x = 1,2,\cdots \tag{3.1.3}$$

因此,当计算出$P(0)$后,即可通过递推公式(3.1.3)依次计算出$P(1),P(2),P(3),\cdots$

以上泊松分布的概率表达式用于计算t时间内,到达车辆数为x的概率大小。在实际交通工程中,还有一类常见的问题,要求计算t时间内到达车辆数小于x的概率或大于x的概率。此时,我们采用累计泊松分布表达式计算:

$$P(\leq x) = \sum_{i=0}^{x} \frac{m^i \mathrm{e}^{-m}}{i!} \quad x = 1,2,\cdots \tag{3.1.4}$$

$$P(< x) = \sum_{i=0}^{x-1} \frac{m^i \mathrm{e}^{-m}}{i!} \quad x = 1,2,\cdots \tag{3.1.5}$$

$$P(> x) = 1 - P(\leq x) = 1 - \sum_{i=0}^{x} \frac{m^i \mathrm{e}^{-m}}{i!} \quad x = 1,2,\cdots \tag{3.1.6}$$

$$P(\geq x) = 1 - P(< x) = 1 - \sum_{i=0}^{x-1} \frac{m^i \mathrm{e}^{-m}}{i!} \quad x = 1,2,\cdots \tag{3.1.7}$$

$$P(x \leq i \leq y) = \sum_{i=x}^{y} \frac{m^i \mathrm{e}^{-m}}{i!} \quad x = 1,2,\cdots \tag{3.1.8}$$

泊松分布下车辆到达概率累积图(到达率 m 为 6 辆/min)如图 3.1.2 所示。

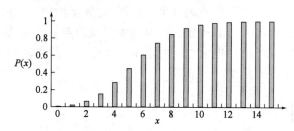

图 3.1.2　泊松分布下车辆到达概率累积图(到达率为 6 辆/min)

【例题 3.1.1】

设 60 辆汽车随机分布在 3km 长的道路上,服从泊松分布。求任意 300m 路段上有 4 辆及 4 辆以下车的概率。

【解答】

依题意,本题中 $t=300\mathrm{m}$, $\lambda=\dfrac{60}{3000}$ 辆/m,可算得:

$$m = \lambda t = 6(\text{辆})$$

$$P_0 = \frac{6^0}{0!}\mathrm{e}^{-6} = 0.0025$$

$$P_1 = \frac{6^1}{1!}\mathrm{e}^{-6} = 0.0149$$

$$P_2 = \frac{6^2}{2!}\mathrm{e}^{-6} = 0.0446$$

$$P_3 = \frac{6^3}{3!}\mathrm{e}^{-6} = 0.0892$$

$$P_4 = \frac{6^4}{4!}\mathrm{e}^{-6} = 0.1339$$

因此,4 辆及 4 辆以下车的概率为:

$$P(\leq 4) = \sum_{i=0}^{4} P_i = 0.2851$$

3.1.1.2　二项分布与负二项分布

当车流量较大时,可能出现泊松分布与实际车辆到达情况不相符的情况,而二项分布则可能是一种适合的车辆到达分布形式,其概率表达式如下:

$$\begin{cases} P(x) = C_n^x p^x (1-p)^{n-x} & x = 1,2,\cdots,n \\ C_n^x = \dfrac{n!}{x!(n-x)!} \end{cases} \tag{3.1.9}$$

式中,$P(x)$ 为时间间隔 t 内,车辆到达数为 x 的概率;p 为车辆到达的概率。

由概率论的知识可知,二项分布的期望 $\mu = np$,方差 $\sigma^2 = np(1-p)$。据此,可以解出二项分布的参数 p 和 n 关于期望和方差的表达式:

$$\begin{cases} p = \dfrac{\mu - \sigma^2}{\mu} \\ n = \dfrac{\sigma^2}{\mu - \sigma^2} \end{cases} \tag{3.1.10}$$

上述性质使得二项分布在实际应用中十分方便。首先,设定时间间隔,观测连续时间间隔内的车辆到达数,形成车辆到达数的观测样本。然后,计算车辆到达数的样本期望值 μ 和方差值 σ。接下来,便可根据式(3.1.10)确定二项分布的关键参数 p 和 n,从而应用二项分布计算车辆到达数为 x 的概率值 $P(x)$。图 3.1.3 给出了二项分布下的车辆到达数分布情况。

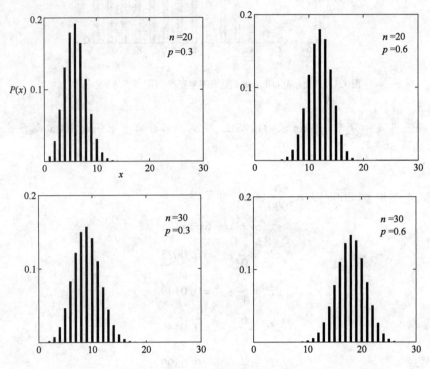

图 3.1.3 二项分布下车辆到达概率

与泊松分布类似,二项分布也存在递推公式。由式(3.1.9)不难导出如下递推公式:

$$\begin{cases} P(0) = (1-p)^n \\ P(x) = \dfrac{n-x+1}{x}\dfrac{p}{1-p}P(x-1) \quad x = 1,2,\cdots,n \end{cases} \quad (3.1.11)$$

通常,当样本方差与均值之比明显小于 1 时,采用二项分布描述具有较好的效果。当样本方差与均值之比明显大于 1 时,则可以考虑负二项分布的形式。负二项分布的概率表达式如下:

$$\begin{cases} P(x) = C_{x+n-1}^{n-1} p^n (1-p)^x \quad x = 1,2,\cdots,n \\ C_{x+n-1}^{n-1} = \dfrac{(x+n-1)!}{x!(n-1)!} \end{cases} \quad (3.1.12)$$

式中,各变量含义与式(3.1.9)相同。由概率论知识可知,负二项分布的期望 $\mu = n(1-p)/p$,方差 $\sigma^2 = n(1-p)/p^2$。若观测获得了样本的期望和方差,则负二项分布的参数可通过下列公式进行估计:

$$\begin{cases} p = \mu/\sigma^2 \\ n = \mu^2/(\sigma^2 - \mu) \end{cases} \quad (3.1.13)$$

图 3.1.4 给出了负二项分布下的车辆到达数分布情况。

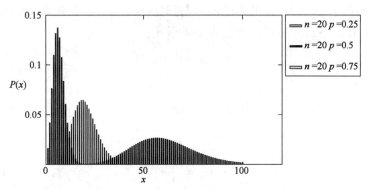

图 3.1.4 负二项分布下车辆到达概率

由式(3.1.12)不难导出负二项分布的递推公式:

$$\begin{cases} P(0) = p^n \\ P(x) = \dfrac{n+x-1}{x}(1-p)P(x-1) \quad x=1,2,\cdots,n \end{cases} \quad (3.1.14)$$

负二项分布的一个明显特征是样本方差较大,这种现象常常发生于统计时间间隔内同时包含高峰期与非高峰期的时候。最典型的场景出现在交通信号的下游路段:当统计时间间隔的前段观测到绿灯早期释放的饱和流,而后段观测到绿灯末期的非饱和流,则这类样本的车辆到达往往服从负二项分布。

3.1.2 车头时距分布

以上内容分析了一定时间间隔内车辆到达事件的概率。与车辆到达问题相对应的另一个非常重要的交通特性是车辆连续到达事件之间的时间特征,即前后相邻车辆间的时距。通常将车辆时距约定为车头时距。车头时距分布就是用于描述这类问题的数学分布,属于连续型分布。

3.1.2.1 负指数分布

前面介绍了应用广泛的车辆到达分布——泊松分布,当车辆到达服从泊松分布时,车头时距的数学分布具有自然底数的负指数次幂的形式,称为负指数分布。回顾式(3.1.2),易知统计时间间隔 t 内车辆到达数为 0 的概率为:

$$P(0) = e^{-\lambda t} \quad (3.1.15)$$

对于时间间隔 t 内没有车辆到达的概率可以换一种方式理解,即交通流中出现车辆的车头时距大于 t 的概率,数学表达如下:

$$P(h \geq t) = e^{-\lambda t} \quad (3.1.16)$$

式(3.1.16)即为车头时距负指数分布的数学表达式,其余补表达式为

$$P(h < t) = 1 - e^{-\lambda t} \quad (3.1.17)$$

由式(3.1.17)可知,负指数分布的概率密度为:

$$f(t) = \lambda e^{-\lambda t} \quad (3.1.18)$$

根据泊松分布中参数 λ 的含义(其表示交通流平均到达强度),当参数 λ 的单位为 veh/s 时,式(3.1.16)可以用交通流的小时流量 Q 进行表达:

$$P(h \geq t) = e^{-Qt/3600} \quad (3.1.19)$$

注意,交通流的车头时距分布的期望值 T 与到达率 λ 互为倒数关系,即 $T = 1/\lambda = 3600/Q$,因而式(3.1.16)和式(3.1.19)可以表达为如下形式:

$$P(h \geq t) = e^{-t/T} \tag{3.1.20}$$

同理,式(3.1.17)可以表达为:

$$P(h < t) = 1 - e^{-t/T} \tag{3.1.21}$$

相应的概率密度函数为:

$$f(t) = \frac{1}{T}e^{-t/T} \tag{3.1.22}$$

由概率论知识易知,负指数分布的期望值为 $\mu = \int_0^\infty tf(t)dt = \int_0^\infty t\frac{1}{T}e^{-t/T}dt = T$,方差为 $\sigma^2 = \int_0^\infty (t-\mu)^2 f(t)dt = \int_0^\infty (t-T)^2 \frac{1}{T}e^{-t/T}dt = T^2$。

当车头时距 $t=0$ 时,显然有 $P(h \geq 0) = 1$。随着 t 值增大,$P(h \geq t)$ 呈单调递减。当 $t \to \infty$ 时,$P(h \geq t) \to 0$。

在实际应用中,经常遇到这样的问题:计算交通流中车头时距长度分布在 t 和 $t + \Delta t$ 之间的概率有多大。该问题可以利用车头时距的概率表达式进行计算,公示如下:

$$P(t \leq h < t + \Delta t) = P(h \geq t) - P(h \geq t + \Delta t) \tag{3.1.23}$$

表3.1.1与图3.1.5给出了用负指数分布拟合某高速公路实际车头时距的情况。从图中可以看出,曲线代表的负指数分布对于低流量区间的长时距部分拟合较好,而对于高流量部分的短时距拟合效果较差。从负指数分布的概率密度函数不难看出,概率密度在车头时距为0时最大,并随着车头时距的增大逐渐减小。显然,实际交通流中,过小的车头时距是罕见的。因此,负指数分布在描述短时距部分与实际状况存在偏差。

负指数分布对实测车头时距的拟合 表3.1.1

车头时距(s)	实测概率分布	负指数分布值	车头时距(s)	实测概率分布	负指数分布值
0.0~0.5	0.015	0.169	5.0~5.5	0.014	0.027
0.5~1.0	0.077	0.140	5.5~6.0	0.012	0.022
1.0~1.5	0.172	0.117	6.0~6.5	0.009	0.018
1.5~2.0	0.194	0.097	6.5~7.0	0.007	0.015
2.0~2.5	0.164	0.081	7.0~7.5	0.006	0.013
2.5~3.0	0.112	0.067	7.5~8.0	0.004	0.011
3.0~3.5	0.081	0.056	8.0~8.5	0.003	0.009
3.5~4.0	0.055	0.046	8.5~9.0	0.003	0.007
4.0~4.5	0.037	0.038	9.0~9.5	0.002	0.006
4.5~5.0	0.025	0.032	>9.5	0.008	0.030
	车头时距均值:2.7s		车头时距标准差:1.6s		
	负指数分布拟合函数:$P(h<t) = 1 - e^{-t/2.7}$				

注:表中数据摘自文献[1]418页表A.3。

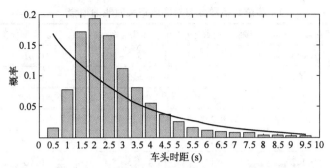

图 3.1.5 负指数分布对实测车头时距的拟合情况

需要说明的是,尽管负指数分布在描述高流量条件下的车头时距分布时存在缺陷,但因其与泊松到达分布的联系以及简洁的数学形式,负指数分布依然是交通工程领域应用最为广泛的车头时距分布形式。

3.1.2.2 移位负指数分布

从上面的分析中,我们发现负指数分布对短时距的描述不符合实际。究其原因是车辆为确保行驶安全无法采用过小的车头时距。那么,如何克服负指数分布在描述短时距部分时的缺陷呢?一个很自然的想法是给负指数分布引入一个最小车头时距 τ,禁止车头时距在最小时距 τ 以内分布。

假设在图 3.1.5 的原坐标系 $O'(t',f)$ 中,负指数分布的密度函数表达式如下:

$$f(t') = \frac{1}{T'}\mathrm{e}^{-\frac{t'}{T'}} \tag{3.1.24}$$

式中,t' 为车头时距(s);T' 为车头时距分布的期望值。

设想将图 3.1.5 中的原坐标系水平向左移动长度为 τ 的距离,得到新的坐标系 $O(t,f)$。在新坐标系中,没有车头时距分布在横坐标区间 $[0,\tau]$ 内。原负指数概率密度函数中车头时距变量 t' 在新坐标系下长度增加了 τ,因而车头时距变量在新旧坐标系下存在关系 $t' = t - \tau$;同时,车头时距分布的期望值 T' 在新坐标系下长度也增加了 τ,同样有关系 $T' = T - \tau$。将新旧坐标系转换关系式带入式(3.1.24)可得:

$$f(t) = \frac{1}{T-\tau}\mathrm{e}^{-\frac{t-\tau}{T-\tau}} \tag{3.1.25}$$

式(3.1.25)即为移位负指数分布的概率密度函数。由参数 T 的意义可知,移位负指数分布的车头时距期望值为 T。依据总体方差的定义式积分计算可得,移位负指数分布的方差为 $(T-\tau)^2$。

由概率密度函数式(3.1.25)可知,移位负指数分布的概率表达式为:

$$P(h<t) = \int_\tau^t \frac{1}{T-\tau}\mathrm{e}^{-\frac{t-\tau}{T-\tau}}\mathrm{d}t = 1 - \mathrm{e}^{-\frac{t-\tau}{T-\tau}} \tag{3.1.26}$$

回到表 3.1.1 中实测车头时距的分布概率数据,如果采用移位负指数分布来进行拟合结果如何呢?由于移位负指数分布的方差为 $(T-\tau)^2$,则样本标准差近似为 $(T-\tau)$。从实测数据表中可知样本的均值和方差分别为 2.7s 和 1.6s,则我们可以获得对总体的期望和标准差的估计:$T=2.7$,$T-\tau=1.6$。于是便可估计出参数 $\tau=1.1$。表 3.1.2 与图 3.1.6 给出了用移位负指数分布拟合实测数据的情况。

移位负指数分布对实测车头时距的拟合　　表3.1.2

车头时距(s)	实测概率分布	移位负指数分布值	车头时距(s)	实测概率分布	移位负指数分布值
0.0~0.5	0.015	—	5.0~5.5	0.014	0.027
0.5~1.0	0.077	—	5.5~6.0	0.012	0.019
1.0~1.5	0.172	—	6.0~6.5	0.009	0.014
1.5~2.0	0.194	0.237	6.5~7.0	0.007	0.010
2.0~2.5	0.164	0.173	7.0~7.5	0.006	0.008
2.5~3.0	0.112	0.127	7.5~8.0	0.004	0.006
3.0~3.5	0.081	0.093	8.0~8.5	0.003	0.004
3.5~4.0	0.055	0.068	8.5~9.0	0.003	0.003
4.0~4.5	0.037	0.050	9.0~9.5	0.002	0.002
4.5~5.0	0.025	0.036	>9.5	0.008	0.005

车头时距均值:2.7s　　车头时距标准差:1.6s

移位负指数分布拟合函数:$P(h<t)=1-\mathrm{e}^{-(t-1.1)/1.6}$

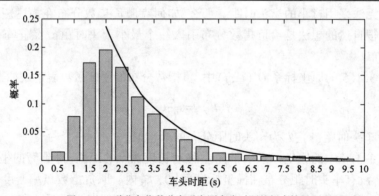

图3.1.6　移位负指数分布对实测车头时距的拟合情况

从表3.1.2和图3.1.6中可以看出,移位负指数分布作为负指数分布的改进分布形式,能够更好地拟合实测数据,因而得到了广泛的应用。

3.1.2.3　爱尔朗分布

由前面内容可知,车头时距的负指数分布对应于车辆到达的泊松分布,而泊松分布中事件独立的假设条件符合低流量状态下的交通特性。在统计学理论中,属于同一负指数分布的K个独立随机变量之和服从K阶爱尔朗分布。尽管爱尔朗分布缺少与之对应的直观的交通意义,但爱尔朗分布能够较好地拟合实际车头时距的分布情况。K阶爱尔朗分布的概率密度和概率分布表达式如下:

$$f(t) = \frac{\lambda}{(K-1)!}(\lambda t)^{K-1}\mathrm{e}^{-\lambda t} \qquad (3.1.27)$$

$$P(h \geq t) = \sum_{i=0}^{K-1}\frac{(\lambda Kt)^{i}\mathrm{e}^{-\lambda Kt}}{i!} \qquad (3.1.28)$$

式中,λ为车辆平均到达率。显然,当$K=1$时,爱尔朗分布即为负指数分布。图3.1.7给出了不同K值爱尔朗分布概率密度的函数曲线。从图中可以看出,随着K值逐渐增大,爱尔朗分布的概率密度峰值逐渐提高。从概率密度曲线的形态来看,相对于负指数分布而言,高阶爱尔朗分布与车头时距分布的实测特征更为吻合。

在实际应用中,可以通过车头时距实测样本的均值和方差来估计参数 K 的值,具体公式如下:

$$K \approx \frac{T^2}{S^2} \quad (3.1.29)$$

式中,T 为车头时距样本的均值;S^2 为样本方差。具体应用中 K 值采用四舍五入取整。在交通流中,K 值一定程度上可以作为系统非随机性程度的表达。当 $K=1$ 时,系统是完全随机的,车辆到达是独立不相关的。随着 K 值增加,非随机性程度也逐步增加。

3.1.2.4 皮尔森Ⅲ型分布

负指数分布可以看成是移位负指数分布以及爱尔朗分布的特例。移位负指数分布从禁止过短时距的角

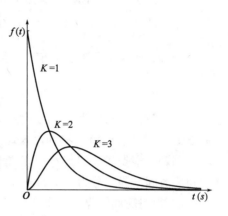

图 3.1.7 不同 K 值爱尔朗分布概率密度的函数曲线

度改进了负指数分布,而爱尔朗分布则从降低系统随机性的角度拓展了负指数分布。事实上,还有一种更为一般性的分布形式,综合了移位负指数分布和爱尔朗分布的特点,即皮尔森Ⅲ型分布,其概率密度函数如下:

$$f(t) = \frac{\lambda}{\Gamma(K)}[\lambda(t-\tau)]^{K-1}\mathrm{e}^{-\lambda(t-\tau)} \quad (3.1.30)$$

式中,$\Gamma(K)$ 为伽玛函数,可以表达为广义阶乘的形式 $\Gamma(K)=(K-1)!$;λ 为特征参数;τ 为车头时距分布的移位参数;K 为车头时距分布曲线的形态参数。

显然,当参数 $\tau=0$ 且 K 为不小于 1 的整数时,皮尔森Ⅲ型分布即为爱尔朗分布;当参数 $K=1$ 时,皮尔森Ⅲ型分布即为移位负指数分布;当参数 $\tau=0$ 且 $K=1$ 时,皮尔森Ⅲ型分布为负指数分布。

通过对皮尔森Ⅲ型分布的概率密度函数积分计算累计概率值比较复杂。当计算一个时间间隔 $[t,t+\Delta t)$ 内的车头时距分布概率时,理论计算方法应当计算图 3.1.8a) 中概率密度曲线下方阴影部分的面积;而实际工程应用中,若该时间间隔较短,则可采用以下近似公式计算:

$$P(t \leq h < t + \Delta t) \approx \left[\frac{f(t)+f(t+\Delta t)}{2}\right]\Delta t \quad (3.1.31)$$

式 3.1.31 的几何意义即概率密度图 3.1.8b) 中概率密度曲线下方区间 $[t,t+\Delta t]$ 内梯形的面积。

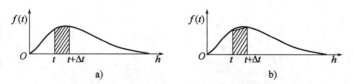

图 3.1.8 皮尔森Ⅲ型分布的累积概率计算示例

应用皮尔森Ⅲ型分布拟合车头时距数据时,通常可采用以下步骤:

步骤一:计算车头时距观测样本的均值 T 和标准差 S;

步骤二:确定合适的移位参数 τ 值,通常 τ 值分布在 $[0,1.0]$ 之间;

步骤三:确定合适的形态参数 K 值,通常 K 值可按照如下公式进行估计:

$$\hat{K} = \frac{T - \tau}{S} \tag{3.1.32}$$

步骤四:确定特征参数 λ 值,采用以下公式进行计算:

$$\lambda = \frac{K}{T - \tau} \tag{3.1.33}$$

值得注意的是,仅当 $K = 1$ 且 $\tau = 0$ 时,λ 值的含义为交通流的车辆到达率。此外,如果采用式(3.1.32)估计 K 值,将其代入式(3.1.33)可以发现,λ 为样本标准差的倒数。

步骤五:根据式(3.1.31)计算指定时间间隔内的车头时距分布概率。当时间间隔较大时,可将时间间隔细分为较小的连续间隔并分别应用式(3.1.31)计算概率,然后进行概率累加从而获得对时间间隔内累积分布概率值的估计。

为了便于比较,我们应用皮尔森Ⅲ型分布对表3.1.1中实测数据进行拟合,结果见表3.1.3。

皮尔森Ⅲ型分布对实测车头时距的拟合 表3.1.3

车头时距(s)	实测概率分布	皮尔森Ⅲ型分布值	车头时距(s)	实测概率分布	皮尔森Ⅲ型分布值
0.0~0.5	0.015	0.000	5.0~5.5	0.014	0.028
0.5~1.0	0.077	0.082	5.5~6.0	0.012	0.021
1.0~1.5	0.172	0.161	6.0~6.5	0.009	0.016
1.5~2.0	0.194	0.146	6.5~7.0	0.007	0.012
2.0~2.5	0.164	0.122	7.0~7.5	0.006	0.009
2.5~3.0	0.112	0.099	7.5~8.0	0.004	0.007
3.0~3.5	0.081	0.078	8.0~8.5	0.003	0.005
3.5~4.0	0.055	0.061	8.5~9.0	0.003	0.004
4.0~4.5	0.037	0.047	9.0~9.5	0.002	0.003
4.5~5.0	0.025	0.036	>9.5	0.008	0.063
车头时距均值:2.7s			车头时距标准差:1.6s		
皮尔森Ⅲ型分布拟合概率密度函数:$f(t) = 0.703[0.625(t-0.5)]^{0.375} e^{-0.625(t-0.5)}$					

图3.1.9为皮尔森Ⅲ型分布对实测车头时距的拟合情况。

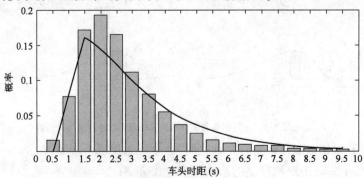

图3.1.9 皮尔森Ⅲ型分布对实测车头时距的拟合情况

从图3.1.9中可以看出,通过恰当地选择参数,皮尔森Ⅲ型分布能够较好地拟合实测车头时距数据。

3.1.2.5 复合分布[2]

皮尔森Ⅲ型分布提供了一种一般性的车头时距分布形式,能够灵活地拟合各种不同随机程度的交通流车头时距分布特征。除此之外,还有一种一般性的车头时距分布函数构建方法——复合分布。

复合分布认为,交通流可视为由多种车流组合而成,最常见的观点是将交通流内部分成两类车流,即受车队约束的车流和游离于车队之外自由行驶的车流。假如分别采用 $P_P(t)$ 和 $P_{NP}(t)$ 描述受车队约束的车头时距分布概率和自由行驶的车头时距分布概率,且受车队约束的车辆占总交通量的比例为 α,自由行驶的车辆比例为 $1-\alpha$,则交通流车头时距的复合分布概率可用下式表达:

$$P(h<t) = \alpha P_P(t) + (1-\alpha)P_{NP}(t) \tag{3.1.34}$$

最早提出这一思想的是 Schuhl,他于1955年提出了第一个复合分布函数。其中,用移位负指数分布描述受车队约束车流,用负指数分布描述自由车流。随后,这一思想得到拓展,产生了许多不同的复合分布模型,比较常见的是采用移位负指数分布描述自由车流的车头时距,而采用正态分布描述处于车队中受约束的车头时距。复合分布的假设符合实际交通流特征,因而拟合实测数据的效果较好。但是,复合分布引入了更多的参数,这也给模型的标定工作造成了困难。

3.1.2.6 车头时距分布的选择

车头时距分布形式的选择与其他工程问题一样,都是在模型准确性和经济性之间寻找折中。模型准确性的提升往往以增加参数数量和计算复杂度为代价。因此,应根据需要解决的具体问题来选择合适的模型。比如,Newell 曾指出,延误的计算对车头时距分布函数的敏感度不高。那么,在分析延误问题的时候就可以选择简单的分布形式,如负指数分布。但是,当分析诸如穿越车流间隙的通行能力这类问题的时候,车头时距分布的准确性直接决定了通行能力的计算精度。此时,就应当选择更为精确的车头时距分布形式。

3.1.3 速度分布[2]

交通流实测结果表明,公路上连续通过固定断面的地点车速可能服从三种适当的数学分布形式:正态分布、对数正态分布和复合分布。

不少研究人员用正态分布模拟车速,其中 Leong 的研究成果是车速服从正态分布的极好示例(图3.1.10)。他报告了澳大利亚31个郊区测站三年期间用雷达速度表测量畅行车流速度的结果。当把测量数据汇编时,发现车速分布是正态的,标准差等于各自算术平均值的0.17倍。来自不同测站的车速数据除以各自的算术平均值后具有统一的正态分布形式。

同时,有些研究则发现,当试图拟合正态分布曲线时,速度分布十分歪扭。Haight 和 Mosher 曾指出,对数正态分布可能是速度分布的适当模型。对于速度分布模型的初步判断可以从以下几个方面进行考查:当速度-频率图呈现对称均匀的钟形分布,相应的速度累积分布呈现 S 形时,可考虑正态分布;当速度-频率图呈现非对称均匀或双峰分布时,可考虑对数正态分布或复合分布。

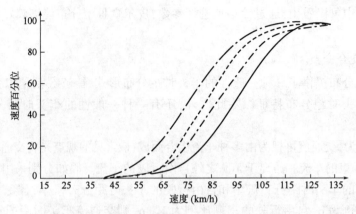

图 3.1.10 来自 4 个不同测站的车速分布图(摘自文献[3])

通常情况下,当交通流处于自由流状态时,速度分布接近对数正态分布;随着流量的增大,地点车速的分布接近正态分布。事实上,当欲研究的总体中被测组分的含量变动范围很大,或者被测组分的分布很不均匀时,测定值并不服从正态分布,但它们的对数值往往遵从正态分布。自由流状态下,车辆的速度取决于道路限速值、车辆的机动性能及驾驶者的意愿,因而其车速组分的分布很不均匀,其车速分布更接近对数正态分布。特别地,当对小汽车和大型车采用不同的速度限制管理时,车速在速度—频率图上可能出现"双峰"的分布特征,此时车速分布宜采用复合分布拟合。随着流量的逐渐增大,车辆间的相互作用增强,由机动性能以及驾驶意愿差异导致的速度差异缩小,车速服从正态分布。

3.2 交通流基本图特征

3.2.1 基本图的特征

传统的交通流基本图(Fundamental Diagram)是指平稳状态下交通流的流率、速度、密度三个基本参数之间的函数关系。交通流是由众多个体车辆构成的系统,交通流基本图的特征本质上是个体车辆微观驾驶行为在宏观层面的集聚体现。交通流三参数中,速度与密度之间的关系是三参数的核心关系。我们可以从驾驶行为的角度来理解这个问题。一般来说,一个理性驾驶者的驾驶原则是在满足交通安全的前提下使用尽可能快的速度以降低出行时耗。驾驶者需要一个固有的反应时间来应对前方车辆状态的变化,因而驾驶者需要在行驶时与前方车辆保持足够的安全距离以抵消反应延迟带来的追尾风险。驾驶者的反应时长是相对稳定的,行驶速度越高,则需要的安全车间距就越大。因此,当交通密度处于较低水平时,车辆之间的间距较大,车辆的行驶速度也可以维持在较高的水平。反之,当交通密度逐渐增大时,车辆之间的间距减小,车辆的行驶速度也随之降低。

根据上述分析可知,交通流的速度随密度增大而单调减小,如果将速度 v 表达为密度 k 的函数 $v(k)$,则在交通密度的分布区间 $[0,k_j]$ 内存在 $dv(k)/dk<0$,或记为 $v'(k)<0$。其中,k_j 表示交通流的堵塞密度。图 3.2.1a)给出了一般性的速度-密度关系。图中,速度是密度的单调减函数。

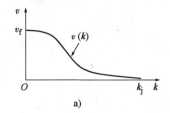 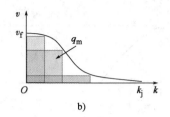 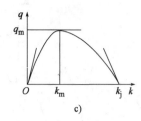

图 3.2.1 三参数的一般函数关系示意

除了速度-密度函数的单调性之外,还可以通过常识性的判断确定函数的边界条件。通常,当交通密度趋于 0 时,车辆的行驶速度达到最大值,称为自由流速度 v_f,记作 $v(0)=v_f$;当交通密度达到最大值(堵塞密度)k_j 时,交通流的速度为 0,即 $v(k_j)=0$。

在第 2 章中,我们分析了流率 q、速度 v、密度 k 之间的恒定关系 $q=vk$,应用此关系式,可以由速度-密度函数推出流率-密度函数:$q(k)=v(k) \cdot k$。下面我们简要讨论一下流率-密度函数曲线的一般性特征。

(1) 由边界条件可知,$q(k_j)=v(k_j) \cdot k_j = 0 \cdot k_j = 0$,且 $q(0)=v(0) \cdot 0 = 0$。于是,流率-密度函数曲线在密度分布区间 $[0,k_j]$ 的两端处流率值为 0。

(2) 边界一阶导数性质。对流率函数 $q(k)$ 求其关于密度 k 的一阶导数,可得 $q'(k)=v(k)+kv'(k)$。将边界条件代入可得 $q'(0)=v(0)+0 \cdot v'(0)=v_f>0$,且 $q'(k_j)=v(k_j)+k_j \cdot v'(k_j)=k_j \cdot v'(k_j)<0$。

(3) 流率的极值。由三参数关系式 $q=vk$ 可知,当速度和密度确定后,流率的大小为两者的乘积,对应图 3.2.1b) 中与曲线内接的矩形面积。显然,随着密度从 0 逐渐增大至 k_j,内切矩形的面积先增大后减小,并在 $q'(k_m)=0$ 时达到极值 q_m。

综合上述三点性质,我们可以获得如图 3.2.1c) 所示的一般性流率-密度关系图。因为流率在密度区间的两端取值为 0,且流率曲线在左端的导数恒大于 0,而在右端的导数恒小于 0,所以流率曲线具有类抛物线式的形态,流率极值在 k_m 处获得。习惯上,我们把位于 k_m 左侧的低密度区间定义为自由流状态或非拥挤状态,而把 k_m 右侧的中高密度区域定义为拥挤状态,把 k_m 称为最优密度,与之对应的速度称为最优速度,$v_m=q_m/k_m$。

图 3.2.1 给出了速度-密度基本图和流率-密度基本图的一般形式。显然,根据三参数关系式 $q=vk$,我们很容易从任意两个参数间的函数关系推出它们与第三个参数之间的函数关系。图 3.2.2 显示了交通流三参数在三维坐标系 (k,q,v) 下的关系。

图 3.2.2 展示了三维曲面 $v=q/k$,显然,交通流三参数的函数关系曲线必然在该三维曲面内。该曲线在 (k,v)、(k,q)、(q,v) 三个平面坐标系下的投影即我们通常讨论的三类交通流基本图函数关系。图 3.2.3 给出了图 3.2.3 正交投影下的基本图。图中,v_m 为流率达到最大值时的速度。

基本图模型是描述交通流系统特性最基本的方法,其在交通流理论体系中具有极为重要的地位。在交通流理论的发展过程中,出现了形态各异的基本图模型,下面章节将对常见的几类基本图模型逐一介绍。

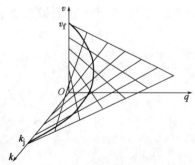

图 3.2.2 三参数的三维坐标系函数关系示意

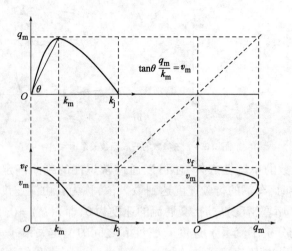

图3.2.3 三参数关系的二维坐标系投影示意

3.2.2 连续型基本图

连续型基本图是最常见的基本图类型。其特点是速度-密度(流率-密度)关系曲线在整个密度定义域内是一条连续光滑曲线。在交通流理论几十年的发展过程中,出现了为数众多的连续型基本图,其中最具代表性的有以下几种。

3.2.2.1 Greenshields 模型

连续型基本图指基本图曲线在交通密度全域范围内是一条连续光滑曲线。1934年 Greenshields 基于道路交通流观测数据,提出了最早的基本图函数。Greenshields 提出的速度-密度函数是线性关系(图3.2.4),表达式如下:

$$v = v_f\left(1 - \frac{k}{k_j}\right) \tag{3.2.1a}$$

基于式(3.2.1a)描述的速度-密度函数关系(图3.2.5),可以推出流率-密度基本图模型,如下所示:

$$q = -\frac{v_f}{k_j}k^2 + v_f k \tag{3.2.1b}$$

从式(3.2.1b)可以看出,在 Greenshields 模型中,流率是关于密度的二次抛物线函数,当密度 $k = k_j/2$ 时,流率达到最大值 $q_{max} = v_f k_j/4$。

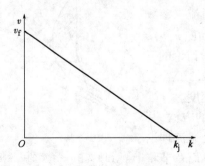

图3.2.4 Greenshields 模型 v-k 图

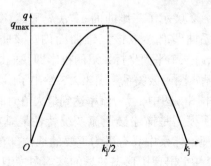

图3.2.5 Greenshields 模型 q-k 图

3.2.2.2 Greenberg 模型

Greenshields 模型的线性速度-密度关系式在很多情况下并不能很好地拟合实测数据。1959 年,Greenberg 提出了一个新的基本图模型,其速度-密度函数如下:

$$v = v_m \ln(k_j/k) \tag{3.2.2a}$$

Greenberg 提出的速度-密度关系(图 3.2.6)在交通密度较大的情况下能够较好地拟合实测数据,但交通密度较低的情况下,该模型并不适用,这一点我们从式(3.2.2a)中能够直接看出来。事实上,参数 v_m 表示最大流率时的速度。该速度是交通流非拥挤状态和拥挤状态的分界点。把 $v = v_m$ 代入式(3.2.2a),即可以求得交通流达到最大流率时的密度值,$k_m = k_j/e$。因此,Greenberg 模型在密度区间$[k_j/e, k_j]$内有意义,而在自由流部分,低密度区间$[0, k_j/e)$内并不适用。为了能够获得全域范围内完整的基本图,我们可以对 Greenberg 模型在自由流状态下进行拓展。其中,最简单的拓展方式就是假设在自由流状态下,速度恒等于 v_m,拓展后的模型如下:

$$v = \begin{cases} v_m & (0 \leqslant k < k_j/e) \\ v_m \ln\left(\dfrac{k_j}{k}\right) & (k_j/e \leqslant k \leqslant k_j) \end{cases} \tag{3.2.2b}$$

基于式(3.2.2b),可以推出 Greenberg 模型的流率-密度基本图模型(图 3.2.7),表达式如下:

$$q = \begin{cases} v_m k & (0 \leqslant k < k_j/e) \\ v_m k \ln\left(\dfrac{k_j}{k}\right) & (k_j/e \leqslant k \leqslant k_j) \end{cases} \tag{3.2.2c}$$

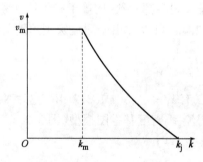 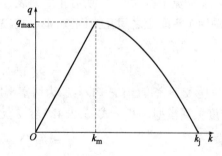

图 3.2.6　Greenberg 模型 v-k 图　　　　图 3.2.7　Greenberg 模型 q-k 图

不难看出,在式(3.2.2c)定义的 Greenberg 模型中,交通流的自由流速度 $v_f = v_m$,最大流率为 $q_m = v_m k_j/e$,而最大流率处的交通密度为 $k_m = k_j/e$。

3.2.2.3 Underwood 模型

1961 年 Underwood 提出了一个适用于低密度交通流的基本图模型,其速度-密度函数表达式如下:

$$v = v_f e^{\frac{-k}{k_m}} \tag{3.2.3a}$$

Underwood 提出的速度-密度模型(图 3.2.8)能够较好地拟合中低密度条件下的交通流实测数据,而对于高密度交通流的拟合效果则不够出色。由交通流的基本性质可知,当交通密度达到堵塞密度时,速度值为 0;而在 Underwood 模型中,堵塞密度条件下交通流的速度不为 0。

将最优密度值 $k = k_m$ 代入式(3.2.3a),可获得最优密度状态对应的速度为 $v_m = v_f/e$,最大流率值为 $q_m = v_f k_m/e$。基于式(3.2.3a),可以推出 Underwood 模型的流率-密度基本图模型(图3.2.9),表达式如下:

$$q = v_f k e^{\frac{-k}{k_m}} \qquad (3.2.3b)$$

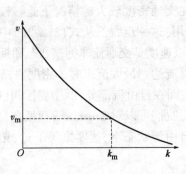
图3.2.8 Underwood 模型 v-k 图
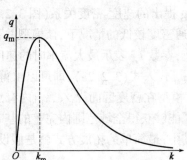
图3.2.9 Underwood 模型 q-k 图

3.2.2.4 Newell 模型

1961年,Newell 在跟驰模型的研究过程中提出了一个微观的速度-间距(v-s)关系函数(图3.2.10)。该模型的本意是描述驾驶者所期望的速度与跟车间距之间的关系,表达式如下:

$$v = v_f \left[1 - e^{-\frac{\lambda}{v_f}(s - s_0)} \right] \qquad (3.2.4a)$$

式中,v、s 分别为车辆的速度和车头间距;λ 为控制函数曲率的参数;s_0 为最小车头间距。

假设在交通流平稳状态下,所有车的速度和车头间距都一致,均等于 v 和 s,且考虑到交通流密度和平均车头间距之间互为倒数,则由式(3.2.4a)可以推出交通流宏观速度与密度之间的函数关系(图3.2.11):

$$v = v_f \left[1 - e^{-\frac{\lambda}{v_f}\left(\frac{1}{k} - \frac{1}{k_j}\right)} \right] \qquad (3.2.4b)$$

式中,k 为交通密度,有 $k = 1/s$;k_j 为堵塞密度,有 $k_j = 1/s_0$。式(3.2.4b)称为 Newell 指数型速度-密度关系模型。基于式(3.2.4b)容易获得流率-密度基本图模型(图3.2.12):

$$q = v_f k \left[1 - e^{-\frac{\lambda}{v_f}\left(\frac{1}{k} - \frac{1}{k_j}\right)} \right] \qquad (3.2.4c)$$

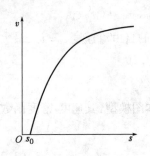
图3.2.10 Newell 模型 v-s 图
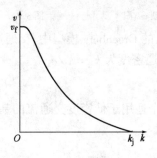
图3.2.11 Newell 模型 v-k 图
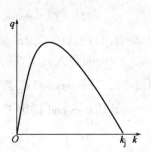
图3.2.12 Newell 模型 q-k 图

3.2.2.5 广义的连续基本图模型

Pipes 和 Munjal 曾经提出一组曲线族,用于描述速度-密度之间的关系,其式如下:

$$v = v_f \left(1 - \frac{k}{k_j}\right)^n \tag{3.2.5}$$

式中,n 为大于 0 的实数。图 3.2.13 显示了该模型的三种情况($n<1, n=1, n>1$)。特别地,当 $n=1$ 时,该模型即 Greenshields 模型。

Drew 也提出过一类模型曲线族(图 3.2.14),其表达式如下:

$$\frac{\mathrm{d}v}{\mathrm{d}k} = -v_m k^{(n-1)/2} \tag{3.2.6}$$

式中,n 为实数。图 3.2.14 显示了该模型的三种形式($n=-1, n=0, n=1$)。特别地,当 $n=-1$ 时,该模型即 Greenburg 模型。

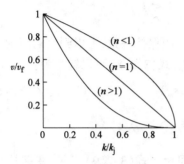

图 3.2.13 Pipes 曲线族　　图 3.2.14 Drew 曲线族

此外,还有一类广义连续型基本图模型可以通过对 GM 跟驰模型进行积分变换获得,这将在本书的后续章节中做详细介绍。

3.2.3 多段式基本图

正如前面介绍的,每个模型都有其自身的适用性。Greenburg 模型适用于高交通密度的情况,而 Underwood 模型适用于中低交通密度的情况。于是,Edie 提出了一种两段式组合模型的思路,用 Greenburg 模型描述高密度区,用 Underwood 模型描述低密度区,并使两者在密度的中部范围相切。图 3.2.15 给出了 Edie 的两段式模型示意,图中两段模型在最优密度 k_{opt} 处相连接。

3.2.2 节中介绍的式(3.2.2b)也可以看作一种两段式基本图。此外,还有一种特殊的多段式基本图经常被使用——直线式基本图,其形态如图 3.2.16a)所示。直线式基本图在流率-密度图上表现为三角形的形态。在自由流部分,交通流具有恒定的速度 v_f,流率随密度线性增加,直至达到通行能力(最大流率);而后,在拥挤流部分,随着交通密度的继续增加,流率线性减小。除此之外,直线式基本图还具有另一个重要的性质,即交通流在自由流态和拥挤态下分别具有恒定的小扰动波传播速度。在自由流状态,波速的绝对值为 v_f,波沿交通流行驶方向向下游传播;在拥挤状态,波速的绝对值为 w,波逆交通流行驶方向向上游传播。这一性质将在后续章节中做

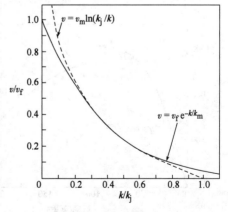

图 3.2.15 Edie 的两段式基本图模型

详细讨论。

如果从微观角度来分析直线式基本图,可以获得速度-间距的函数关系。首先,写出图3.2.16a)中三角形基本图的表达式:

$$q = \begin{cases} v_f k & (0 \leq k < k_m) \\ w(k_j - k) & (k_m \leq k \leq k_j) \end{cases} \quad (3.2.7)$$

应用等式$q = kv$,将式(3.2.7)转化为速度关于密度的函数:

$$v = \begin{cases} v_f & (0 \leq k < k_m) \\ w\left(\dfrac{k_j}{k} - 1\right) & (k_m \leq k \leq k_j) \end{cases} \quad (3.2.8)$$

假设交通流处于平稳状态,所有车辆的速度和车间距保持一致,考虑到交通流的密度和平均车头间距互为倒数关系($k = 1/s$),$k_m = 1/s_m$,$k_j = 1/s_0$,式(3.2.8)可以转化为:

$$v = \begin{cases} v_f & (s > s_m) \\ w\left(\dfrac{s}{s_0} - 1\right) & (s_0 \leq s \leq s_m) \end{cases} \quad (3.2.9)$$

式中,s_0为最小车头间距,s_m为最小自由流车头间距。式(3.2.9)表明,在拥挤状态下车辆的速度与车头间距呈线性关系,当速度达到最大值后,车速不再随车头间距的增大而变化。图3.2.16b)给出了与三角形基本图对应的速度-间距曲线。

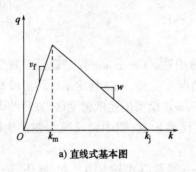
a) 直线式基本图

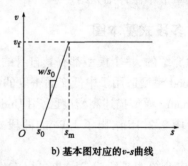
b) 基本图对应的v-s曲线

图3.2.16　三角形基本图及速度-间距曲线

3.2.4　间断型基本图

Edie通过对实测数据的分析,发现流率-密度基本图在通行能力附近存在间断的现象,如图3.2.17所示。这一现象也可以认为交通流存在两个不同的通行能力值:其一是交通流从自由流状态逐渐发展到拥挤状态的过程中形成的通行能力,其二是交通流从拥挤状态逐渐恢复到自由流状态的过程中形成的通行能力。观察发现前者的通行能力值大于后者。我们将采用不连

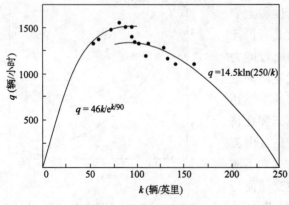

图3.2.17　Edie间断型基本图

续的分段函数描述流率-密度关系的基本图称为间断型基本图。

3.2.5 其他类型基本图

以上所涉及的基本图都是曲线型函数,且速度是密度的单值函数。除了上述基本图模型,还有其他非曲线型的非单值函数基本图模型,如随机型基本图和三相交通流基本图。

3.2.5.1 随机型基本图模型[4]

与传统基本图观点不同,随机型基本图认为交通流的速度并非密度的确定性函数。在同一交通密度下,交通流的速度可以在一定范围内随机分布,而非某一个固定值。因此,随机型基本图用数学分布代替确定性函数,表达交通流参数之间的关系。以速度-密度关系为例,传统基本图模型中,速度可以表达为密度的函数 $v = v(k)$;而在随机型基本图中,对于给定密度 k,其对应的速度不是一个确定值,而是服从一个数学分布 $v \sim f(\alpha_1(k), \alpha_2(k), \cdots)$,其中 $\alpha_1(k), \alpha_2(k)$ 等是该数学分布的参数,且这些参数依赖于交通密度 k。图 3.2.18 是随机型速度-密度基本图的示例。

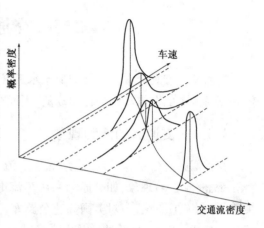

图 3.2.18 随机型速度-密度基本图示例

3.2.5.2 三相交通流基本图模型

Kerner 从 20 世纪 90 年代开始对德国高速公路交通流的特性进行大量的实测分析,发现了许多新的交通流特征,并提出了有别于传统交通流基本图的一种新的基本图模型,称为三相交通流基本图。三相交通流是一种新的观点,它认为交通流存在三种不同的状态(相),分别为自由流状态、同步流状态和运动堵塞状态。这三种状态反映在流率-密度基本图上时,呈现如图 3.2.19 所示的特征。

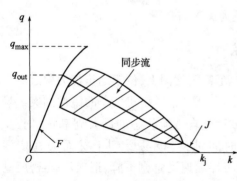

图 3.2.19 三相交通流基本图

(1)自由流状态下流率是关于密度的单调增函数,表现为一条由坐标原点引出的光滑曲线 F,该曲线在中低流率区接近直线,在高流率区具有较为明显的曲度。

(2)交通流传统的拥挤状态被进一步细分为同步流状态和运动堵塞状态,其中同步流状态下流率不是关于密度的单值函数,流率-密度数据在基本图上分布在一个二维区域内,且同步流区域与自由流曲线彼此分离。

(3)运动堵塞状态在流率-密度基本图上表现为一条特征线 J。该特征线贯通同步流区域,一端与坐标横轴相交于堵塞密度点 k_j,另一端与自由流曲线相交于 $q = q_{out}$ 处。其中 q_{out} 为堵塞状态下排队车流的最大消散流率。

有关三相交通流的模型我们将在后续章节中详细介绍,在此不再赘述。

3.2.6 小结

交通流基本图描述了交通流系统在平稳状态下流率、速度、密度之间的函数关系,是交通流系统最基本、最重要的性质之一,在交通工程学各领域均有广泛的用途。虽然基本图描述的是交通流平稳状态下的性质,但其与交通流的动态特性之间存在密切的联系。在后续章节中,我们将详细介绍基本图与微观跟驰模型以及宏观流体模型之间的关系。

3.3 交通流动态特征

交通流从宏观上看是一种类似于水流、沙流的流体,具有很多与流体类似的动力学性质,但是交通流中的个体车辆是自驱动的,因而交通流也具有很多自身的特性。

3.3.1 交通流的波动现象

在类似高速公路、城市快速路等连续流交通设施上,我们能够观察到很多交通流的波动(Kinematic Wave)现象,如交通堵塞在车流中的蔓延。图 3.3.1 所显示的交通流时空轨迹图来自 1974 年 Treiterer[5]对美国高速公路车流的航空观测。从图中可以看到车辆轨迹呈现出明显的波纹状图案,这些波纹是由车辆减速引起的。后车的减速相对于前车减速具有滞后性,因此由车辆减速引起的轨迹的曲折透迤随着时间的推移朝着车流行驶的反方向上游传播,形成了交通波的效应。

与机械波在媒介中的传播类似,如果我们观测交通流的特征参数(流率、密度或者速度),会发现,这些特征参数在交通流中按照一定的规律传播。图 3.3.2 来自 Kerner[6]对德国高速公路交通流数据的观测。从图中可以看到,大约从 14:00 开始,位于 13km 处先后出现了两次交通拥堵,时间间隔约 15min。两次拥堵的单车道流率都低于 1000veh/h,且均以稳定的速度向交通流上游传播。

上述交通流的波动特性我们将在后续章节中做更为深入的介绍。

3.3.2 交通流的崩溃和通行能力陡降现象

很多学者在描绘高速公路交通流基本图时发现在流率-密度图上,位于通行能力附近的数据是非连续的,数据在形态上呈现出类似"人"字的图案或是"希腊字母"λ"的镜像图案。导致这一现象的主要因素有两个:第一,交通流在接近或达到自由流状态的最大流率 q_{max} 时,交通流的稳定性很弱,因而该最大流率状态难以长时间维持,极易受到干扰而失稳崩溃(Breakdown),且一旦发生失稳崩溃,交通流的流率值将伴随速度急剧下降,造成流率-密度基本图中数据从自由流曲线顶端到拥挤状态的陡降;第二,当交通流从拥挤状态恢复到自由流状态时,其流率值往往无法达到自由流的最大流率状态,最典型的例子出现在堵塞排队车辆消散时的流率 q_{out} 总是小于自由流最大流率 q_{max}。习惯上,将流率-密度基本图中自由流最大流率 q_{max} 跳跃到拥挤状态最大流率 q_{out} 的非连续特征称为通行能力陡降(Capatitcy Drop)现象(图 3.3.3)。

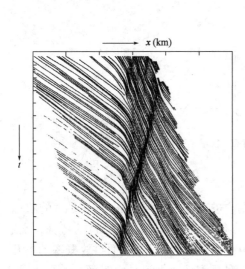

图 3.3.1　交通拥堵传播时的车流轨迹（摘自文献[5]）

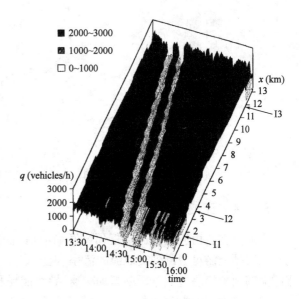

图 3.3.2　交通拥堵在流率时空图上的传播（摘自文献[6]）

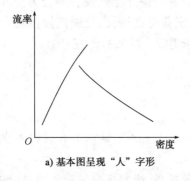

a) 基本图呈现"人"字形

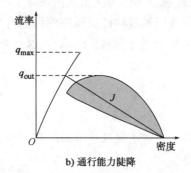

b) 通行能力陡降

图 3.3.3　交通流的通行能力陡降现象

交通流的崩溃和通行能力陡降现象的内在机理存在多种解释，但目前尚未形成完全统一的认识，对于该问题的研究仍将继续深入。

3.3.3　交通流的磁滞现象

物理中的磁滞（Hysteresis）现象指磁场强度由小变大再减小的过程中，磁感应强度的变化存在滞后效应，其增大和减小的变化曲线在路径上不重合的现象。在交通流系统中也存在类似的现象。Treiterer 和 Myers 最早观测到这一现象，他们发现一组车队在受到干扰后恢复的过程中，速度-密度变化曲线呈现明显的环状曲线特征。Maes 观测到受交通事件影响的交通流状态变化同样存在类似的环状曲线。这类现象称为交通流的磁滞现象（图 3.3.4）。

交通流磁滞现象存在的原因有两种常见的解释。第一种解释认为该现象是由车辆加速和减速过程的不对称性造成的，该观点由 Newell 最先提出，尔后由 H. M. Zhang 加以理论证明。第二种解释认为磁滞现象与驾驶者的行为差异性相关。当不同类驾驶者遵循不同的平衡态速度-密度曲线时，会出现交通流磁滞现象。

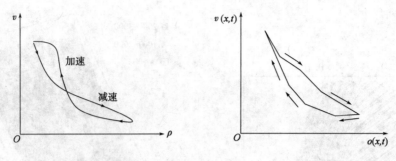

图 3.3.4 交通流的磁滞现象

3.3.4 交通流的振荡现象

交通流在自由流状态遭遇瓶颈突发崩溃后,往往会进入走走停停(Stop and Go)的状态。此时在瓶颈上游可观测到交通流的流率、速度等特征参数呈现振荡(Oscillation)的特征。交通流的振荡现象容易造成车辆频繁加减速,导致能耗和尾气排放增加以及交通事故概率的上升。

关于交通流的振荡现象,存在以下几种解释:第一种观点认为振荡是由车辆换道行为或者下游存在移动瓶颈而引发的,第二种观点认为交通流加速、减速过程的不对称性会引发交通流振荡,第三种观点则认为交通流振荡源于激进型驾驶者和保守型驾驶者的行为差异性。上述三种观点都可以通过构建交通流模型进行交通仿真来获得支持,而交通流振荡现象真正的内在机制可能是上述三种认识的综合,这将依赖于未来更深入的实验研究。

课后习题

1. 一路段车辆达到服从泊松分布,平均到达率为 0.1veh/s。试求 1 分钟内不少于 8 辆车到达的概率。
2. 选择公路或城市道路,对车流的车头时距进行观测,绘制车头时距的概率分布图,并尝试采用合适的数学分布进行拟合。
3. 试给出图 3.2.15 中 Edie 的两段式基本图模型,使 Greenberg 基本图曲线与 Underwood 基本图曲线在最优密度处相连接。
4. 试分析 Newell 基本图模型式(3.2.4a)中参数 λ 的含义。

参考文献

[1] May, Adolf D. Traffic Flow Fundamentals[M]. Prentice-Hall, 1990.
[2] 鸠洛夫 D L,休伯 M J. 交通流理论[M]. 蒋璜,任福田,肖秋生,徐吉谦,译. 北京:人民交通出版社,1983.
[3] Leong H J W. The distribution and trend of free speeds on two-lane rural highways in New South Wales[J]. Proc. Austr. Road Res. Board, 1968, 4: 791-814.
[4] Ni, Daiheng. Traffic Flow Theory: Characteristics, Experimental Methods, and Numerical Techniques[M]. Oxford, U.K, Butterworth-Heinemann, 2015.

[5] J Treiterer. Investigation of Traffic Dynamics by Aerial Photogrammetry Techniques[R]. Technical Report No. PB 246 094, 4, Ohio State University, Columbus, Ohio, 1975.
[6] Kerner B S, Rehborn H. Experimental Features and Characteristics of Traffic Jams[J]. Physical Review E, 1996, 53(2):R1297.

第 4 章
跟驰模型

跟驰模型(Car Following Model)是一种描述单车道上车辆如何跟随前方车辆运动的模型,它在微观交通仿真、驾驶行为分析、通行能力分析、交通安全等领域都有着广泛的应用。跟驰模型按照不同的建模原理可分为五大主要类型,分别为刺激-反应模型、安全间距模型、优化速度模型、社会力模型和低阶线性模型。本章将对跟驰模型的性质、参数标定方法以及稳定性分析方法进行介绍。

4.1 跟驰模型的一般性描述

图 4.1.1 描绘了典型的车辆跟驰场景。图中,i 是跟驰车相关变量的下标,$i-1$ 是前导车相关变量的下标。变量 x,v,a,l 分别代表车辆的位移、速度、加速度和车身长度,$g_i^x(g_i^t)$ 表示跟驰车辆的前保险杠与前导车后保险杠之间的距离(时距),$s_i(h_i)$ 表示跟驰车辆的前保险杠与前导车前保险杠之间的距离(时距),亦称车头距离(时距)。通常,跟驰模型是以 i 车加速度的形式表达的,如方程(4.1.1a)或方程(4.1.1b)所示。

$$a_i(t+\tau_i) = f(v_i(t), v_{i-1}(t), s_i(t)) \tag{4.1.1a}$$

$$a_i(t+\tau_i) = f(v_i(t), \Delta v_i(t), s_i(t)) \tag{4.1.1b}$$

式中,$\Delta v_i(t) = v_{i-1}(t) - v_i(t)$。

第4章 跟驰模型

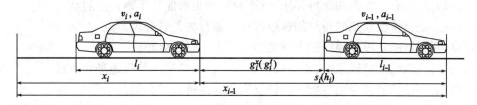

图 4.1.1 车辆跟驰示意图

跟驰模型认为跟驰车辆的加速度是关于自身速度、前方车辆速度以及自身与前方车辆距离等参数的函数,式中用 $f(\cdot)$ 表达。它本质上反映了驾驶者的驾驶决策机制,即驾驶者所采用的加速度是在对自身行驶速度、前车速度、车头间距等状态值感知的基础上做出的决策。值得注意的是,人的反应过程和车辆机械传动过程均存在延迟性,因而跟驰模型加速度的产生时刻总是比决策前时刻延迟一段时间,我们把各种因素导致的延迟时间之和统称为反应延迟,记为 τ。不同跟驰模型涉及的参变量不完全相同,表 4.1.1 给出了跟驰模型常用的物理量表。

跟驰模型主要物理量表 表 4.1.1

符 号	单 位	含 义
i	无	车辆编号($i=1,2,\cdots$)
$x_i(t)$	m	t 时刻车辆 i 的位置
$v_i(t)$	m/s	t 时刻车辆 i 的速度
v_e	m/s	条件允许时,驾驶者的期望速度
$a_i(t)$	m/s^2	t 时刻车辆 i 的加速度
A_i	m/s^2	车辆 i 最大加速度,$A_i>0$
B_i	m/s^2	车辆 i 最大减速度,$B_i<0$
l_i	m	车辆 i 的车长
τ_i	s	车辆 i 驾驶者的反应时间
$s_i(t)$	m	t 时刻车辆 i 与其前方车辆 $i-1$ 的车头间距
$h_i(t)$	m	t 时刻车辆 i 与其前方车辆 $i-1$ 的车头时距
$g_i^x(t)$	m	t 时刻车辆 i 与其前方车辆 $i-1$ 的距离间隙
$g_i^t(t)$	m	t 时刻车辆 i 与其前方车辆 $i-1$ 的时间间隙

对跟驰模型性能的评价常常以其能否准确描述各种场景下跟驰行为的运动特征为标准。这些典型的场景包括但不限于以下情况:

(1)启动:车辆 i 从停车状态开始启动。

(2)加速:车辆 i 启动后,不断加速。

(3)自由行驶:没有干扰时,车辆 i 加速至期望速度行驶。

(4)加塞:突然出现车辆换道至前方,车辆 i 与前车 $i-1$ 间距突然变短。

(5)跟随:车辆 i 跟随前车的运动做出适应性调整。

(6)停车再起步:由于前车 $i-1$ 的短暂停车,车辆 i 停车再起步。

(7)接近:车辆 i 接近速度较慢或静止的前方车辆 $i-1$。

(8)停止:车辆 i 减速停在静止的前车 $i-1$ 之后,并与前车 $i-1$ 之间保持最小安全距离。

使用跟驰模型模拟上述场景时,可以根据以下情况评判跟驰模型的性能优劣:

(1)启动:在没有额外附加条件作用下,跟驰模型是否能让车辆自主启动。
(2)加速:跟驰模型模拟的持续加速过程中车辆行为是否合理。
(3)自由行驶:跟驰模型模拟的车辆期望速度大小是否合理。
(4)加塞:在遇到加塞现象时,跟驰模型是否有合适的控制策略还是会失效。
(5)跟随:跟驰模型能否适应前车的速度变化并保持合理车距。
(6)停车再起步:跟驰模型能否控制后车跟随前车进行减速(停车)并保持安全距离,在前车重新加速(启动)后能够及时跟进。
(7)接近:跟驰模型能否控制后车在不断接近前车的过程中合理的调整速度以保证安全距离。
(8)停止:跟驰模型能否控制后车持续减速并最终以最小安全距离停止于静止前车之后。
接下来,本章将对几类跟驰模型分别做介绍,并通过对上述场景的仿真考查模型的特性。

4.2 刺激-反应类模型[1]

刺激-反应类模型是最早发展起来的跟驰模型,它将前车运行状态对驾驶者的影响表达为一种刺激(Stimulus),将驾驶者的感知能力描述为其对刺激的敏感系数(Sensitivity),将驾驶者的响应(Response)表达为后车的运动行为。刺激-反应框架是最经典的跟驰行为建模思想,体现了跟驰行为中许多本质特征。

4.2.1 GM模型介绍

20世纪50年代,美国通用汽车(General Motor)公司实验室的一批学者提出了一类车辆跟驰运动的数学模型,统称为GM模型。其中,最早的GM模型由Chandler、Herman和Montroll于1958年提出,其模型表达式如下:

$$a_i(t+\tau) = \lambda[v_{i-1}(t) - v_i(t)] \qquad (4.2.1)$$

式中,λ为反应灵敏系数,$\lambda > 0$。

这个模型假设当前车辆加速度的值源于对τ时间前本车与前车速度差的响应,且加速度响应与速度差成正比关系。显然,对于该模型而言,当前车速度比后车快时,后车会加速,反之则减速,直到后车与前车速度相同时后车的状态才稳定下来,这与我们的直观感觉相符。虽然该模型结构简单,但能够反映出跟驰行为的一些最基本的特征,包括后车响应的延时性以及驾驶者主观上希望消除与前车速度差的考虑。

当然,上述模型过于简化,因而存在很多不符合驾驶行为的地方。有学者认为当后车与前车距离较远时,其对前车速度变化的响应比距离近时要弱。因此,灵敏系数不应为常数,而应与前后车之间的间距成反比。进一步,还有学者提出后车加速度值不仅与跟驰距离有关,还与跟驰车辆自身的行驶速度相关。当行驶速度较快时,跟驰车辆对前车速度变化的响应也较大,这一特点在前车减速时尤为明显。因此,灵敏系数应该与跟驰车辆自身速度成正比。综合以上两点,最初的GM模型被改进为以下形式:

$$a_i(t+\tau) = \lambda \frac{v_i(t+\tau)}{x_{i-1}(t) - x_i(t)}[v_{i-1}(t) - v_i(t)] \qquad (4.2.2)$$

改进后的 GM 模型相对于最初的 GM 模型考虑了更多的因素:本质上是把原 GM 模型中的灵敏系数由常数变为关于跟驰车辆速度和与前车距离的函数。然而,没有任何证据和理论分析表明改进后的 GM 模型中灵敏系数恰好与速度和间距的 1 次幂相关。于是,人们给出了比式(4.2.2)更为一般的模型,表达式如下:

$$a_i(t+\tau) = \lambda \frac{[v_i(t+\tau)]^m}{[x_{i-1}(t) - x_i(t)]^l}[v_{i-1}(t) - v_i(t)] \quad (4.2.3)$$

式中,m 和 l 为待定参数($m \geq 0, l \geq 0$),根据实际车辆跟驰运行的数据进行标定。式(4.2.3)给出了 GM 模型的最一般形式。

从 20 世纪 60 年代起,GM 模型在交通流理论研究和交通流仿真领域得到了广泛的应用。

4.2.2 GM 模型与基本图模型的联系

GM 模型认为跟驰车辆的加速度 a_i 与三个因素有关,分别为跟驰车辆自身的速度 v_i、与前车的车头距离($x_{i-1} - x_i$)以及与前车的速度差($v_{i-1} - v_i$)。事实上,跟驰车辆与前车的速度差可以看作车头距离的时间变化率,即 $(v_{i-1} - v_i) = \mathrm{d}(x_{i-1} - x_i)/\mathrm{d}t$;而跟驰车辆的加速度则为自身速度的时间变化率,即 $a_i = \mathrm{d}v_i/\mathrm{d}t$。因此,GM 模型是关于跟驰车辆速度 v_i 与车头距离 $(x_{i-1} - x_i)$ 的微分方程。它本质上描述了车辆跟驰运动时,速度与车头距离之间的关系。在前面章节我们讲到交通流的基本图模型描述了平衡态下交通流宏观速度与密度之间的函数关系,而 GM 模型则描述了微观层面个体车辆速度与车头距离之间的函数关系,这启示我们 GM 模型可能与基本图模型之间存在某种联系。下面将从几个经典基本图模型开始,讲述它们之间的内在联系。

4.2.2.1 GM 模型与 Greegberg 基本图模型

对于式(4.2.3),令 $m = 0, l = 1$,模型表达式如下:

$$a_i(t+\tau) = \lambda \frac{1}{x_{i-1}(t) - x_i(t)}[v_{i-1}(t) - v_i(t)] \quad (4.2.4)$$

方便起见,定义车头距离函数如下:

$$s_i(t) = x_{i-1}(t) - x_i(t) \quad (4.2.5)$$

则有:

$$v_{i-1}(t) - v_i(t) = \frac{\mathrm{d}(s_i(t))}{\mathrm{d}t} \quad (4.2.6)$$

当交通流处于平衡态时,所有车辆状态平稳,跟驰模型中反应延迟时间和车辆序号下标变量可忽略,于是式(4.2.4)简化为:

$$a(t) = \lambda \frac{s'(t)}{s(t)} \quad (4.2.7)$$

式(4.2.7)等号两边分别对 t 求积分,可得:

$$v(t) = \lambda \ln s(t) + C \quad (4.2.8)$$

考虑到平衡态条件下所有车辆速度一致(皆等于宏观交通流速度),因而可将式(4.2.8)中微观层面的个体车辆速度 v 和车头距离 s 转化为宏观交通流速度 u 和密度 k。又因交通流状态在平衡态条件下不发生改变,可略去交通状态参数的时间因子,形成如下表达式:

$$u = \lambda \ln \frac{1}{k} + C \quad (4.2.9)$$

式(4.2.9)即为式(4.2.4)对应的基本图模型,其中 λ、C 为模型的待定系数。由于 $k=k_j$ 时 $u=0$,代入上式得 $C=-\lambda\ln\dfrac{1}{k_j}$,则:

$$u = \lambda \ln \frac{k_j}{k} \tag{4.2.10}$$

下面,通过应用 q-k 基本图在通行能力位置 q 关于 k 的导数为 0 的特性,确定模型中的系数 λ。由 $q=ku$ 得:

$$q = \lambda k \ln \frac{k_j}{k} \tag{4.2.11}$$

上式等号两边分别对 k 求导,得:

$$\frac{\mathrm{d}q}{\mathrm{d}k} = \lambda \ln \frac{k_j}{k \cdot \mathrm{e}} \tag{4.2.12}$$

令 $\dfrac{\mathrm{d}q}{\mathrm{d}k}=0$,求得 q 达到通行能力时,最优密度 $k_m=\dfrac{k_j}{\mathrm{e}}$,设其对应的通行能力处的速度为 $u=u_m$,代入式(4.2.10)得:

$$\lambda = u_m \tag{4.2.13}$$

则跟驰模型式(4.2.4)对应的基本图模型为:

$$u = u_m \ln \frac{k_j}{k} \tag{4.2.14}$$

该模型即为 Greenberg 基本图模型。

4.2.2.2 GM 模型与 Greenshields 基本图模型

对式(4.2.3),令 $m=0$,$l=2$,模型表达式如下:

$$a_i(t+\tau) = \lambda \frac{1}{[x_{i-1}(t)-x_i(t)]^2}[v_{i-1}(t)-v_i(t)] \tag{4.2.15}$$

当交通流处于平衡态时,式(4.2.15)简化为:

$$a(t) = \lambda \frac{s'(t)}{s^2(t)} \tag{4.2.16}$$

式(4.2.16)等号两边分别对 t 求积分,可得:

$$v(t) = -\lambda \frac{1}{s(t)} + C \tag{4.2.17}$$

将微观交通参数转换为宏观交通参数,并略去时间因子,有:

$$u = -\lambda k + C \tag{4.2.18}$$

考虑自由流状态的特性,有 $u=u_f$,$k=0$,代入上式可得 $C=u_f$,式(4.2.18)变为:

$$u = -\lambda k + u_f \tag{4.2.19}$$

应用拥堵状态的交通流特性,有 $u=0$,$k=k_j$,代入上式可得 $\lambda=u_f/k_j$,于是可获得如下基本图模型:

$$u = u_f(1 - k/k_j) \tag{4.2.20}$$

该模型即为 Greenshields 模型。

4.2.2.3 GM 模型与 Underwood 基本图模型

对式(4.2.3),令 $m=1$,$l=2$,模型表达式如下:

$$a_i(t+\tau) = \lambda \frac{v_i(t+\tau)}{[x_{i-1}(t) - x_i(t)]^2}[v_{i-1}(t) - v_i(t)] \quad (4.2.21)$$

当交通流处于平衡态时,式(4.2.21)简化为:

$$a(t+\tau) = \lambda \frac{v(t+\tau)s'(t)}{s^2(t)} \quad (4.2.22)$$

对上式做适当变形:

$$\frac{v'(t+\tau)}{v(t+\tau)} = \lambda \frac{s'(t)}{s^2(t)} \quad (4.2.23)$$

式(4.2.23)等号两边分别对 t 求积分,可得:

$$\ln v(t) = -\lambda \frac{1}{s(t)} + C \quad (4.2.24)$$

将微观交通参数转换为宏观交通参数,并略去时间因子,有:

$$u = C_0 e^{-\lambda k} \quad (4.2.25)$$

考虑自由流状态的特性,有 $u = u_f, k = 0$,代入上式可得 $C_0 = u_f$,式(4.2.25)变为:

$$u = u_f e^{-\lambda k} \quad (4.2.26)$$

由 $q = ku$ 得:

$$q = ku_f e^{-\lambda k} \quad (4.2.27)$$

上式等号两边分别对 k 求导,得:

$$\frac{dq}{dk} = u_f e^{-\lambda k}(1 - \lambda k) \quad (4.2.28)$$

令 $\frac{dq}{dk} = 0$,求得 q 达到通行能力时,$\lambda = 1/k_m$,代入式(4.2.26)得:

$$u = u_f e^{-k/k_m} \quad (4.2.29)$$

该模型即为 Underwood 模型。

4.2.2.4 GM 模型与基本图模型关系的总结

从 20 世纪 60 年代开始,学者们对 GM 模型做了大量的实测数据标定工作,并采用上述积分的方法建立了 GM 模型与多个基本图模型之间的联系。表 4.2.1 列出了 GM 模型不同参数取值下与经典基本图模型的对应关系。

GM 模型与基本图模型关系对照表 表 4.2.1

l	q-k 基本图模型表达式	相关学者
	$m = 0$	
0	$q = q_m(1 - k/k_j)$	Chandler 等
1	$q = u_m k\ln(k_j/k)$	Greenberg
3/2	$q = u_f k[1 - (k/k_j)^{1/2}]$	Drew
2	$q = u_f k(1 - k/k_j)$	Greenshields
	$m = 1$	
2	$q = u_f k e^{k/k_m}$	Edie
3	$q = u_f k e^{-\frac{1}{2}(k/k_m)^2}$	Drake 等

GM 模型成功地构建起基本图模型和微观动力学模型之间联系的桥梁,使交通流平衡态特性与动态特性结合起来,成为逻辑上自洽的模型体系。

4.2.3 GM 模型的仿真

为了全面考查 GM 模型的性质,我们采用 Daiheng Ni[1] 提出的综合仿真场景,对 GM 模型进行仿真测试。Daiheng Ni 提出的综合仿真场景如下:

单车道公路上,前车 $i-1$ 按设定的轨迹行驶,后车 i 遵循跟驰模型行驶,车长均为 6m。车辆 i 最大加速度为 $4m/s^2$,最大减速度为 $-6m/s^2$,驾驶者期望速度(自由流速度)为 30m/s,驾驶者反应时间为 1s。在 0 时刻,车辆 $i-1$ 停于原点前方 4000m 处;随后,车辆 i 开始启动,向前行驶;100s 时,车辆 $i-1$ 启动,并驶离道路,同时,原点前方 2900m 处进入一辆速度为 24m/s 的车辆,成为车辆 $i_{新}$ 的前车,即新的 $i-1$ 车;200s 时,车辆 $i-1$ 以减速度 $-4m/s^2$ 减速至停止;300s 时,车辆 $i-1$ 以加速度 $3m/s^2$ 加至 36m/s;400s 时,车辆 $i-1$ 又以减速度 $-4m/s^2$ 减速至停止,之后不再启动。此外,为了使 100s 时新进入的车辆位于车辆 i 前方合适距离,以便对车辆 i 产生明显影响,仿真中 0 时刻车辆 i 的位置会根据模型特点进行适当调整,并在各模型仿真中加以说明。

GM 模型未对车辆加速度、减速度限制,也未对车辆速度进行限制。为避免仿真中出现车辆加速度、减速度、速度过大或速度为负等不符合实际的情况,仿真中将对车辆加速度、速度范围进行合理限制,以使仿真效果更加贴合实际情况。

GM 模型的驱动力来自与前车速度差的刺激,因而当前、后车辆都处于静止状态时,速度差为 0,后车无法自主启动。为了能够让 GM 模型在上述仿真场景内启动,仿真时设定 i 车初始位置为原点前方 700m 处,并设定 i 车初始速度为 30m/s,初始加速度为 0。仿真采用 GM 模型表达式如下:

$$a_i(t+1) = 0.8 \frac{v_i(t+\tau)}{x_{i-1}(t) - x_i(t)}[v_{i-1}(t) - v_i(t)]$$

以下是 GM 模型控制下车辆 i 的跟驰运动仿真程序:

```
lambda = 0.8;           %模型参数
m = 1;                  %模型参数
l = 1;                  %模型参数
dt = 0.1;               %仿真时间步长(s)
tau = 1;                %反应时间(s)
tau_n = ceil(tau / dt); %反应时间对应的仿真时间步数
x(2,1) = 700;           %后车初始位置(m)
v(2,1) = 30;            %后车初始速度(m/s)
a(2,1) = 0;             %后车初始加速度(m/s²)
for i = 2:1:5000
    x(2,i) = x(2,i-1) + v(2,i-1) * dt;
    v(2,i) = v(2,i-1) + a(2,i-1) * dt;
    if i <= tau_n
```

```
            a(2,i) = a(2,i-1);
        else
            a(2,i) = lambda * v(2,i)^m * (v(1,i-tau_n) - v(2,i-tau_n)) / (x(1,i-tau_n) - x(2,i-tau_n))^l;
        end
        v_next = v(2,i) + a(2,i) * dt;
        v_next = min(v_next,ve);           %防止速度超限
        v_next = max(v_next,0);
        a(2,i) = (v_next - v(2,i)) / dt;
        a(2,i) = min(a(2,i),A);            %防止加速度超限
        a(2,i) = max(a(2,i),B);
    end
```

GM模型的仿真结果如图4.2.1所示。

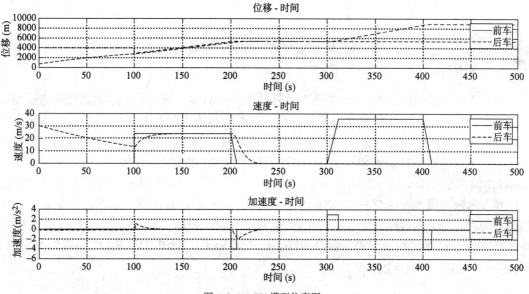

图4.2.1 GM模型仿真图

根据图4.2.1,可以发现GM模型具有以下特点:

(1)启动:该模型无法使车辆从静止启动,需为后车附加初始速度$v_i(0)$或加速度。
(2)加速:前车静止时,该模型会控制后车减速,即使前车距离非常远。
(3)自由行驶:该模型只能控制后车速度不断接近前车速度,无法自行达到期望速度。
(4)加塞:仿真中当出现车辆加塞成为新的前车时,该模型控制后车加速,而实际中驾驶者一般会减速。
(5)跟随:该模型能控制后车速度趋于前车速度,但无法优化调整车头距离。
(6)停车再起步:该模型能控制后车在前车停止后减速,但无法保证其在安全距离外停止,减速过程可能会与前车相撞,后车停止后无法跟随前车再次启动。
(7)接近:该模型无法模拟合理的行为。
(8)停止:该模型无法实现。

4.2.4 GM 模型小结

GM 模型是最早发展起来的一类跟驰模型,它将车辆的加速度表达为关于各种影响因素的函数,这些影响因素包括跟驰车辆反应延迟、自身的速度、与前车的速度差以及车间距离。通过对 GM 模型进行积分变换,可以构造出基本图模型,从而在交通流的宏观平衡态特性和微观动力学特性之间架起了桥梁。GM 模型是交通流理论的重要组成部分,对后期的跟驰模型发展产生了深远的影响。

当然,GM 模型也存在很多局限性。第一,GM 模型中跟驰车辆加速度源于其与前车速度差的刺激。因而,当前、后车辆速度相同时,无论两车之间距离如何,跟驰车辆都不会产生加速度。第二,当前方没有车辆时,GM 模型无法工作。一个 GM 模型无法适用的典型场景是,红灯期间停在停车线前的第一辆车,当绿灯开始时,其前方无引导车导致 GM 模型无法启动车辆,模型失效。第三,GM 模型仅考虑了跟驰行为中与前车保持速度一致性的动机,没有考虑驾驶者对保持适当车间距的追求。这一缺陷导致 GM 模型在仿真过程中无法将不合理的车间距离调整到驾驶者期望的状态。

4.3 安全间距类模型

在 GM 模型发展的同时,另一些学者从驾驶安全性的角度提出了描述跟驰行为的模型,称为安全间距类模型。这类模型认为驾驶者总是试图与前方车辆保持一个安全的行车距离,并且这个距离应该保证无论前方车辆发生何种不可预测的行为,跟驰车辆始终可以通过减速来避免与前车发生碰撞。该类模型最早由日本学者 Sasaki 于 1959 年提出。与 GM 模型不同,Sasaki 的模型没有给出跟驰车辆加速度的表达式,而是给出了安全跟驰车距的表达式,其为关于前导车速度和跟驰车速度的二次函数,其中待定系数需要通过观测数据进行标定。Sasaki 的模型为跟驰行为的建模开辟了新的思路,但其形式较为简单,且以跟驰车距表达式描述的跟驰模型不便于计算机仿真计算。1981 年,Gipps[2] 提出了一个相对完善的安全间距类跟驰模型,得到了较为广泛的应用。

4.3.1 Gipps 模型介绍

Gipps 模型来源于驾驶安全准则:"后车驾驶者任何时刻必须与前车保持充足车距,确保当前车突然停止时后车能够安全停止,避免与前车碰撞。"

图 4.3.1 描绘了当前车突然减速停车而后车不发生碰撞的临界情况。假定 t 时刻前车 $i-1$ 位于 $x_{i-1}(t)$ 处,速度为 $v_{i-1}(t)$;后车 i 位于 $x_i(t)$ 处,速度为 $v_i(t)$。车辆 $i-1$ 突然以减速度 B_{i-1} 减速至停车,车辆 i 驾驶者经过反应时间 τ_i 后速度变为 $v_i(t+\tau_i)$,之后以减速度 B_i 减速,临界情况为正好停在车辆 $i-1$ 后方。

根据匀减速运动定律,车辆 $i-1$ 的刹车距离 $d_{i-1} = -\dfrac{v_{i-1}^2(t)}{2B_{i-1}}$,则其停止位置为:

$$x_{i-1}^* = x_{i-1}(t) - \frac{v_{i-1}^2(t)}{2B_{i-1}} \tag{4.3.1}$$

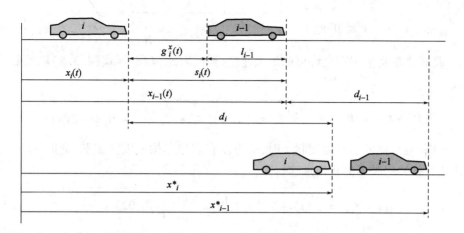

图 4.3.1　Gipps 模型减速场景

车辆 i 反应时间行驶距离 $\dfrac{v_i(t)+v_i(t+\tau_i)}{2}\tau_i$，刹车距离 $d_i = -\dfrac{v_i^2(t+\tau_i)}{2B_i}$，停止位置为：

$$x_i^* = x_i(t) + \frac{v_i(t)+v_i(t+\tau_i)}{2}\tau_i - \frac{v_i^2(t+\tau_i)}{2B_i} \tag{4.3.2}$$

保险起见，Gipps 模型在反应时间 τ_i 之后，进一步附加了缓冲反应时间 θ，即：

$$x_i^* = x_i(t) + \frac{v_i(t)+v_i(t+\tau_i)}{2}\tau_i + v_i(t+\tau_i)\theta - \frac{v_i^2(t+\tau_i)}{2B_i} \tag{4.3.3}$$

为确保安全，避免车辆 $i-1$ 与车辆 i 相撞，必须满足以下条件：

$$x_{i-1}^* - l_{i-1} \geqslant x_i^* \tag{4.3.4}$$

整理上述式(4.3.1)~(4.3.4)，得：

$$x_{i-1}(t) - \frac{v_{i-1}^2(t)}{2B_{i-1}} - l_{i-1} \geqslant x_i(t) + \frac{v_i(t)+v_i(t+\tau_i)}{2}\tau_i + v_i(t+\tau_i)\theta - \frac{v_i^2(t+\tau_i)}{2B_i}$$

$$\tag{4.3.5}$$

由于 t 时刻车辆 i 与前车 $i-1$ 的车头间距 $s_i(t) = x_{i-1}(t) - x_i(t)$，上式可改写为：

$$s_i(t) \geqslant \frac{v_i(t)+v_i(t+\tau_i)}{2}\tau_i + v_i(t+\tau_i)\theta - \frac{v_i^2(t+\tau_i)}{2B_i} + \frac{v_{i-1}^2(t)}{2B_{i-1}} + l_{i-1} \tag{4.3.6}$$

式中，$v_i(t+\tau_i)$ 为输出量，其余各变量均为输入量，可将式(4.3.6)整理为关于 $v_i(t+\tau_i)$ 的一元二次不等式：

$$-\frac{1}{2B_i}v_i^2(t+\tau_i) + \left(\frac{\tau_i}{2}+\theta\right)v_i(t+\tau_i) + \frac{v_i(t)\tau_i}{2} + \frac{v_{i-1}^2(t)}{2B_{i-1}} + l_{i-1} - s_i(t) \leqslant 0 \tag{4.3.7}$$

Gipps 对附加缓冲反应时间 θ 取值 $\theta = \dfrac{\tau_i}{2}$，考虑到 $v_i(t+\tau_i)\geqslant 0$，可得：

$$0 \leqslant v_i(t+\tau_i) \leqslant B_i\tau_i + \sqrt{B_i^2\tau_i^2 + B_i\left[v_i(t)\tau_i + \frac{v_{i-1}^2(t)}{B_{i-1}} + 2l_{i-1} - 2s_i(t)\right]} \quad (4.3.8)$$

通常,驾驶者总是采用安全许可的最大速度行驶,因此,对不等式(4.3.8)取等号,可得如下表达式:

$$v_i(t+\tau_i) = B_i\tau_i + \sqrt{B_i^2\tau_i^2 + B_i\left[v_i(t)\tau_i + \frac{v_{i-1}^2(t)}{B_{i-1}} + 2l_{i-1} - 2s_i(t)\right]} \quad (4.3.9)$$

另一方面,当车辆处于自由流状态时,前方没有前导车构成安全威胁,此时,Gipps建议采用以下表达式描述驾驶者的自由加速行为:

$$v_i(t+\tau_i) = v_i(t) + 2.5A_i\tau_i\left[1 - \frac{v_i(t)}{v_f}\right]\sqrt{0.025 + \frac{v_i(t)}{v_f}} \quad (4.3.10)$$

式中,A_i为车辆i最大加速度;v_f为期望速度。上述公式来源于对实际观测数据的分析。为了避免在选择公式时出现困惑,Gipps建议不必区别对待,只需选择式(4.3.9)和式(4.3.10)两者中较小的一个,即:

$$v_i(t+\tau_i) = \min\begin{cases} v_i(t) + 2.5A_i\tau_i\left[1 - \frac{v_i(t)}{v_f}\right]\sqrt{0.025 + \frac{v_i(t)}{v_f}} & \text{自由流状态} \\ B_i\tau_i + \sqrt{B_i^2\tau_i^2 + B_i\left[v_i(t)\tau_i + \frac{v_{i-1}^2(t)}{B_{i-1}} + 2l_{i-1} - 2s_i(t)\right]} & \text{跟驰状态} \end{cases}$$
$$(4.3.11)$$

式(4.3.11)即Gipps跟驰模型。不同于GM模型,Gipps模型给出的是跟驰车辆速度的表达式,在进行计算机仿真分析时,可以省去对车辆加速度的分析,直接通过计算速度来实现对车辆运动的模拟。此外,Gipps模型中共含有6个参数,且均具备明确的物理意义。在Gipps模型中,减速度B_{i-1}和B_i并非完全由路面和车辆因素决定,也是对跟驰车辆驾驶者心理判断的一种反映。

4.3.2 Gipps模型的性质

4.2节中提到GM模型可以通过积分变换转化为基本图模型,Gipps模型与基本图模型之间也存在着联系。基本图反映的是平衡态条件下交通流宏观速度、密度、流率之间的函数关系,而Gipps模型则从微观层面描述了安全驾驶条件下跟驰速度与跟驰距离之间应遵循的函数关系。当交通流处于平衡态时,各车辆的速度一致,车辆间距稳定,则式(4.3.9)中$v_i(t+\tau_i)$、$v_i(t)$、$v_{i-1}(t)$相等,统一记为v,前导车和跟驰车的减速度分别记为B_1和B_2。忽略式(4.3.9)中表示车辆序号的下标变量,得到如下表达式:

$$s = \frac{1}{2}\left(\frac{1}{B_1} - \frac{1}{B_2}\right)v^2 + \frac{3\tau}{2}v + l \quad (4.3.12)$$

将微观交通参数转换为宏观交通参数,可得:

$$k = \frac{1}{\frac{1}{2}\left(\frac{1}{B_1} - \frac{1}{B_2}\right)u^2 + \frac{3\tau}{2}u + l} \quad (4.3.13)$$

式(4.3.13)即 Gipps 模型所描述的平衡态速度-密度基本图关系。值得注意的是，式(4.3.12)与 Sasaki 于 1959 年提出的安全跟驰模型表达式 $s = \gamma v^2 + \tau v + l$ 在函数形式上是一致的。

4.3.3 Gipps 模型的仿真

采用与 4.2 节 GM 模型相同的仿真场景，前导车 $i-1$ 的轨迹设定也与上节仿真实验相同。设定 i 车初始位置为原点前方 17m 处，初始速度、加速度为 0。车辆 i 的运动遵循 Gipps 模型，参数取值为 $l_{i-1} = 6\text{m}, v_e = 30\text{m/s}, A_i = 4\text{ms}^{-2}, B_i = B_{i-1} = 6\text{ms}^{-2}, \tau_i = 1\text{s}$。由于仿真步长取值小于反应延时，为了更加符合实际情况，设定仿真中跟驰车辆从静止起步至第一个反应延时过程中做匀变速运动。

以下是 Gipps 模型控制下车辆 i 的跟驰运动仿真程序：

```
dt = 0.1;                  %仿真步长(s)
length = 6;                %车辆长度(m)
ve = 30;                   %期望速度(m/s)
A = 4;                     %跟驰车最大加速度(m/s²)
B1 = -6;                   %前导车最大减速度(m/s²)
B2 = -6;                   %跟驰车最大减速度(m/s²)
tau = 1;                   %反应时间(s)
tau_n = ceil(tau / dt);    %反应时间对应的仿真时间步数
x(2,1) = 17;               %跟驰车初始位置(m)
v(2,1) = 0;                %跟驰车初始速度(m/s)
a(2,1) = 0;                %跟驰车初始加速度(m/s²)
for i = 2:1:5000
    x(2,i) = x(2,i-1) + v(2,i-1) * dt;
    v(2,i) = v(2,i-1) + a(2,i-1) * dt;
    if i <= tau_n
        a(2,i) = a(2,i-1);
    else
        v_ff = v(2,i-tau_n) + 2.5 * A * tau * (1 - v(2,i-tau_n) / ve) * sqrt(0.025 + v(2,i-tau_n) / ve);
        v_cf = B2 * tau + sqrt(B2 * B2 * tau * tau + B2 * (v(2,i-tau_n) * tau + v(1,i-tau_n) * v(1,i-tau_n) / B1 + 2 * length - 2 * (x(1,i-tau_n) - x(2,i-tau_n))));
        v_next = min(v_ff, v_cf);
        if v(2,i-tau_n) == 0 && v_ff <= v_cf
            for j = 1:1:tau_n
                a(2,i - tau_n + j - 1) = v_ff / (tau + dt);
                v(2,i - tau_n + j) = v_ff * j / (tau_n + 1);
                x(2,i - tau_n + j) = x(2,i - tau_n + j - 1) + 0.5 * a
```

```
            (2,i - tau_n + j - 1) * dt * dt;
                end
            end
            v_next = min(v_next, ve);
            v_next = max(v_next, 0);
            a(2,i) = (v_next - v(2,i)) / dt;
            a(2,i) = min(a(2,i),A);
            a(2,i) = max(a(2,i),B2);
        end
    end
```

仿真结果如图4.3.2所示。

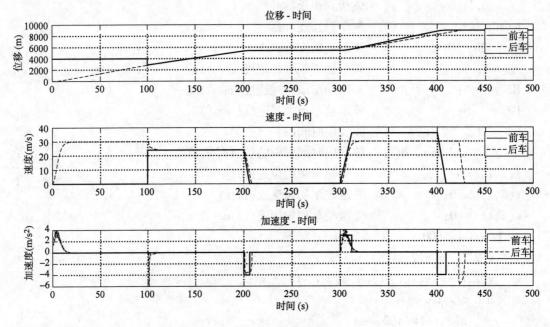

图4.3.2 Gipps模型仿真结果

根据图4.3.2,可以发现Gipps模型具有以下特点:

(1)启动:该模型能够自主驱动车辆从静止状态启动。

(2)加速:该模型能够使车辆加速。

(3)自由行驶:该模型能使车辆在自由流状态下逐渐加速达到期望速度,并保持期望速度行驶。

(4)加塞:当出现车辆加塞成为新的前导车时,该模型会控制跟驰车以较大减速度减速,但基本上能够控制跟驰车做出合理反应。

(5)跟随:该模型能控制跟驰车跟随前导车行驶并保持合理车距。

(6)停车再起步:该模型能控制跟驰车在前导车停止后减速并停止在安全距离之后,当前导车重新行驶后跟驰车能够跟随重新启动。

（7）接近：前导车停止后，该模型能控制跟驰车在接近前导车时减速。
（8）停止：该模型能控制跟驰车以安全距离停止于前导车后方。

4.3.4　Gipps 模型小结

Gipps 模型是安全间距类跟驰模型的代表，其建模思想本质上描述了跟驰过程中驾驶者试图与前方车辆之间维持安全距离的行为。Gipps 模型通过对最不利场景的分析，解析得到跟驰间距与行驶速度之间的临界安全条件，并增加了自由加速状态下的速度更新方程。以下是对 Gipps 模型特点的总结：

（1）Gipps 模型包含了速度与安全间距之间的关系，这一关系本质上即 Gipps 模型描述的基本图关系，因而 Gipps 模型能够控制跟驰车辆将跟驰间距从非平衡态调整到平衡态。

（2）Gipps 模型包含了两个速度方程，分别描述自由加速状态和跟驰状态。模型能够较为合理地模拟各种复杂跟驰场景的跟驰行为。

（3）Gipps 模型除上述优点之外，还存在不足的地方。第一，Gipps 模型包括了两个速度方程，在数学形式上不够简洁，也对模型的解析分析造成一定困难。第二，Gipps 模型是基于最不利条件构建的。事实上，在实际条件下，这种最不利情况发生的概率很低，因而人们实际采用的跟驰距离往往小于 Gipps 模型计算的距离，这导致 Gipps 模型存在低估通行能力的倾向。

4.4　优化速度类模型

优化速度类模型认为跟驰行为的本质是追求最佳状态，即驾驶者努力将跟驰状态向最佳状态调整。这个最佳状态被假设为一个特定的速度-间距函数关系。跟驰车辆的加速度来自对当前状态与最佳状态之间偏差的响应。

4.4.1　Newell 模型

4.4.1.1　Newell 模型介绍

Newell[3]于 1961 年提出了一个重要的模型，该模型被认为是最早的优化速度类模型。该模型假设驾驶者对于各种跟驰距离都存在与之唯一对应的优化速度，即优化速度是一个关于跟驰距离的单值函数，其表达式见式(4.4.1)：

$$V(s_i(t)) = v_f(1 - e^{-\frac{\lambda}{v_f}(s_i(t)-l)}) \tag{4.4.1}$$

式中，$V(\cdot)$ 为优化速度函数；v_f 为自由流速度或驾驶者期望速度；λ 为优化速度在速度为 0 处关于间距的导数。

图 4.4.1a)给出了 Newell 优化速度函数及关键参数。

优化速度是驾驶者追求的目标状态，而实际车辆速度往往与优化速度并不一致。Newell 模型假设驾驶者总是不断地调整车速以逼近优化速度。然而，驾驶者对车速的调整存在滞后性，其车速调整方程见式(4.4.2)：

$$v_i(t+\tau) = V(s_i(t)) \tag{4.4.2}$$

式中,τ为驾驶者将车辆速度调整至优化速度所需的时间,该时间与 GM 模型和 Gipps 模型的反应延迟概念均不相同。

将式(4.4.1)代入式(4.4.2)可得 Newell 模型表达式如下:

$$v_i(t+\tau) = v_f\left(1 - e^{-\frac{\lambda}{v_f}(s_i(t)-l)}\right) \tag{4.4.3}$$

由此可见,Newell 模型本质上是调整车辆速度以达到最优的或期望的速度-间距关系。当跟驰车辆与前导车辆速度一致、间距稳定,且速度-间距关系满足优化速度函数关系时,跟驰车辆的速度不再发生改变。优化速度函数定义的速度-间距关系在宏观层面对应着交通流平衡态的基本图关系。因此,Newell 模型与基本图模型之间也存在的联系。

4.4.1.2 Newell 模型对应的基本图

与 Gipps 模型类似,Newell 模型是关于跟驰车辆速度的表达式。Newell 模型中的优化速度函数本质上为平衡态时车辆速度与跟驰间距的函数关系,因而容易转换为交通流宏观基本图模型。根据平衡态交通流的性质,用交通流宏观速度、密度代替式(4.4.1)中的微观速度和车辆间距,可获得 Newell 模型对应的基本图模型如下:

$$u = v_f\left(1 - e^{-\frac{\lambda}{v_f}\left(\frac{1}{k}-\frac{1}{k_j}\right)}\right) \tag{4.4.4a}$$

$$q = kv_f\left(1 - e^{-\frac{\lambda}{v_f}\left(\frac{1}{k}-\frac{1}{k_j}\right)}\right) \tag{4.4.4b}$$

式中,u 为交通流平均速度;k 为交通密度;k_j 为堵塞密度;q 为交通流率。

图 4.4.1b)显示了 Newell 模型的流率-密度基本图。不难发现,Newell 模型中关键参数 λ 在基本图中决定了堵塞状态曲线切线的斜率大小,即堵塞波速的大小。因此,Newell 模型中所有参数都具备明确的物理意义。

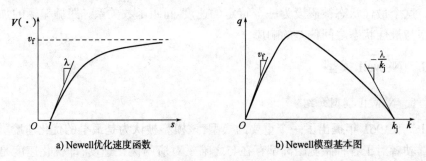

a) Newell 优化速度函数　　　　b) Newell 模型基本图

图 4.4.1　Newell 模型优化速度函数与基本图

4.4.1.3 Newell 模型的仿真

采用与 GM 模型相同的仿真场景,前导车 $i-1$ 的轨迹设定也与上节仿真实验相同。设定 i 车初始位置为原点前方 30m 处,初始速度、加速度为 0。车辆 i 的运动遵循 Newell 模型,参数取值为 $l_{i-1} = 6\text{m}, v_f = 30\text{m/s}, \lambda = 7.9, \tau = 1\text{s}$。

以下是 Newell 模型控制下车辆 i 的跟驰运动仿真程序:

```
dt = 0.1;              %仿真步长(s)
length = 6;            %车辆长度(m)
vf = 30;               %期望速度(m/s)
```

```
A = 4;                    %最大加速度(m/s^2)
B = -6;                   %最大减速度(m/s^2)
lambda = 7.9;             %模型参数
tau = 1;                  %反应时间(s)
tau_n = ceil(tau / dt);   %反应时间对应的仿真步数差
x(2,1) = -42;             %后车初始位置(m)
v(2,1) = 0;               %后车初始速度(m/s)
a(2,1) = 0;               %后车初始加速度(m/s^2)
for i = 2:1:5000
    x(2,i) = x(2,i-1) + v(2,i-1) * dt;
    v(2,i) = v(2,i-1) + a(2,i-1) * dt;
    v_after_tau = vf * (1 - exp( -(lambda / vf) * (x(1,i) - x(2,i) - length)));
    a(2,i) = (v_after_tau - v(2,i)) / tau;
    v_next = v(2,i) + a(2,i) * dt;
    v_next = min(v_next,vf);
    v_next = max(0,v_next);
    a(2,i) = (v_next - v(2,i)) / dt;
    a(2,i) = min(a(2,i),A);
    a(2,i) = max(a(2,i),B);
end
```

仿真结果如图 4.4.2 所示。

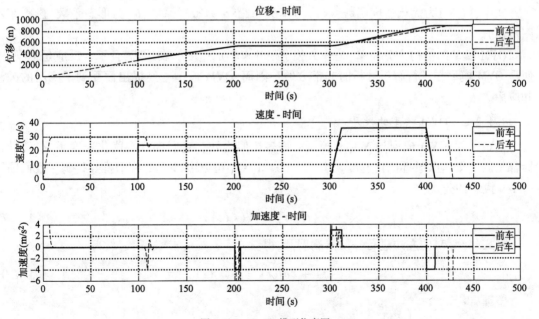

图 4.4.2　Newell 模型仿真图

根据图4.4.2,可以发现Newell模型具有以下特点:
(1)启动:该模型能够驱动车辆从静止状态启动。
(2)加速:该模型能够使车辆加速,但由于速度调整时间为固定值,当优化速度值较大时容易造成加速度过高,与实际不符。
(3)自由行驶:该模型能使车辆达到期望速度,并保持期望速度行驶。
(4)加塞:当出现车辆加塞成为新的前导车时,该模型会控制跟驰车反复减速、加速,造成速度波动。模型参数取值合理时波动会较快收敛,可以避免与前车碰撞。
(5)跟随:该模型能控制跟驰车跟随前导车行驶并保持合理的车距。
(6)停车再起步:该模型能控制跟驰车在前导车停止后减速并停在安全距离之后。当前导车重新启动后,跟驰车可以跟随其重新启动,但会发生加速度波动。
(7)接近:前车停止后,该模型能控制后车在接近前车时减速。
(8)停止:该模型能控制后车以安全距离停止于前车后方,不会与前车碰撞。

4.4.2 OVM模型

4.4.2.1 OVM模型介绍

OVM模型全称为Optimal Velocity Model,由Bando[4]于1995年提出。该模型认为驾驶者根据当前车辆速度与优化速度的差异来调整车辆加速度值,使车速不断地逼近优化速度。具体模型如下:

$$a_i(t) = \alpha [V(s_i(t)) - v_i(t)] \tag{4.4.5}$$

$$V(s_i(t)) = \frac{v_f}{2}[\tanh(s_i(t) - h_c) + \tanh(h_c)] \tag{4.4.6}$$

式中,$V(\cdot)$为优化速度函数;$s_i(t)$为车头间距;α为敏感系数;h_c为形态系数(影响基本图形态)。

OVM模型的结构十分简单,是一个关于跟驰车辆加速度的表达式,且不含反应延迟项,这使得OVM模型在进行解析分析时非常方便。因而,OVM模型一经提出便受到了广泛的关注和应用。

4.4.2.2 OVM模型的性质

不难发现,OVM模型与Newell模型有许多相似之处。它们都含有优化速度函数,驾驶目标都是调整车速以逼近优化速度。事实上,OVM模型可以由Newell模型推导得到。我们回顾Newell模型的公式:

$$v_i(t+\tau) = V(s_i(t)) \tag{4.4.7}$$

将式(4.4.7)的左边进行一阶泰勒展开,得:

$$v_i(t) + \tau a_i(t) = V(s_i(t)) \tag{4.4.8}$$

整理,得:

$$a_i(t) = \frac{1}{\tau}[V(s_i(t)) - v_i(t)] \tag{4.4.9}$$

将式(4.4.9)对比式(4.4.5),发现 $\alpha = 1/\tau$,因此,二者本质上是一致的。这很容易理解,在 Newell 模型中,驾驶者通过 τ 时间将当前速度 $v_i(t)$ 调整到优化速度 $V(s_i(t))$,因而 τ 时间内的速度变化率为 $1/\tau[V(s_i(t)) - v_i(t)]$,即 OVM 模型给出的加速度表达式。

最初,Bando 提出的 OVM 模型中采用了形如式(4.4.6)的双曲正切优化速度函数,该函数不是凸函数,存在拐点,这是 OVM 优化速度函数区别于传统基本图模型的一大特征。事实上,OVM 模型的核心表达式是式(4.4.5),其中优化速度函数可以根据需求进行替换。此外,将 OVM 模型中优化速度函数的微观变量(车速、间距)替换为宏观变量(速度、密度),即可获得 OVM 模型对应的交通流基本图模型。

4.4.2.3 OVM 模型的仿真

采用与 GM 模型相同的仿真场景,前导车 $i-1$ 的轨迹设定也与上节仿真实验相同。设定 i 车初始位置为原点处,初始速度、加速度为 0。车辆 i 的运动遵循 OVM 模型,参数取值为 $v_f = 30\text{m/s}, \alpha = 1, h_c = 2\text{m}$。

以下是 Newell 模型控制下车辆 i 的跟驰运动仿真程序:

```
dt = 0.01;              %仿真步长(s)
length = 6;             %车辆长度(m)
vf = 30;                %期望速度(m/s)
A = 4;                  %最大加速度(m/s²)
B = -6;                 %最大减速度(m/s²)
alpha = 1;
hc = 2;                 %形状系数(m)
x(2,1) = 3;             %后车初始位置(m)
v(2,1) = 0;             %后车初始速度(m/s)
a(2,1) = 0;             %后车初始加速度(m/s²)
for i = 2:1:50000
    x(2,i) = x(2,i-1) + v(2,i-1) * dt;
    v(2,i) = v(2,i-1) + a(2,i-1) * dt;
    a(2,i) = alpha * ((vf * 0.5 * (tanh(x(1,i) - x(2,i) - hc) + tanh(hc))) - v(2,i));
    v_next = v(2,i) + a(2,i) * dt;
    v_next = min(v_next, vf);
    v_next = max(v_next, 0);
    a(2,i) = (v_next - v(2,i)) / dt;
    a(2,i) = min(a(2,i),A);
    a(2,i) = max(a(2,i),B);
end
```

仿真结果如图 4.4.3 所示。

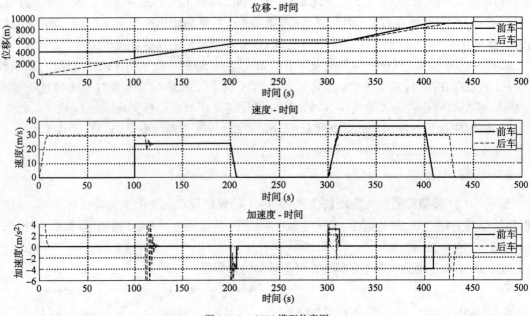

图 4.4.3 OVM 模型仿真图

根据图 4.4.3,可以发现 OVM 模型具有以下特点:

(1)启动:该模型能够驱动车辆从静止状态启动。

(2)加速:该模型能够使车辆加速,开始时以最大加速度加速,接近期望速度时加速度逐渐减小直至 0。

(3)自由行驶:该模型能使车辆达到期望速度,并保持期望速度行驶。

(4)加塞:当出现车辆加塞成为新的前导车时,该模型会控制跟驰车反复减速、加速,造成速度波动,但模型参数合理时波动会较快收敛,可以避免与前导车碰撞。

(5)跟随:该模型能控制跟驰车跟随前导车行驶并保持合理车距。

(6)停车再起步:该模型能控制跟驰车在前导车停止后减速,停在安全距离后,并跟随前导车重新启动。

(7)接近:前导车停止后,该模型能控制跟驰车在接近前车时减速。

(8)停止:该模型不能确保跟驰车以安全距离停止于前导车后方,可能与前导车碰撞。

4.4.3 FVD 模型

4.4.3.1 FVD 模型介绍

FVD 模型的全称是全速差(Full Velocity Difference)模型,由 Jiang 等学者[5]于 2001 年提出。该模型认为跟驰行为存在两个主要目标:一是将车间距调整到合适的状态;二是尽量减少与前导车的速度差,以保持车间距稳定。第一个目标由类似 OVM 的模型项解决,第二个目标由类似 GM 的模型项解决。具体表达式如下:

$$a_i(t) = \alpha [V(s_i(t)) - v_i(t)] + \lambda (v_{i-1}(t) - v_i(t)) \quad (4.4.10)$$

$$V(s_i(t)) = V_1 + V_2 \tanh[C_1(s_i(t) - d) - C_2] \quad (4.4.11)$$

式中,α、λ 为模型的灵敏系数;V_1、V_2、C_1、C_2、d 为优化速度函数的参数。不难发现,在

式(4.4.10)中，$\alpha[V(s_i(t)) - v_i(t)]$描述对当前车辆速度与优化速度之间偏差的响应，形式上与OVM模型一致，而$\lambda(v_{i-1}(t) - v_i(t))$则描述了对当前车辆速度与前导车速度差异的响应，是GM模型的最简单形式。

4.4.3.2 FVD模型的性质

与OVM模型相比，FVD模型增加了速度差项，因而对前导车速度变化的响应更灵敏；与GM模型相比，FVD模型增加了优化速度函数项，因而能够控制车辆从非平衡态向平衡态调整。

从FVD模型的结构可以发现，当且仅当跟驰车与前导车速度一致且速度与间距满足优化速度函数关系时，跟驰车加速度为0，不再发生速度变化。优化速度函数定义的速度-间距关系即FVD模型的平衡态。因此，将FVD模型优化速度函数中微观变量(车速、间距)替换为交通流宏观变量(速度、密度)，即可获得FVD模型对应的交通流基本图模型。

Jiang最初提出的FVD模型中，速度差项的灵敏系数λ为常数。为了使模型能够更为合理，可以将灵敏系数λ拓展为非线性的形式，如下：

$$a_i(t) = \alpha[V(s_i(t)) - v_i(t)] + \frac{\lambda}{s_i(t)}(v_{i-1}(t) - v_i(t)) \tag{4.4.12}$$

此外，最初的FVD模型采用了形如式(4.4.11)的双曲正切函数作为优化速度函数，该函数与OVM中的优化速度函数类似：非凸函数，带有拐点。事实上，FVD模型在具体应用时，优化速度函数可以根据需求进行替换。

4.4.3.3 FVD模型的仿真

采用与GM模型相同的仿真场景，前导车$i-1$的轨迹设定也与上节仿真实验相同。设定i车初始位置为原点处，初始速度、加速度为0。车辆i的运动遵循FVD模型，参数取值为$\alpha = 0.41\text{s}^{-1}$，$V_1 = 14\text{m/s}$，$V_2 = 16\text{m/s}$，$C_1 = 0.13\text{m}^{-1}$，$C_2 = 1.57$，$d = 5\text{m}$，

$$\lambda = \begin{cases} 0.5 & (s_i(t) \leq 100\text{m}) \\ 0 & (s_i(t) > 100\text{m}) \end{cases}$$

以下是FVD模型控制下车辆i的跟驰运动仿真程序：

```
dt = 0.01;           %仿真步长(s)
length = 6;          %车辆长度(m)
A = 4;               %最大加速度(m/s²)
B = -6;              %最大减速度(m/s²)
alpha = 0.41;        %模型参数
sc = 100;
lambda1 = 0.5;
lambda2 = 0;
V1 = 14;
V2 = 16;
C1 = 0.13;
C2 = 1.57;
d = 5;
```

```
ve = 30;
x(2,1) = -32;          %后车初始位置(m)
v(2,1) = 0;            %后车初始速度(m/s)
a(2,1) = 0;            %后车初始加速度(m/s²)
for i = 2:1:5000
    x(2,i) = x(2,i-1) + v(2,i-1) * dt;
    v(2,i) = v(2,i-1) + a(2,i-1) * dt;
    s = x(1,i) - x(2,i);
    if s <= sc
        lambda = lambda1;
    else
        lambda = lambda2;
    end
    a(2,i) = alpha * (V1 + V2 * tanh(C1 * (x(1,i) - x(2,i) - d) - C2) - v(2,i)) + lambda * (v(1,i) - v(2,i));
    v_next = v(2,i) + a(2,i) * dt;
    v_next = min(v_next, ve);
    v_next = max(v_next, 0);
    a(2,i) = (v_next - v(2,i)) / dt;
    a(2,i) = min(a(2,i), A);
    a(2,i) = max(a(2,i), B);
end
```

仿真结果如图 4.4.4 所示。

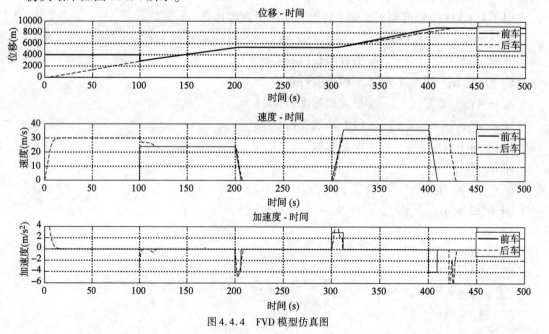

图 4.4.4 FVD 模型仿真图

根据图 4.4.4,可以发现 FVD 模型具有以下特点:
(1)启动:该模型能够驱动车辆从静止状态启动。
(2)加速:该模型能够使车辆加速,开始时以最大加速度加速,接近期望速度时加速度逐渐减小直至 0。
(3)自由行驶:该模型能使车辆达到期望速度,并保持期望速度行驶。
(4)加塞:当出现车辆加塞成为新的前导车时,该模型会控制跟驰车合理减速,加速度不会出现反复波动,能够避免与前导车碰撞。
(5)跟随:该模型能控制跟驰车跟随前导车行驶并保持合理车距。
(6)停车再起步:该模型能控制跟驰车在前导车停止后减速,停在安全距离后,并跟随前导车重新启动,但重新启动时会发生加速度波动,并有追尾前车的可能。
(7)接近:前导车停止后,该模型能控制跟驰车在接近前车时减速。
(8)停止:该模型不能确保跟驰车以安全距离停止于前导车后方,可能与前导车碰撞。

4.5 社会力模型

跟驰模型通常以车辆加速度方程的形式表达。从物理学的角度来看,物体在力的作用下获得加速度,那么是否可以将车辆跟驰运动类比为车辆在各种力的作用下进行的运动呢?这便是社会力跟驰模型的建模思想。

4.5.1 IDM 模型

4.5.1.1 IDM 模型介绍

IDM 模型的全称是智能驾驶者模型(Intelligent Driver Model),由 Treiber 等学者[6]于 2000 年提出。该模型将车辆跟驰运动类比为在多种社会力作用下产生的加速度,包含驱动力和阻力。驱动力源于驾驶者追求期望车速的心理需求,阻力源于前导车运动对跟驰车构成的约束。具体模型表达式如下:

$$a_i(t) = A_i \left[1 - \left(\frac{v_i(t)}{v_f} \right)^\delta - \left(\frac{s_i^*(t)}{s_i(t)} \right)^2 \right] \quad (4.5.1)$$

$$s_i^*(t) = s_0 + s_1 \sqrt{\frac{v_i(t)}{v_f}} + T_i v_i(t) + \frac{v_i(t)[v_i(t) - v_{i-1}(t)]}{2\sqrt{A_i b_i}} \quad (4.5.2)$$

式中,A_i 为最大加速度;δ 为加速度指数($\delta>0$);T_i 为安全时间间隔;b_i 为舒适减速度绝对值($b_i>0$);s_0 为静止安全距离;s_1 为系数(一般取 0)。

式(4.5.1)是 IDM 模型的主体表达式,式(4.5.2)为 IDM 模型中驾驶者期望车距 $s_i^*(t)$ 的表达式。

我们可以将式(4.5.1)分成两部分。第一部分为 $A_i[1-(v_i(t)/v_f)^\delta]$,表示驾驶者追求期望车速的心理需求,是车辆运行的驱动力。通常,当前车速 $v_i(t)$ 与期望车速 v_f 之间的差距越大,则加速的愿望越强烈,驾驶者采用的加速度也越大,反之,则加速度越小。第二部分为 $-A_i[s_i^*(t)/s_i(t)]^2$,表示前导车对跟驰车运行构成的约束,是车辆运行的阻力。显然,跟

驰间距 $s_i(t)$ 越大,前导车构成的阻力越小,当间距非常大时,前导车对跟驰车的阻力可忽略不计。

式(4.5.2)给出了驾驶者的期望跟驰间距表达式,该期望间距是关于跟驰车速度和前导车速度的函数。需要注意的是,IDM 模型中的期望跟驰间距 $s_i^*(t)$ 允许前、后车辆存在速度差,因而并非平衡态条件下的速度-间距关系,这一点与 4.4 节介绍的优化速度类模型有所不同。

4.5.1.2 IDM 模型的性质

虽然 IDM 模型中的期望跟驰间距 $s_i^*(t)$ 并非平衡态条件下的优化间距,但是我们可以通过平衡态条件的特征,推出 IDM 模型对应的基本图模型。令式(4.5.1)和式(4.5.2)中加速度 $a_i(t)$、速度差 $v_i(t)-v_{i-1}(t)$ 为 0,并令系数 s_1 为 0,以简化基本图模型,可得:

$$1-\left(\frac{v_i(t)}{v_f}\right)^\delta-\left(\frac{s_0+T_iv_i(t)}{s_i(t)}\right)^2=0 \quad (4.5.3)$$

整理后,可得平衡态条件下速度与间距之间的关系:

$$s_i(t)=\frac{T_iv_i(t)+s_0}{\sqrt{1-\left(\frac{v_i(t)}{v_f}\right)^\delta}} \quad (4.5.4)$$

当参数 δ 取值不同时,平衡态速度-间距函数曲线如图 4.5.1 所示。

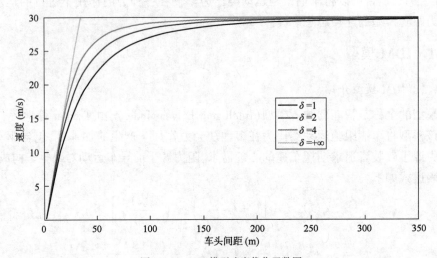

图 4.5.1 IDM 模型速度优化函数图

当车辆处于非平衡态时,我们分别对 IDM 模型的加速场景和减速场景进行分析。

(1)加速特点

当交通流密度非常小,即车头间距较大时,$s_i^*(t)/s_i(t)\to 0$,车辆处于自由加速状态,此时 IDM 模型的加速度主要由第一部分起作用:

$$a_i(t)\approx A_i\left[1-\left(\frac{v_i(t)}{v_f}\right)^\delta\right] \quad (4.5.5)$$

式中,参数 δ 控制车辆加速度变化模式,特别地,当 $\delta\to+\infty$ 时,车辆以恒定加速度 A_i 加速。

(2) 减速特点

当跟驰车速度较大或车间距离小于期望车距时,IDM 模型主要由第二部分起作用:

$$a_i(t) = -A_i\left(\frac{s_i^*(t)}{s_i(t)}\right)^2 \quad (4.5.6)$$

简便起见,令 $s_1 = 0$,有:

$$s_i^*(t) = s_0 + T_i v_i(t) + \frac{v_i(t)[v_i(t) - v_{i-1}(t)]}{2\sqrt{A_i b_i}} \quad (4.5.7)$$

当后车速度较大时,$s_i^*(t) = \frac{v_i(t)[v_i(t) - v_{i-1}(t)]}{2\sqrt{A_i b_i}}$ 起主导作用,则:

$$a_i(t) \approx -\frac{1}{4b_i}\left[\frac{v_i(t)[v_i(t) - v_{i-1}(t)]}{s_i(t)}\right]^2 \quad (4.5.8)$$

当车间距离过大、速度差较小时,$s_i^*(t) = s_0 + T_i v_i(t)$ 起主导作用,此时:

$$a_i(t) \approx -A_i\left(\frac{s_0 + T_i v_i(t)}{s_i(t)}\right)^2 \quad (4.5.9)$$

4.5.1.3 IDM 模型的仿真

采用与 GM 模型相同的仿真场景,前导车 $i-1$ 的轨迹设定也与上节仿真实验相同。设定 i 车初始位置为原点处,初始速度、加速度为 0。车辆 i 的运动遵循 IDM 模型,参数取值为 $v_f = 30\text{m/s}, \delta = 2, s_0 = 2\text{m}, s_1 = 0, T = 1.1\text{s}, A = 4\text{m/s}^2, b = 4\text{m/s}^2$。

以下是 IDM 模型控制下车辆 i 的跟驰运动仿真程序:

```
dt = 0.1;            % 仿真步长(s)
length = 6;          % 车辆长度(m)
vf = 30;             % 期望速度(m/s)
delta = 2;
s0 = 2;
s1 = 0;
T = 1.1;
b = 4;
A = 4;               % 模型参数
B = -6;              % 后车最大减速度(m/s^2)
x(2,1) = 5;          % 后车初始位置(m)
v(2,1) = 0;          % 后车初始速度(m/s)
a(2,1) = 0;          % 后车初始加速度(m/s^2)
for i = 2:1:5000
    v(2,i) = v(2,i-1) + a(2,i-1) * dt;
    x(2,i) = x(2,i-1) + v(2,i-1) * dt;
```

```
        es = s0 + s1 * sqrt(v(2,i) / vf) + T * v(2,i) + v(2,i) * (v(2,i) - v(1,i)) /
(2 * sqrt(A * b));
        a(2,i) = A * (1 - (v(2,i) / vf)^delta - (es / (x(1,i) - x(2,i))) * (es / (x
(1,i) - x(2,i))));
        v_next = v(2,i) + a(2,i) * dt;
        v_next = min(v_next, vf);
        v_next = max(v_next, 0);
        a(2,i) = (v_next - v(2,i)) / dt;
        a(2,i) = min(a(2,i),A);
        a(2,i) = max(a(2,i),B);
    end
```

仿真结果如图 4.5.2 所示。

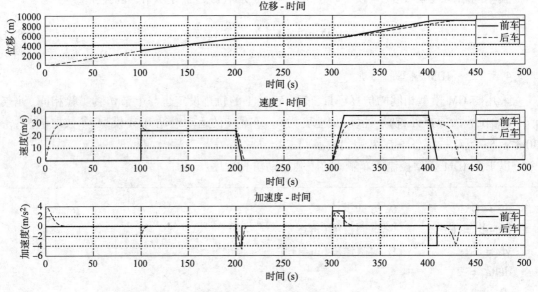

图 4.5.2　IDM 模型仿真图

根据图 4.5.2,可以发现 IDM 模型具有以下特点:

(1)启动:该模型能够驱动车辆从静止状态启动。

(2)加速:该模型能够使车辆加速,开始时以最大加速度加速,随着速度的增加,加速度逐渐减小,直至到达期望速度时加速度为 0。

(3)自由行驶:该模型能使车辆达到期望速度,并保持期望速度行驶。

(4)加塞:当出现车辆加塞成为新的前导车时,该模型会控制跟驰车合理减速不会出现加速度反复波动,可以避免与前车碰撞。

(5)跟随:该模型能控制跟驰车跟随前导车行驶并保持合理车距。

(6)停车再起步:该模型能控制跟驰车在前导车停止后减速,停止在安全距离后,并跟随前导车重新启动。

(7)接近:前导车停止后,该模型能控制跟驰车在接近前导车时减速。

(8)停止:该模型能控制跟驰车以安全距离停止于前导车后方。

此外,IDM模型的合理之处还体现在控制车辆加减速时,加速度变化相对平滑,不会出现反复波动,符合熟练驾驶者的驾驶习惯。

4.5.2 LCM模型

4.5.2.1 LCM模型介绍

LCM模型的全称是纵向控制模型(Longitudinal Control Model),由Ni[1]于2015年提出。LCM模型的建模思想源于场论,它将道路环境类比于一个交通场,车辆在道路上受到来自前方的交通场的吸引力G_i,这个吸引力本质上是源于驾驶者对期望车速v_e的追求。车辆除了受到交通场的吸引力,还受到两个阻力作用:一是车辆当前速度产生的阻力R_i,另一个是前方车辆构成的约束阻力F_i。Ni形象地把车辆的跟驰运动类比为在重力场内一个小球爬坡的场景,如图4.5.3所示。

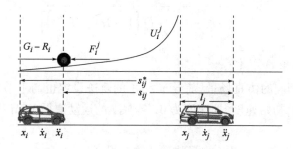

图4.5.3 场论下的跟驰行为(摘自文献[1])

交通场类似于重力场,它对车辆i形成吸引力G_i,使得车辆产生自由加速度A_i,这个自由加速度为车辆速度为0且前方无任何车辆约束时产生的自由加速度。随着车辆逐渐加速,车速逐渐接近期望速度(或平衡态速度)v_f,则驾驶者的加速欲望降低,直至车速达到期望速度,此时驾驶者不再有加速动机。这一源自车速的阻力类似在重力场中运动的物体受到的介质阻力(如空气),该阻力的绝对值与速度正相关,因此,阻力R_i对车辆产生的减速度可以类比介质阻力的形式,表达为$-A_i(v_i/v_f)^\delta$。来自前方车辆的阻力F_i与车间距离负相关,当车间距离非常大时,阻力接近0,随着间距逐渐缩小阻力逐渐增大。假设车辆存在一个最小安全跟驰间距$s_i^*(t)$,则阻力F_i对车辆的减速度可表达为$-A_i f(s_i,s_i^*)$。其中,$f(\cdot)$为关于间距s_i的减函数,且$f(\cdot)>0$。

车辆在交通场内的加速度可视为交通场的吸引力G_i、阻力R_i以及阻力F_i共同作用下的结果,故加速度可表达为:

$$a_i(t+\tau) = A_i - A_i\left(\frac{v_i}{v_f}\right)^\delta - A_i f(s_i,s_i^*) \quad (4.5.10)$$

式(4.5.10)即基于场论的LCM模型。特别地,Ni给出了一个LCM常用的具体形式:

$$a_i(t+\tau) = A_i\left[1 - \frac{v_i(t)}{v_f} - e^{1-\frac{s_i(t)}{s_i^*(t)}}\right] \quad (4.5.11)$$

式中,最小安全跟驰间距 $s_i^*(t)$ 采用类似 Gipps 模型的表达式:

$$s_i^*(t) = \gamma v_i^2 + \tau v_i + l \tag{4.5.12}$$

4.5.2.2 LCM 模型的性质

LCM 模型与 IDM 模型都属于社会力系统的模型,因而有着相类似的模型结构和模型性质。令式(4.5.11)中加速度为 0,联立式(4.5.12),可解出平衡态条件下车辆速度与跟驰间距之间的函数:

$$s_i = (\gamma v_i^2 + \tau v_i + l)\left[1 - \ln\left(1 - \frac{v_i}{v_\mathrm{f}}\right)\right] \tag{4.5.13}$$

应用交通流宏观速度、密度与微观车速及跟驰间距之间的转换关系,可以获得 LCM 模型对应的交通流密度-速度基本图模型:

$$k = \frac{1}{(\gamma v_i^2 + \tau v_i + l)\left[1 - \ln\left(1 - \frac{v_i}{v_\mathrm{f}}\right)\right]} \tag{4.5.14}$$

4.5.2.3 LCM 模型的仿真

采用与 GM 模型相同的仿真场景,前导车 $i-1$ 的轨迹设定也与上节仿真实验相同。设定 i 车初始位置为原点处,初始速度、加速度为 0。车辆 i 的运动遵循 LCM 模型,参数取值为 $\gamma = 0\mathrm{s}^2/\mathrm{m}, \tau = 1\mathrm{s}$。

以下是 LCM 模型控制下车辆 i 的跟驰运动仿真程序:

```
dt = 0.1;                    %仿真步长(s)
length = 6;                  %车辆长度(m)
vf = 30;                     %期望速度(m/s)
gamma = 0;                   %模型参数
tau = 1;                     %反应时间(s)
tau_n = ceil(tau / dt);      %反应时间对应的仿真时间步数
A = 4;                       %模型参数
B = -6;                      %后车最大减速度(m/s^2)
x(2,1) = 5;                  %后车初始位置(m)
v(2,1) = 0;                  %后车初始速度(m/s)
a(2,1) = 0;                  %后车初始加速度(m/s^2)
for i = 2:1:num
    v(2,i) = v(2,i-1) + a(2,i-1) * dt;
    x(2,i) = x(2,i-1) + v(2,i-1) * dt;
    if i <= tau_n
        a(2,i) = a(2,i-1);
    else
        sStar = gamma * v(2,i-tau_n) * v(2,i-tau_n) + tau * v(2,i-tau_n) + length;
```

```
            a(2,i) = A * (1 - v(2,i-tau_n) / vf - exp(1 - (x(1,i-tau_n) - x(2,
i-tau_n)) / sStar));
            v_next = v(2,i) + a(2,i) * dt;
            v_next = min(v_next, vf);
            v_next = max(v_next, 0);
            a(2,i) = (v_next - v(2,i)) / dt;
            a(2,i) = min(a(2,i),A);
            a(2,i) = max(a(2,i),B);
        end
    end
```

仿真结果如图4.5.4所示。

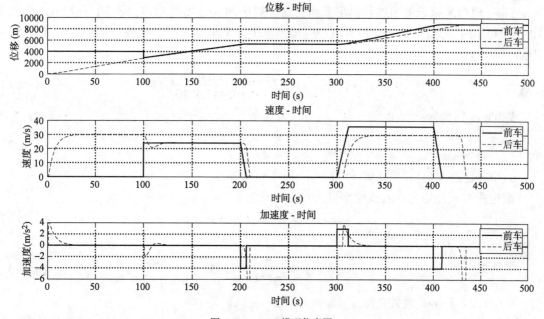

图 4.5.4　LCM 模型仿真图

根据图4.5.4,可以发现 LCM 模型具有以下特点:

(1)启动:该模型能够驱动车辆从静止状态启动。

(2)加速:该模型能够使车辆加速,开始时以最大加速度加速,随着速度的增加,加速度逐渐减小,直至到达期望速度时加速度为0。

(3)自由行驶:该模型能使车辆达到期望速度,并保持期望速度行驶。

(4)加塞:当出现车辆加塞成为新的前导车时,该模型会控制跟驰车合理减速不会出现加速度反复波动,可以避免与前车碰撞。

(5)跟随:该模型能控制跟驰车跟随前导车行驶并保持合理车距。

(6)停车再起步:该模型能控制跟驰车在前导车停止后减速,停止在安全距离后,并跟随前导车重新启动。

(7)接近:前导车停止后,该模型能控制跟驰车在接近前导车时减速。

(8)停止:该模型能控制跟驰车以安全距离停止于前导车后方。

4.6 低阶线性模型[1]

以上介绍的跟驰模型都是非线性的质点系动力学模型,通常为加速度或速度表达式。如果把加速度和速度看作位移变量的二阶和一阶形式,那么还有一类跟驰模型是直接以位移变量构建的,称之为低阶模型,其中最具代表性的是 Pipes 模型、Forbes 模型以及 Newell 低阶跟驰模型。

4.6.1 Pipes 与 Forbes 模型

4.6.1.1 Pipes 模型介绍

Pipes 模型来源于美国加利福尼亚州交通法规中的安全驾驶规定:"车辆行驶速度每增加 10 英里每小时,与前车的安全距离应相应增加至少一个车身长度。"该规定可用数学语言表达为如下形式:

$$g_i^*(t) = s_i(t) - l_{i-1} \geq \frac{v_i(t)}{0.447 \times 10} l_i \tag{4.6.1}$$

则 Pipes 模型为:

$$s_i(t) \geq \frac{v_i(t)}{4.47} l_i + l_{i-1} \tag{4.6.2}$$

式中,$g_i^*(t)$、$s_i(t)$、l_{i-1}、l_i 单位为 m;$v_i(t)$ 单位为 m/s。

假定所有车长均为 6m,该模型可进一步简化为:

$$s_i(t) \geq 1.34 v_i(t) + 6 \tag{4.6.3}$$

或

$$h_i(t) \geq \frac{6}{v_i(t)} + 1.34 \tag{4.6.4}$$

4.6.1.2 Forbes 模型介绍

Forbes 模型来源于另一车辆安全行驶准则:"为了确保安全,车辆与其前车的时间间隙应不小于驾驶者反应时间。"该规定可表示为:

$$g_i^t(t) = h_i(t) - \frac{l_{i-1}}{v_i(t)} \geq \tau_i \tag{4.6.5}$$

假设反应时间为 $\tau_i = 1.5\text{s}$,车长为 6m,则该模型可简化为:

$$h_i(t) \geq \frac{6}{v_i(t)} + 1.5 \tag{4.6.6}$$

或

$$s_i(t) \geq 1.5 v_i(t) + 6 \tag{4.6.7}$$

因而,Forbes 模型与 Pipes 模型本质上是相同的,可统一表示为:

$$s_i(t) \geq \tau_i v_i(t) + l_i \tag{4.6.8}$$

由于驾驶者总是期望以较快的速度行驶,因而,Pipes 模型与 Forbes 模型在实际使用时,常

取等号,即:

$$s_i(t) = \tau_i v_i(t) + l_i \tag{4.6.9}$$

Pipes 模型和 Forbes 模型认为,车辆跟驰间距与行驶速度之间为线性关系。

4.6.1.3 Pipes 模型与 Forbes 模型的基本图

当交通流处于平衡态时,将式(4.6.9)中车速与跟驰间距转换为交通流宏观速度与密度,可得 Pipes 与 Forbes 模型对应的基本图:

$$v = \frac{1}{\tau k} - \frac{l}{\tau} \tag{4.6.10a}$$

$$q = -\frac{l}{\tau}k + \frac{1}{\tau} \tag{4.6.10b}$$

不难发现,Pipes 模型与 Forbes 模型对应的流率-密度基本图为直线型基本图。

4.6.2 Newell 低阶跟驰模型

4.6.2.1 Newell 低阶模型介绍

Newell 于 2002 年提出了一个基于位移方程描述跟驰运动的模型,称为 Newell 低阶跟驰模型。该模型结构十分简洁,仅含有两个参数,但巧妙地抓住了跟驰行为的本质特征。模型将车辆运行的时空轨迹近似为首尾相连的连续直线段,如图 4.6.1 所示。

根据图 4.6.1 中相邻跟驰车辆时空轨迹之间的关系,Newell 低阶跟驰模型表达式如下:

$$x_i(t+\tau_i) = x_{i-1}(t) - d_i \tag{4.6.11}$$

式中,d_i 和 τ_i 为驾驶者 i 的行为特征参数。

Newell 低阶跟驰模型认为,跟驰车辆总是试图复制前导车的时空轨迹。从时空轨迹图来看,将 $i-1$ 车的轨迹沿时间轴正向平移 τ_i,再沿位移轴反向平移 d_i 即可获得 i 车的轨迹。

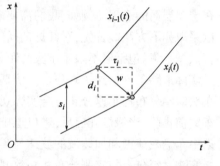

图 4.6.1 Newell 低阶跟驰模型时空轨迹

4.6.2.2 Newell 低阶模型的性质

从图 4.6.1 中不难看出,跟驰间距 s_i 与车辆速度 v_i 线性相关,且有:

$$s_i = d_i + v_i \tau_i \tag{4.6.12}$$

这一关系与 Pipes 模型和 Fobes 模型本质上是一致的。因此,Newell 低阶跟驰模型也对应着直线型流率-密度基本图。

此外,通过图 4.6.1,我们还可以看到交通波的传递特征。在 Newell 低阶模型中,对于同一个驾驶者来说,交通波从前方车辆传递过来的波速是恒定的,与当前行驶状态无关,且波速绝对值为 $w_i = d_i/\tau_i$。但是,交通波在不同驾驶者之间的传播速度是不同的,Newell 把这一现象形象地比喻为交通波在传递过程中的随机漫步(Random Walk)现象。

因为 Newell 低阶模型具有简洁、直观、线性等优点,其在交通流理论分析和工程应用领域受到了广泛的关注。

4.7 跟驰模型标定

跟驰模型的参数标定方法可按照模型用途大致分为两类。第一类重点关注大量个体跟驰行为产生的宏观效果。因而，用于此类分析目的跟驰模型通常采用路段流量、车速分布、交通波速等宏观交通流数据进行参数标定。第二类则强调模型对个体驾驶者微观跟驰行为描述的准确性，其模型参数通常采用高分辨率时空轨迹数据进行标定，轨迹数据可通过 GPS 浮动车结合激光测距技术进行采集，或通过高空视频观测获取。

参数标定方法一般为目标函数优化法。目标函数通常为相对误差函数，其原理为寻找一组最优参数，使实测数据与模型计算数据间的误差值最小。对于第一类模型用途，通常选取路段流量、通行时间、平均速度、速度方差等宏观交通状态指标作为误差指标，第二类模型用途则选取跟驰车辆轨迹、速度以及与前车间的距离等变量作为误差指标。

4.7.1 面向宏观特性的模型标定

当交通仿真任务关注交通流的宏观特征时，对交通流模型的标定目标也聚焦于交通仿真在宏观层面的表现。例如，我们需要采用跟驰模型模拟交叉口进口车道的交通流运行状况，可以采取如下方法。首先，对红灯期间到达车辆的排队情况和绿灯期间排队车辆的消散情况进行数据采集，包括但不限于车头时距分布、车速分布、车辆减速波和加速波的波速等。然后，按照实际道路条件构建仿真环境。仿真程序中，红灯期间车辆在进口道上游位置进入仿真道路，车头时距分布与车速分布符合实际观测值，车辆在进入仿真环境后的运动遵循跟驰模型，在停车线前排队；当绿灯开启后，进口道排队车辆开始消散。通过调整跟驰模型的参数，使仿真结果中车辆减速波和加速波的波速与实测值相一致，且车辆消散过程中停车线位置的车速分布与车头时距分布与实测分布相一致，则完成对跟驰模型参数的标定。

需要注意的是，跟驰模型参数标定应选取无换道行为干扰的场景进行数据采集。当跟驰模型所含参数较少时，可采用试错法反复调整参数值直至仿真结果与实测结果一致；当模型参数较多时，可采用遗传算法等启发式算法寻找参数优化值。

4.7.2 面向微观特性的模型标定[7,8]

当跟驰模型用于精确刻画驾驶者的跟驰行为特征时，轨迹标定法是常用的方法。设想，我们已知前导车和跟驰车的行驶轨迹数据，那么从轨迹的开始时刻，即可根据前导车和跟驰车的位移、速度信息通过跟驰模型计算获得初始时刻的加速度。随后，跟驰车辆根据模型计算的加速度更新下一时刻的位移和速度信息，并结合下一时刻前导车的位移、速度信息继续进行加速度计算，持续进行跟驰车辆的行驶状态预测，直至获得完整的模型预测轨迹。因此，轨迹标定法的思想是寻找一组最优的模型参数，使跟驰模型的预测轨迹与实际观测的跟驰车辆轨迹之间的误差最小。

当前导车和跟驰车的轨迹均包含 N 个时刻的位置样本点和速度样本点时，跟驰模型预测的轨迹误差可由下式表达。

$$\varepsilon_{\text{model}}(\tau,\boldsymbol{\beta}) = \sqrt{\frac{\frac{1}{N}\sum_{i=1}^{N}[s_i^{\text{sim}}(\tau,\boldsymbol{\beta}) - s_i^{\text{obs}}]^2}{(\frac{1}{N}\sum_{i=1}^{N}s_i^{\text{obs}})^2}} + \alpha\sqrt{\frac{\frac{1}{N}\sum_{i=1}^{N}[v_i^{\text{sim}}(\tau,\boldsymbol{\beta}) - v_i^{\text{obs}}]^2}{(\frac{1}{N}\sum_{i=1}^{N}v_i^{\text{obs}})^2}} \quad (4.7.1)$$

式中:τ 为跟驰模型中反应延迟参数;$\boldsymbol{\beta}$ 为跟驰模型中除反应延迟外其他参数构成的向量;$\varepsilon_{\text{model}}(\tau,\boldsymbol{\beta})$ 为当跟驰模型参数取值为 τ 和 $\boldsymbol{\beta}$ 时,跟驰模型预测轨迹的误差;$s_i^{\text{sim}}(\tau,\boldsymbol{\beta})$ 和 $v_i^{\text{sim}}(\tau,\boldsymbol{\beta})$ 分别为参数取值 τ 和 $\boldsymbol{\beta}$ 时,第 i 时刻跟驰模型计算得到的跟驰距离和跟驰速度;s_i^{obs} 和 v_i^{obs} 为第 i 时刻实际观测到的跟驰距离和跟驰速度;α 为权重系数。

不难发现,反应延迟参数 τ 较为特殊,它决定了跟驰模型计算加速度时依赖前导车何时的位移和速度信息。因此,在进行参数标定时,首先,按照跟驰轨迹的采样时间间隔,将反应延迟 τ 在可行域内进行枚举。然后,对每一个可行的 τ,应用数学优化方法(如遗传算法)寻找一组最优的参数 $\boldsymbol{\beta}$,使式(4.7.1)的误差函数值 $\varepsilon_{\text{model}}(\tau,\boldsymbol{\beta})$ 最小。最后,在所有可行的 τ 中,选择误差值最小的 $\varepsilon_{\text{model}}^{*}(\tau^*,\boldsymbol{\beta}^*)$,此时的参数 τ^* 和 $\boldsymbol{\beta}^*$ 即跟驰模型的最优参数。

应用轨迹标定法进行跟驰模型参数标定时,需要注意以下几点。

(1) 参数可行域的选择

模型参数的可行域不可过窄,否则容易出现参数在可行域边界上取值的情况,导致参数优化不充分。

(2) 权重的选择

式(4.7.1)由两部分构成,前半部分为模型预测的跟驰间距误差,后半部分为模型预测的速度误差。当权重值 α 取 0 时,误差函数忽略了速度误差。此时,参数优化结果可能出现位移轨迹拟合效果较好而速度拟合结果不佳的问题。权重值 α 的取值体现了在参数优化中对位移误差和速度误差何者的控制要求更高。一般情况下 α 可取值 1。

(3) 轨迹的选择

若要获得能够全面反映跟驰行为特征的模型参数,跟驰轨迹应尽可能包含加速、减速等多种状态变化。当单条轨迹包含的状态信息不足时,可以选择多条轨迹数据进行联合标定。

【例题 4.7.1】

通过实际观测,获得前车和后车的时空轨迹数据,见表 4.7.1。试应用该数据对 IDM 模型进行参数标定。

车辆跟驰数据表(部分) 表 4.7.1

时间(s)	前车位移(m)	后车位移(m)	前车速度(m/s)	后车速度(m/s)
347.1	-505.309	-529.515	13.8910	11.9950
347.2	-503.920	-528.315	12.9435	11.9948
347.3	-502.721	-527.116	12.5657	11.9948
347.4	-501.521	-525.916	12.4113	11.9949
347.5	-500.321	-524.717	12.3659	11.9954
...				
386.8	-6.2442	-33.1258	21.1920	21.7070

【解答】

根据表 4.7.1 所示数据,以 IDM 模型为例,通过遗传算法标定车辆跟驰模型,得到标定结果,见表 4.7.2。

IDM 模型标定结果表　　　　　　　表 4.7.2

参数	v_f	A	b	s_0	s_1	δ	T
标定值	32.4633	5.83673	1.01996	9.28831	9.61608	1.45360	0.512818

绘制后车仿真位移-时间、速度-时间图像并与实际数据比较,如图 4.7.1 所示。

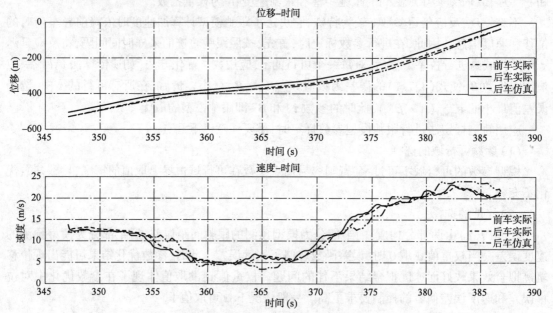

图 4.7.1　IDM 模型标定结果仿真比较图

从图 4.7.1 中可以看出,标定后的 IDM 模型较好地反映了跟驰车辆的位移、速度随时间变化的特性,拟合的轨迹曲线与实际轨迹曲线具有较好的一致性。

4.8　跟驰模型的稳定性

交通流的稳定性是考查扰动对交通流状态的影响:如果系统不稳定,小扰动会沿着车流向上游传播并放大,逐渐使畅行车流演化为交通堵塞。如果系统是稳定的,小扰动在传播过程中会逐渐衰减并消失或最终控制在一定的较小范围内,使得车流保持畅行状态。交通流稳定性的研究对交通流特性的分析、追尾事故和交通堵塞的产生原因分析与抑制方法等方面的研究具有重要的意义。

4.8.1　局部稳定性和渐进稳定性

习惯上,跟驰模型稳定性分为局部稳定性和渐进稳定性两类,传统的稳定性分析属于线性稳定性分析的范畴。局部稳定性考查跟驰车辆对前车扰动的反应:若跟驰车辆在经历前方扰动后,最终能够恢复扰动前的行驶状态,则称为局部稳定;否则,称为局部不稳定。相对于局部稳定,渐进稳定性考查一列车队中,扰动自下游向上游传播过程的特性:若该扰动在向上游传播过程中逐渐衰减,则称为渐进稳定;否则,称为渐进不稳定。因此,局部稳定性关注的是单一车辆在遇到小扰动时能否实现"自调节",而渐进稳定性关注的是车辆队列能否平滑来自下游扰动。

图 4.8.1 应用车辆速度变化曲线给出了局部稳定性与渐进稳定性的示例,其中 $n=0$ 表示头车,即扰动由头车产生,$n=1$、$n=2$、$n=3$ 等分别表示车队上游车辆。图 4.8.1a)显示了在头车产生先加速再减速的小扰动时,随着时间推移,车队上游车辆均能够将速度恢复至扰动产生前的状态。因此,车辆 $n=1$、$n=2$ 等均为局部稳定。同时,由 $n=1$、$n=2$ 等车辆组成的车队亦较好地平滑了头车扰动,因此该车队属于渐进稳定。在图 4.8.1b)中,虽然上游各车辆在经历扰动后均能够恢复至扰动前的状态,但扰动在向上游传播过程中被逐渐放大,因此,图 4.8.1b)表示的是局部稳定但渐进不稳定的情况。图 4.8.1c)显示了上游各车辆在扰动的影响下,速度波动越来越大,造成局部不稳定,且渐进不稳定。

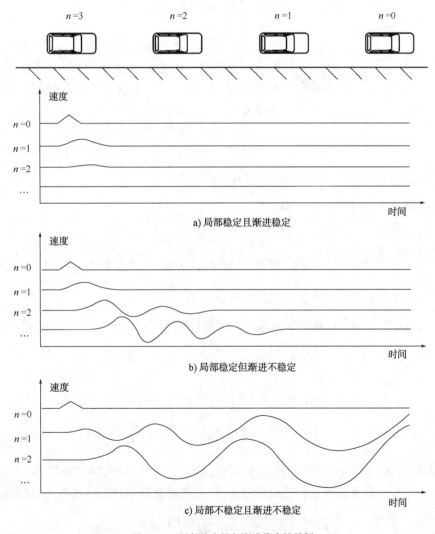

图 4.8.1 局部稳定性与渐进稳定性示例

4.8.2 无反应延迟类跟驰模型稳定性分析的一般方法

4.8.2.1 局部稳定性分析

本小节从无反应延迟类跟驰模型的一般性表达式出发,推导跟驰模型局部稳定性的一般性判别条件。不同的跟驰模型在模型结构及模型参数方面不尽相同,但模型加速度控制方程可统一表述为:

$$\dot{v}_n(t) = f(v_n(t), \Delta v_n(t), h_n(t)) \tag{4.8.1}$$

式中,n 为跟随车辆;$\Delta v_n(t) = v_{n-1}(t) - v_n(t)$,表示前车 $n-1$ 与后车 n 的速度差;$h_n(t)$ 为车头间距。

当后车 n 受到小扰动干扰时,车速发生变化,将导致跟驰状态从平衡态发生偏离。定义跟驰车辆的车头间距扰动与速度扰动如下:

$$\begin{cases} y_n(t) = h_n(t) - h_e = x_{n-1}(t) - x_n(t) - h_e \\ u_n(t) = v_n(t) - v_e \end{cases} \tag{4.8.2}$$

其中,$y_n(t)$ 和 $u_n(t)$ 分别为前车 $n-1$ 与后车 n 的车头间距扰动与速度扰动;h_e 和 v_e 分别为平衡态车头间距和平衡态速度;$x_{n-1}(t)$ 和 $x_n(t)$ 分别为前车 $n-1$ 与后车 n 的位置。

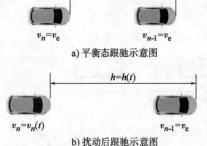

图 4.8.2 扰动前后跟驰示意图

图 4.8.2 为扰动前后跟驰示意图。

对式(4.8.2)中车头间距扰动与速度扰动分别在平衡态位置进行关于时间的一阶泰勒展开,并略去高阶项,得:

$$\begin{cases} \dfrac{dy_n(t)}{dt} = \dfrac{dx_{n-1}(t)}{dt} - \dfrac{dx_n(t)}{dt} = v_{n-1}(t) - v_n(t) = -u_n(t) \\ \dfrac{du_n(t)}{dt} = \dot{v}_n(t) = f(v_e, 0, h_e) + f_v(v_n(t) - v_e) + f_{\Delta v}(\Delta v_n(t) - 0) + \\ \qquad f_h(h_n(t) - h_e) = (f_v - f_{\Delta v})u + f_h y \end{cases} \tag{4.8.3}$$

式中,f_v、$f_{\Delta v}$、f_h 分别为跟驰模型公式在平衡态对速度、速度差、车头间距的偏微分项,即:

$$\begin{cases} f_v = \dfrac{\partial f(v_n, \Delta v_n, h_n)}{\partial v_n} \bigg|_{(v_e, 0, h_e)} < 0 \\ f_{\Delta v} = \dfrac{\partial f(v_n, \Delta v_n, h_n)}{\partial \Delta v_n} \bigg|_{(v_e, 0, h_e)} > 0 \\ f_h = \dfrac{\partial f(v_n, \Delta v_n, h_n)}{\partial h_n} \bigg|_{(v_e, 0, h_e)} > 0 \end{cases} \tag{4.8.4}$$

由于式(4.8.3)本质上描述的是谐波阻尼振荡器,可进一步计算得到二阶微分方程,即对式(4.8.3)中车头间距扰动项进行二阶微分运算,并将速度扰动项表达式带入,计算得到:

$$\dfrac{d^2 y}{dt^2} - (f_v - f_{\Delta v})\dfrac{dy}{dt} + f_h y = 0 \tag{4.8.5}$$

将扰动 y 表达为复指数函数形式：
$$y = y_0 \exp(\lambda t) \tag{4.8.6}$$
式中,λ 为复数。将式(4.8.6)带入式(4.8.5)中,计算得到：
$$\lambda^2 - (f_v - f_{\Delta v})\lambda + f_h = 0 \tag{4.8.7}$$
若式(4.8.7)的解 λ 的实部为负,则跟驰模型局部稳定。因此,跟驰模型局部稳定的一般性判别条件可计算为：
$$f_v - f_{\Delta v} < 0 \tag{4.8.8}$$
常见跟驰模型均能够满足式(4.8.8)中的约束条件,即一般而言,跟驰模型均为局部稳定。

4.8.2.2 渐进稳定性分析

下面仍然应用跟驰模型的一般性表达公式[式(4.8.1)],推导跟驰模型满足渐进稳定性的一般性判别条件。

应用泰勒公式对式(4.8.1)在平衡态处进行一阶泰勒展开,线性化后的跟驰模型表达式为：
$$\dot{v}_n(t) = f_v(v_n(t) - v_e) + f_{\Delta v}(\Delta v_n(t) - 0) + f_h(h_n(t) - h_e) \tag{4.8.9}$$
式中,f_v、$f_{\Delta v}$、f_h 见公式(4.8.4),分别为跟驰模型公式在平衡态对速度、速度差、车头间距的偏微分项。

定义车辆偏离平衡态的扰动如下：
$$r_n(t) = x_n(t) - \bar{x}_n(t) \tag{4.8.10}$$
式中,$\bar{x}_n(t)$ 为车辆在平衡态时的位移；$x_n(t)$ 为车辆在扰动下偏离平衡态时的实际位移；$r_n(t)$ 为扰动项。

基于式(4.8.10),可得：
$$\begin{cases} \dot{r}_n(t) = v_n(t) - v_e \\ \ddot{r}_n(t) = \dot{v}_n(t) \\ \dot{r}_{n-1}(t) - \dot{r}_n(t) = v_{n-1}(t) - v_n(t) \\ r_{n-1}(t) - r_n(t) = h_n(t) - h_e \end{cases} \tag{4.8.11}$$

将式(4.8.11)带入公式(4.8.9),得到关于扰动项的偏微分方程：
$$\ddot{r}_n(t) = f_v \dot{r}_n(t) + f_{\Delta v}(\dot{r}_{n-1}(t) - \dot{r}_n(t)) + f_h(r_{n-1}(t) - r_n(t)) \tag{4.8.12}$$
将扰动 $r_n(t)$ 写成傅里叶级数形式：$r_n(t) = A\exp(ikn + zt)$,并带入式(4.8.12),展开、化简得到：
$$z^2 + [f_{\Delta v}(1 - e^{-ik}) - f_v]z + f_h(1 - e^{-ik}) = 0 \tag{4.8.13}$$
将 z 按照 $z = z_1(ik) + z_2(ik)^2 + \cdots$ 展开,并带入式(4.8.13),求 ik 平方项系数 z_2：
$$z_2 = \frac{f_h}{-(f_v)^3}\left[\frac{1}{2}(f_v)^2 - f_v f_{\Delta v} - f_h\right] \tag{4.8.14}$$

若 $z_2>0$,则跟驰模型渐进稳定。令 $z_2>0$,并考虑 $f_v<0$,且 $f_h>0$,得到跟驰模型渐进稳定应满足以下一般性判别条件:

$$\frac{1}{2}(f_v)^2 - f_v f_{\Delta v} - f_h > 0 \tag{4.8.15}$$

【例题 4.8.1】

应用跟驰模型渐进稳定性的一般性判别条件,试推导并给出 FVD 跟驰模型的渐进稳定性判别条件,FVD 跟驰模型公式为 $\dot{v}_n(t) = \alpha[V(h_n(t)) - v_n(t)] + \lambda(v_{n-1}(t) - v_n(t))$,其中 $V(h_n(t))$ 为优化速度函数。

【解答】

将式(4.8.3)带入 FVD 跟驰模型公式,得到:

$$\begin{cases} f_v = -\alpha \\ f_{\Delta v} = \lambda \\ f_h = \alpha V'(h_e) \end{cases}$$

将上式带入跟驰模型渐进稳定性的一般性判别条件,即式(4.8.15),计算得到 FVD 跟驰模型渐进稳定应满足的条件为:

$$V'(h_e) < \frac{1}{2}\alpha + \lambda$$

4.8.3 有反应延迟类跟驰模型稳定性分析的一般方法

下面针对有反应延迟类跟驰模型,通过速度扰动的传递函数分析其渐进稳定性。有反应延迟类跟驰模型的一般性表达式为:

$$\dot{v}_n(t+\tau) = f(v_n(t), \Delta v_n(t), h_n(t)) \tag{4.8.16}$$

式中,τ 为反应延迟。

车辆车头间距扰动和速度扰动的定义仍然由式(4.8.2)给出。将公式(4.8.2)带入式(4.8.16),对跟驰模型线性化处理,得:

$$\dot{v}_n(t+\tau) = f_v u_n(t) + f_{\Delta v}(u_{n-1}(t) - u_n(t)) + f_h y_n(t) \tag{4.8.17}$$

在零初始条件下,对式(4.8.17)两端进行拉普拉斯变换,得到:

$$sU_n(s)\exp(\tau s) = f_v U_n(s) + f_{\Delta v}(U_{n-1}(s) - U_n(s)) + f_h \frac{U_{n-1}(s) - U_n(s)}{s} \tag{4.8.18}$$

从而得到相邻车辆速度扰动的传递函数为:

$$G(s) = \frac{U_n(s)}{U_{n-1}(s)} = \frac{f_h + f_{\Delta v}s}{s^2\exp(\tau s) + (f_{\Delta v} - f_v)s + f_h} \tag{4.8.19}$$

式中,$G(s)$ 为速度扰动在相邻车辆之间传播的传递函数;$U_n(s)$ 和 $U_{n-1}(s)$ 分别为相邻两辆车速度扰动项的拉普拉斯变换;s 为拉普拉斯算子。

若要跟驰模型满足渐进稳定性,则需:

$$|G(s)| = \left|\frac{U_n(s)}{U_{n-1}(s)}\right| < 1 \tag{4.8.20}$$

式中，|·|表示传递函数在频率域的幅值。

将式(4.8.19)带入式(4.8.20)，并通过 $s=j\Omega(\Omega\geqslant 0)$ 将拉普拉斯域变换至频率域，得到：

$$|G(j\Omega)|=\left|\frac{f_h+j\Omega f_{\Delta v}}{f_h-\Omega^2\exp(\tau s)+j\Omega(f_{\Delta v}-f_v)}\right|<1 \qquad (4.8.21)$$

因此，对于任意 $\Omega\geqslant 0$，若式(4.8.21)均能得到满足，则跟驰模型渐进稳定，否则渐进不稳定。

【例题 4.8.2】

已知跟驰模型及其参数取值如下，试判断该跟驰模型在平衡态速度处于10m/s与20m/s时是否分别渐进稳定。

跟驰模型：$\dot{v}_i(t+\tau)=a\left\{1-\left(\dfrac{v_i(t)}{v_0}\right)^4-\left[\dfrac{d+v_i(t)T-\dfrac{v_i(t)[v_{i-1}(t)-v_i(t)]}{2\sqrt{ab}}}{h_i(t)}\right]^2\right\}$

模型参数见表4.8.1：

模型 参 数　　　　　　　　　　　　　　表4.8.1

模型参数	参数取值	模型参数	参数取值
τ	1.3575s	d	9.6312m
a	1.2681m/s²	T	1.7031s
v_0	30.0m/s	b	2.8638m/s²
δ	3.0244		

【解答】

已知跟驰模型，可计算得到模型公式对速度、前车与后车的速度差以及车头间距在平衡态处的偏微分项，如下：

$$\begin{cases}f_v=-\dfrac{4av_e^3}{v_0^4}-\dfrac{2aT[1-(v_e/v_0)^4]}{d+v_eT}\\[2mm] f_{\Delta v}=\sqrt{\dfrac{a}{b}}\dfrac{v_e[1-(v_e/v_0)^4]}{d+v_eT}\\[2mm] f_h=2a\dfrac{[1-(v_e/v_0)^4]\sqrt{1-(v_e/v_0)^4}}{d+v_eT}\end{cases}$$

将模型参数带入上述偏微分项，并分别将10m/s与20m/s带入计算，通过渐进稳定性判别式(4.8.21)计算可知，当平衡态速度处于10m/s时，并不能在任意 $\Omega\geqslant 0$ 的情况下满足式(4.8.21)的渐进稳定条件；而20m/s的平衡态速度可满足这一判别条件。因此，该跟驰模型在所给参数条件下，在20m/s的平衡态速度时渐进稳定，但10m/s时渐进不稳定。

4.8.4 小结

这里给出常见跟驰模型渐进稳定判别条件，见表4.8.2。

常见跟驰模型及其渐进稳定判别条件 表4.8.2

模 型	模 型 公 式	渐进稳定条件
California model(1958)	$\dot{v}_n(t+T) = \lambda[x_{n-1}(t) - x_n(t) + c - T_1 v_n(t)]$	$\lambda T_1^2 > 2$
Herman model(1959)	$\dot{v}_n(t) = \lambda_1[v_{n-1}(t-T_1) - v_n(t-T_1)] + \lambda_2(v_{n-2}(t-T_2) - v_n(t-T_2))$	$\dfrac{\lambda_1 + 4\lambda_2}{2(\lambda_1 + 2\lambda_2)^2} > \dfrac{\lambda_1 T_1 + 2\lambda_2 T_2}{\lambda_1 + 2\lambda_2}$
Gazis model(1961)	$\dot{v}_n(t+T) = \dfrac{\lambda[v_n(t)]^l}{[x_{n-1}(t) - x_n(t)]^m}[v_{n-1}(t) - v_n(t)]$	$\dfrac{\lambda[v_n(t)]^l}{[x_{n-1}(t) - x_n(t)]^m} < \dfrac{1}{2T}$
Helly model(1959)	$\dot{v}_n(t) = \alpha[h_n(t) - T v_n(t) - d] + \beta \Delta v_n(t)$	$\dfrac{1}{2}(\alpha T)^2 + \alpha\beta T - \alpha > 0$
Newell model(1961)	$v_n(t+\tau) = V(h_n(t))$	$V'(h_e) < \dfrac{1}{2\tau}$
OVM(1995)	$\dot{v}_n(t) = \alpha[V(h_n(t)) - v_n(t)]$	$V'(h_e) < \dfrac{1}{2}\alpha$
FVD model(2001)	$\dot{v}_n(t) = \alpha[V(h_n(t)) - v_n(t)] + \lambda \Delta v_n(t)$	$V'(h_e) < \dfrac{1}{2}\alpha + \lambda$
IDM(2000)	$\dot{v} = a\left[1 - \left(\dfrac{v}{v_0}\right)^4 - \left(\dfrac{s_0 + vT - \dfrac{v\Delta v}{2\sqrt{ab}}}{h - l}\right)^2\right]$	$\dfrac{1}{2}(f_v)^2 - f_v f_{\Delta v} - f_h > 0$ $\begin{cases} f_v^M = -\dfrac{4av_e^3}{v_0^4} - \dfrac{2aT[1-(v_e/v_0)^4]}{s_0 + v_e T} \\ f_{\Delta v}^M = \sqrt{\dfrac{a}{b}}\dfrac{v_e[1-(v_e/v_0)^4]}{s_0 + v_e T} \\ f_h^M = 2a\dfrac{[1-(v_e/v_0)^4]\sqrt{1-(v_e/v_0)^4}}{s_0 + v_e T} \end{cases}$

注:本节所有速度差均指前车速度减后车速度。

课后习题

1. 假设 B 车在 A 车后方做跟驰运动,且 A、B 两车运动遵循以下跟驰模型:

$$\ddot{x}_n(t+0.5) = \dfrac{10[\dot{x}_{n-1}(t) - \dot{x}_n(t)]}{x_{n-1}(t) - x_n(t)}$$

式中,反应延迟为 $0.5\mathrm{s}$。若 A、B 两辆车初始时刻 ($t=0$) 的车头间距为 $20\mathrm{m}$,采用 $0.5\mathrm{s}$ 为时间步长,A、B 两车的速度与车头距离见表。若每个时间步长内车辆均按照匀加速运动,试用跟驰模型计算并补全下方表格中的空白区域,请写出计算过程。

时刻(s)	$t=0$	$t=0.5$	$t=1.0$	$t=1.5$	$t=2.0$
A 车速度(m/s)	10	12	14	12	12
B 车速度(m/s)	9	9			
车头间距(m)	20				
B 车加速度(m/s²)	0				

2. 有一同质流车队,按照如下所示 FVD 模型的规则跟驰行驶。起初,车队处于平衡态,各车速度均为 20m/s,车头间距稳定。试分析车队中车头间距值为多少。

$$a_i(t) = 0.4[V(s_i(t)) - v_i(t)] + 0.5(v_{i-1}(t) - v_i(t))$$

式中,$V(s_i(t)) = 14 + 16\tanh[0.13(s_i(t) - 5) - 1.57]$

3. 第 2 题中,初始状态的车队满足线性稳定条件吗?试对其稳定性进行解析分析。

4. 请对第 2 题的车队运行过程进行计算机数值仿真。仿真条件如下:模拟一个开放路段,所有车辆遵循第 2 题给出的 FVD 模型控制,车队规模为 20 辆车。起初,车队按照初始速度 20m/s 平稳运行 10s,随后车队的第一辆车按照减速度 $-1m/s^2$ 减速 1s,并维持速度 19m/s 行驶 10s,尔后,再以加速度 $1ms^2$ 加速 1s,恢复至初始速度,并保持 20m/s 的速度运行 10s。通过计算机数值仿真,绘制该车队全过程的时空轨迹图,并观察车队是否线性稳定,数值仿真结果是否与第 3 题解析结果一致。

参考文献

[1] Ni Daiheng. Traffic Flow Theory:Characteristics, Experimental Methods, and Numerical Techniques[M]. 2015, Elsevier.

[2] Gipps P G. A Behavioral Car Following Model for Computer Simulation[J]. Transportation Research B, 1981, 15:105-111.

[3] Newell G F. Nonlinear Effects in the Dynamics of Car Following[J]. Operations Research, 1961, 9(2):209-229.

[4] Bando M, Hasebe K, Nakayama A, and et al. Dynamics Model of Traffic Congestion and Numerical Simulation[J]. Physical Review E, 1995, 51(2):1035-1042.

[5] Jiang R, Wu Q S, Zhu Z J. Full Velocity Difference Model for Car-Following Theory[J]. Physical Review E, 2001, 64, pp. 017101.

[6] Treiber M, Hennecke A, Helbing D. Congested Traffic States in Empirical Observations and Microscopic Simulations[J]. Physical Review E, 2000, 62, pp:1805-1824.

[7] Wang H, Wang W, Chen J, Jing M. Using Trajectory Data to Analysis Intra-driver Heterogeneity in Car-following[J]. Transportation Research Record, 2010, No.2188, 85-95.

[8] Wang H, Wang W, Chen J. General Newell model and related seconded-order expressions[J]. Transportation Research Record, 2011, No.2260, 42-49.

第 5 章
换道模型

换道模型(Lane-changing Model)是一种描述车辆行驶过程中如何变换车道的动力学模型。换道模型与跟驰模型共同组成交通流微观动力学模型,广泛应用于微观交通仿真、驾驶行为分析等领域。本章将介绍换道模型的基本建模思想、代表性模型以及模型的标定方法。

5.1 换道模型的一般性描述

换道模型用于描述车辆行驶中改变车道的行为,与跟驰模型共同构成传统微观交通流动力学模型体系。由于换道行为对交通安全、瓶颈形成以及通行能力等存在影响,近年来有关换道模型的研究备受关注。

车辆换道一般可分为自由换道和强制换道两类。自由换道的目的是追求更快的车速和更自由的驾驶空间;强制换道则因为车辆需要转弯、上下匝道、避障绕行等而必须通过换道改变行车路径。

换道模型在结构上一般可分为动机、条件和执行三个阶段。换道动机亦称为换道需求,即依据当前交通状况及路径规划等决定是否换道的过程,换道条件指是否存在能够安全换至目标车道的客观条件,换道执行是车辆行驶至目标车道的运动过程。

较为完整的换道模型最早由 Gipps[1] 于 20 世纪 80 年代提出,并成功应用于交通仿真软件。随着交通观测技术的提升,人们对换道行为的认识和理解逐渐深入,随之产生了一批更为完善的换道模型,其中最具代表性的是离散选择类效用模型。还有一类以跟驰模型为基础的换道模型——MOBIL模型,其建模思想也值得关注。本章余下的部分将对这些模型分别做介绍。

5.2 Gipps 模 型

5.2.1 模型介绍

早期的换道模型主要为确定性换道模型,以 Gipps 提出的换道模型为代表。该模型考虑了城市道路中的多种驾驶情况,驾驶者的行为受两个基本因素控制:保持期望的速度和进入正确的转向车道。驾驶者通过考虑换道的可能性、必要性和有利性来决定是否改变车道。具体来说,Gipps 模型认为车辆是否换道主要取决于以下 6 个因素:

(1)换道是否安全可行,能否避免碰撞发生(主要指是否存在可接受间隙)。
(2)障碍物的位置(距离前方障碍物越近,对应车道速度的优越性越低)。
(3)公交专用道的存在(除特殊情况外,禁止一般车辆行驶)。
(4)驾驶者前方的转向计划(主要指驾驶者前方转向处的位置、转向方向)。
(5)重型车的存在(主要指货车行驶速度低、货车前方存在较大车间距)。
(6)当前车道和目标车道的相对速度优势(主要指追求更快的速度)。

Gipps 换道模型设计之初主要用于配合 Gipps 跟驰模型,用以描述完整的驾驶行为。图 5.2.1 为 Gipps 换道模型示意图。

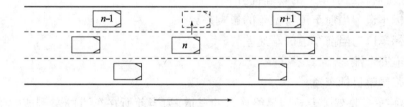

图 5.2.1 Gipps 换道模型示意图

如图 5.2.1 所示,车辆行驶方向向右,车辆 n 为换道车辆,其准备向左侧换道,目标车道前方车辆为 $n+1$,后方车辆为 $n-1$。用 i 表示车辆编号($i=n-1,n,n+1$),设各车辆 t 时刻位置为 $x_i(t)$,速度为 $v_i(t)$,最大减速度为 b_i,计算时间步长 T。

Gipps 换道模型中车辆换道是否安全需要根据车辆 n 换道后其自身以及后方车辆 $n-1$ 的减速度进行判断。

首先考虑换道车辆 n 本身,其在 t 时刻换道后将以车辆 $n+1$ 为前导车进行跟驰,为了保证不与车辆 $n+1$ 发生碰撞,$t+T$ 时刻车辆 n 速度不能超过最大安全速度 $v_n(t+T)$,则其减速度最大为 $[v_n(t+T)-v_n(t)]/T$。如果该减速度绝对值小于车辆 n 的最大减速度 b_n 的绝对值,则车辆 n 换道安全;反之则不安全。$v_n(t+T)$ 的计算方式来自 Gipps 跟驰模型(相关推导

及说明请参见本书第四章),具体公式如下:

$$v_n(t+T) = b_n T + \sqrt{b_n^2 T^2 - b_n \left\{ 2[x_{n+1}(t) - s_{n+1} - x_n(t)] - v_n(t)T - \frac{v_{n+1}^2(t)}{\hat{b}_{n+1}} \right\}}$$

(5.2.1)

式中,s_{n+1} 为车辆 $n+1$ 的长度(m);$\hat{b}_{n+1}$ 为车辆 $n+1$ 最大减速度的估计值(m/s^2)。

而对于车辆 $n-1$,车辆 n 换道后成为其前导车,车辆 $n-1$ 的跟驰规则与车辆 n 相似,安全条件的判断也与上面车辆 n 的安全条件相似,只需将式(5.2.1)中的跟驰车辆更换为车辆 $n-1$,前导车辆更换为车辆 n 即可。

综合考虑换道后车辆 n 和车辆 $n-1$ 的跟驰情况,当 $[v_n(t+T) - v_n(t)]/T \geq b_n$ 且 $[v_{n-1}(t+T) - v_{n-1}(t)]/T \geq b_{n-1}$ 时,车辆换道安全;否则不安全。

Gipps 设计了相应的规则来判别不同因素对换道行为产生的影响,认为车辆换道决策的主要环节如下:

(1) 设定偏好车道和目标车道。
(2) 换道是否可行。
(3) 计划转向位置的临近程度。
(4) 换道紧急程度。
(5) 当前车辆是否为过境车辆,目标车道是否为过境车道。
(6) 当前车道是否拥堵。
(7) 当前车道是否为过境车道。
(8) 计划的转向位置是否遥远。
(9) 目标车道较当前车道的物理优势。
(10) 目标车道和当前车道重型车的影响差异。
(11) 目标车道与当前车道的车速差异。
(12) 换道安全性。
(13) 是否调整目标车道。

其中,偏好车道是驾驶者希望最终换入的车道,为当前所在车道的左侧或右侧相邻车道;目标车道是驾驶者当前正要换道进入的相邻车道。起初目标车道与偏好车道一致,一旦不能或不便换道进入偏好车道,目标车道将变为与偏好车道相对的另一侧相邻车道。图 5.2.2 为换道模型流程图。

上述 13 个主要环节均标记于流程图中。

5.2.2 Gipps 换道模型特点

Gipps 换道模型最初是针对城市道路环境中的换道行为构建的,换道行为源于对维持期望速度以及保持正确转向的需求。然而,Gipps 模型采用了确定性换道规则,因而无法描述驾驶者行为的随机性特征。此外,Gipps 模型在换道决策时考虑的因素较多,计算量较大,计算得到的接受换道可能性往往低于实际情况。

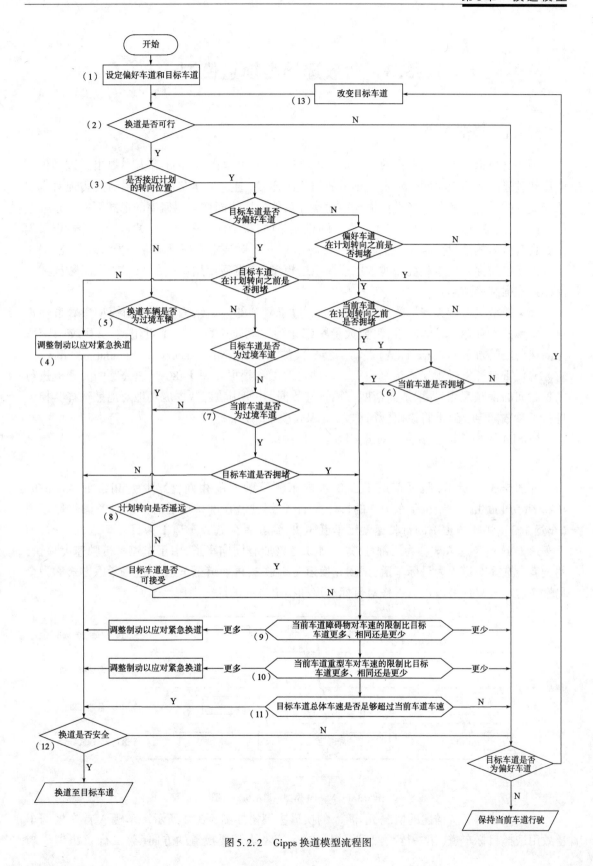

图 5.2.2 Gipps 换道模型流程图

5.3 离散选择类换道模型

5.3.1 模型介绍

另一类换道模型是基于离散选择理论的换道模型,最早由 Ahmed 等人[2]提出。该类模型假设驾驶者的换道动机源于对不同车道效用值的比较,通过构建车道的效用函数实现对车道选择概率的描述。离散选择类换道模型对换道条件的描述同样采用概率的形式而非确定性条件。同时,离散选择类换道模型还考虑了随机误差项,将个体驾驶者之间的行为差异性以及驾驶者自身行为的随机性融入模型。此后,Toledo 等人[3]对该模型进行了进一步深入研究,提出了自由换道与强制换道相统一的效用选择换道模型,该模型使用统一的车道效用函数描述自由换道和强制换道场景。

该类模型具有较为严格的理论基础,然而过于复杂的模型结构和庞大的模型参数群使得该类模型的参数标定较为困难,需要大量精细化的车辆轨迹数据。21 世纪初,美国交通部联邦高速公路管理委员会(FHWA)启动了新一代仿真项目(Next Generation Simulation Program, NGSIM),重点开发微观交通仿真模型。该项目对加利福尼亚州 I-80 高速公路的交通流进行了长时间的视频观测,提取了高精度车辆轨迹数据,并使用轨迹数据成功地对离散选择类模型进行了参数标定。以下将该模型简称为 NGSIM 模型。

NGSIM 模型结构包括换道动机和换道条件两部分。

5.3.1.1 换道动机

如图 5.3.1 所示,假设车道 1、2、3、4 内车辆行驶速度相同,分别为 50km/h、45km/h、40km/h、70km/h。对于位于车道 2 的目标车辆 A,驾驶者在准备换道时如果只考虑相邻车道(车道 1、3),由于车道 1 的行驶速度比车道 3 快,驾驶者会选择车道 1 为目标车道,试图换道至车道 1,这一考虑方式称为局部性考虑;如果考虑所有同向车道,由于车道 4 行驶速度最快,驾驶者会选择车道 4 为目标车道,试图先换道至车道 3,再换道至车道 4,这一考虑方式称为全局性考虑。全局性考虑可以看作对目标车道和换道方向的综合考虑。

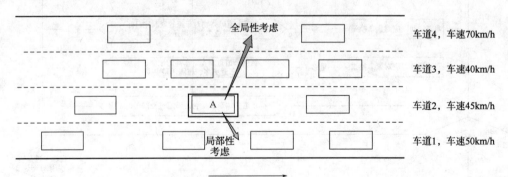

图 5.3.1 NGSIM 模型换道动机示意图

根据图 5.3.1 所描述的情况,车辆 A 的换道决策树如图 5.3.2 所示。车辆 A 首先根据车道效用选择目标车道(第一行),然后根据目标车道考虑需要换道的方向(第二行),再考虑当前车辆间隙是否可接受(第三行),如果可以接受间隙就执行换道,否则不执行换道(第四行)。

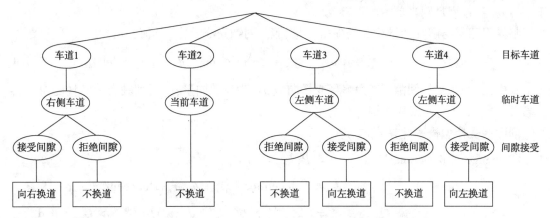

图 5.3.2　NGSIM 模型决策树图

为了描述不同驾驶者的行为差异,NGSIM 模型中使用效用选择理论概率模型来选择目标车道。效用选择理论的解释变量包括:

(1) 周边环境变量(邻近车辆位置、邻近车辆速度、道路几何要素、信号与标志、交警的存在)。

(2) 计划路径变量(目的地、路径、预期行程时间)。

(3) 路况获悉与驾驶经验变量(匝道、允许左转或掉头处、公交车站、公交车、收费停车场)。

(4) 驾驶者特性与车辆性能变量(驾驶者激进程度、车辆性能)。

效用选择理论概率表达式为:

$$U_{int}^{TL} = \beta^{TL} X_{int}^{TL} + \alpha_i^{TL} v_n + \varepsilon_{int}^{TL} \tag{5.3.1}$$

式中,TL 为目标车道;U_{int}^{TL} 为驾驶者 n 在 t 时刻选择车道 i 的效用;X_{int}^{TL} 为解释变量向量;β^{TL} 为参数向量;v_n 为驾驶者 n 特性随机量;α_i^{TL} 为参数;ε_{int}^{TL} 为随机项。

NGSIM 模型使用多项 Logit 模型计算驾驶者选择车道 i 的概率:

$$P(TL_{nt}^i \mid v_n) = \frac{\exp(V_{int}^{TL} \mid v_n)}{\sum_{j \in TL} \exp(V_{jnt}^{TL} \mid v_n)} \tag{5.3.2}$$

$$V_{int}^{TL} \mid v_n = \beta^{TL} X_{int}^{TL} + \alpha_i^{TL} v_n \tag{5.3.3}$$

当目标车道确定时,换道方向也确定了。

5.3.1.2　换道条件

NGSIM 模型使用间隙接受理论描述换道条件。图 5.3.3 为车辆换道间隙示意图。

图 5.3.3　车辆换道间隙示意图

如图 5.3.3 所示,间隙接受理论判断原则为当前间隙(包括后车间隙和前车间隙)是否大于临界间隙,若满足则当前间隙可接受。

临界间隙是与解释变量相关的随机变量,服从对数正态分布(其值非负):

$$\ln(G_{nt}^{gd,cr}) = \beta^g X_{nt}^{gd} + \alpha^g v_n + \varepsilon_{nt}^{TL} (g \in \{\text{lead},\text{lag}\}, d \in \{\text{right},\text{left}\}) \quad (5.3.4)$$

式中,$G_{nt}^{gd,cr}$ 为临界间隙;X_{nt}^{gd} 为解释变量向量;β^g 为参数向量;v_n 为驾驶者 n 特性随机量;α^g 为参数;ε_{nt}^{TL} 为随机项(服从期望为 0 的正态分布)。

间隙接受模型概率计算公式为:

$$\begin{aligned} P(\text{change in direction } d \mid d_{nt}, v_n) &= P(l_{nt} = 1 \mid d_{nt}, v_n) \\ &= P(\text{accept lead gap} \mid d_{nt}, v_n) P(\text{accept lag gap} \mid d_{nt}, v_n) \\ &= P(G_{nt}^{\text{lead } d} > G_{nt}^{\text{lead } d,cr} \mid d_{nt}, v_n) P(G_{nt}^{\text{lag } d} > G_{nt}^{\text{lag } d,cr} \mid d_{nt}, v_n) \end{aligned}$$
(5.3.5)

式中,$d_{nt} \in \{\text{right},\text{left}\}$ 为驾驶者 n 在 t 时刻选择的换道方向,由目标车道决定;$G_{nt}^{\text{lead } d}$、$G_{nt}^{\text{lag } d}$ 分别为该方向的前后车间隙;l_{nt} 为换道行为。

NGSIM 模型假定临界间隙服从对数正态分布,则间隙 $g \in \{\text{lead},\text{lag}\}$ 可接受的概率为:

$$\begin{aligned} P(G_{nt}^{gd} > G_{nt}^{gd,cr} \mid d_{nt}, v_n) &= P(\ln(G_{nt}^{gd}) > \ln(G_{nt}^{gd,cr}) \mid d_{nt}, v_n) \\ &= \Phi\left[\frac{\ln(G_{nt}^{gd}) - (\beta^{gT} X_{nt}^{gd} + \alpha^g v_n)}{\sigma_g}\right] \end{aligned}$$
(5.3.6)

式中,$\Phi(\cdot)$ 为累积正态分布。

根据上述公式,可计算出在驾驶者特性和换道方向条件下的间隙接受概率(满足换道条件的概率)。

5.3.2 模型特点

NGSIM 模型是基于效用选择理论的概率模型,通过计算目标车道的选择概率和间隙接受概率获得驾驶者的换道概率。模型将自由换道和强制换道相统一,具有普遍的适用性。此外,模型中含有驾驶者特性随机项,可体现不同驾驶者间的差异。尽管如此,NGSIM 复杂的模型结构和庞大的模型参数群使得模型的参数标定较为困难,一定程度上影响了它的应用。

5.4 MOBIL 模 型

5.4.1 模型介绍

2007 年,Kesting 等人[4]提出了基于加速度控制的 MOBIL(Minimizing Overall Braking Induced by Lane Changes)模型。该模型用车辆加速度值表征驾驶者获得的驾驶利益,通过比较换道实施前后当前车道与目标车道上局部受影响车辆的整体利益变化来判断是否进行换道,并针对对称与非对称换道规则提出了相应的换道模型。

如图 5.4.1 所示,车辆向右行驶,α 为换道车辆,f 为跟驰车辆,l 为前方引导车辆。采用顶标"^"表示发生换道后的车辆状态,无顶标变量则表示换道前的状态。MOBIL 模型本质上也属于效用选择模型,但结构比离散选择类换道模型更为简单。MOBIL 模型也包括对换道需求以及安全换道条件的模型描述,具体如下。

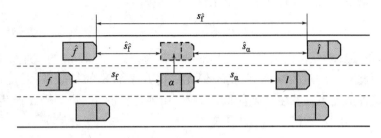

图 5.4.1　MOBIL 模型示意图

5.4.1.1　车道选择的效用

MOBIL 模型认为,加速度是车道选择效用的最直观体现。因而,驾驶者对车道的选择本质上是看其在哪一条车道上行驶能够获得更大的加速度。而对于加速度的估计,可以直接采用跟驰模型。令车辆 α 选择第 k 条车道的效用值为 $U_{\alpha,k}$,则有:

$$U_{\alpha,k} = a_{\alpha,k} \tag{5.4.1}$$

式中,$a_{\alpha,k}$ 为车辆 α 选择第 k 条车道时,按照跟驰模型计算所得的加速度。

5.4.1.2　换道需求模型

MOBIL 模型认为,在换道过程中,换道执行者不仅考虑自身通过换道可以获得的利益,同时还考虑原来车道上后车 f 以及目标车道上后车 $\hat{f}$ 可能受到的影响。只有当换道者自身、后车 f 和 $\hat{f}$ 组成的系统整体效益获得提升时,换道者才产生换道需求,即当系统总体效益在换道后比换道前提升的程度满足如下条件时,产生换道动机。

$$\hat{a}_{\alpha} - a_{\alpha} + p(\hat{a}_{\hat{f}} - a_{\hat{f}} + \hat{a}_{f} - a_{f}) > \Delta a + a_{\text{bias}} \tag{5.4.2}$$

式中,p 为利他因子,$p \in [0,1]$,该参数用于描述换道实施者在进行换道决策时对自身利益和他人利益的统筹情况。当 $p=0$ 时,换道仅考虑自身的利益,是完全利己的行为;当 $p=1$ 时,换道决策人平等地对待自身利益和他人利益。Δa 为换道系统总体效益提升的门槛,a_{bias} 为反映换道非对称规则的附加参数。例如,当交通规则倾向于驾驶者靠右侧车道行驶时,从左侧向右侧换道的门槛较低,$a_{\text{bias}} < 0$,反之,$a_{\text{bias}} > 0$。当采用对称式换道规则时,车辆往左侧换道和右侧换道具有同等的权利,此时 $a_{\text{bias}} = 0$。

5.4.1.3　安全换道条件

在 MOBIL 模型中,车辆换道是否安全并没有采用判断车辆间隙的方式,而是通过车辆的加速度来判断。在换道过程中,潜在安全隐患主要存在于换道车辆 α 自身,以及目标车道上的后车 $\hat{f}$。若车辆 α 换道后,导致后方车辆 $\hat{f}$ 不得不采用过大的减速度,或车辆 α 自身需要采用过大的减速度,则换道行为不安全,亦即,此时不具备换道实施条件。因此,对于车辆 $\hat{f}$,换道行为须满足如下安全条件:

$$\hat{a}_{\hat{\mathrm{f}}} = f(v_{\hat{\mathrm{f}}}, v_\alpha, \hat{s}_{\hat{\mathrm{f}}}) > -b_{\mathrm{safe}} \tag{5.4.3}$$

式中,$\hat{a}_{\hat{\mathrm{f}}}$ 为假如换道实施后,目标车道后车 $\hat{f}$ 的加速度。该加速度由跟驰模型 $f(v_{\hat{\mathrm{f}}}, v_\alpha, \hat{s}_{\hat{\mathrm{f}}})$ 计算获得。b_{safe} 系保证行驶安全的最大减速度绝对值。

对于换道车辆 α,类似地,有如下安全条件:

$$\hat{a}_\alpha = f(v_\alpha, v_{\hat{\mathrm{l}}}, \hat{s}_\alpha) > -b_{\mathrm{safe}} \tag{5.4.4}$$

通过分析,不难发现在自由换道情况下无须对其考虑式(5.4.4)的安全条件。这是因为若车辆 α 换道后将产生的过大减速度,则不但无法提升车辆 α 的行驶条件,反而使其行驶状态恶化,因而,这种情况不会发生。换句话说,在自由换道情况下,若车辆 α 产生了换道需求,则其本身换道后必然满足式(5.4.4)的要求。

5.4.1.4 强制换道设定

上述设定可直接用于描述车辆的自由换道行为。对于强制换道行为,MOBIL 模型同样适用。以快速路入口匝道强制合流换道为例,MOBIL 模型假定合流匝道终点处存在一辆静止的车辆,匝道车辆被迫减速以避免碰撞,从而使得合流匝道的效用值降低,靠近匝道终点的车辆自然产生向主路换道的需求。为了更好地描述此类强制换道行为,MOBIL 模型通常将匝道车辆的利他因子 p 设为 0。

5.4.2 模型特点

MOBIL 模型无论换道需求还是换道条件均采用跟驰模型进行计算,因而将跟驰行为建模和换道行为建模很好地统一了起来。同时,MOBIL 模型完全继承了跟驰模型的基本结构和参数体系,仅仅增加了两个额外的模型参数,这使得该模型的使用和标定均很方便。模型中的系数 p 可反映不同驾驶者的换道特性,p 取值不同,路段的换道率也将发生变化。虽然,MOBIL 模型属于效用选择模型,但并非概率类模型,这是 MOBIL 模型与 NGSIM 模型的不同之处。

5.5 换道模型的参数标定

相对于跟驰模型,换道模型参数标定的研究工作开展较晚,主要集中在对换道需求模型和换道条件模型的参数标定方面。模型标定方法主要通过模型产生的宏微观效果与实测数据间误差最小化进行参数寻优,误差指标通常采用换道率、换道时间、换道位置等。

由于换道行为的复杂性,其模型的标定难度也高于跟驰模型。虽然绝大多数换道模型对于换道需求和换道条件两部分是分开建模的,但换道需求模型和换道条件模型的参数标定却不能分开进行。这是因为,所有被观测到的换道行为样本都是同时具备换道需求和换道条件的情况。如果将换道需求模型的参数单独标定,则用于标定的样本是一个有偏的样本。因为被换道样本排除在外的数据并非都是没有换道需求的,也可能是有换道需求但不具备换道条件的情况。同理,单独标定换道条件模型也是不可取的。囿于对换道行为的观测条件局限,采用换道需求模型和换道条件模型联合标定的方法是可行的途径。

近年来,Toledo 等人[3]针对效用选择类换道模型提出了一套基于极大似然估计的换道模型参数标定方法,将换道需求模型和换道条件模型进行联合参数标定。该方法能够获得满意的参数标定结果,但对数据类型与精度均有较高的要求,简介如下。

5.5.1 极大似然估计方法

极大似然估计的基本原理是:在随机试验中,概率最大的事件最可能出现。假设随机试验有 n 个可能的结果 $A_1, A_2, \cdots, A_n$,只进行一次试验,如果事件 A_i 发生了,则认为事件 A_i 在这 n 个可能的结果中出现的概率最大。在参数标定中,对于一次抽样得到的样本观测值 $x_1, x_2, \cdots, x_n$,通常选择能够使这组观测值出现概率最大的参数值作为参数的估计值。

通常,进行极大似然估计的步骤为:
(1)构建似然函数。
(2)对似然函数取对数并整理。
(3)求导数。
(4)解似然方程。

以 NGSIM 模型标定为例,假设道路下游存在若干出口,则车辆 n 从不同出口离开的概率为:

$$p(d_n) = \begin{cases} \pi_1 \text{(从下游第一个出口离开)} \\ \pi_2 \text{(从下游第二个出口离开)} \\ 1 - \pi_1 - \pi_2 \text{(从下游其他出口离开)} \end{cases} \quad (5.5.1)$$

式中,d_n 为车辆 n 到各出口的距离;π_1 为车辆从下游第一个出口离开的概率;π_2 为车辆从下游第二个出口离开的概率。

t 时刻车辆 n 换道至目标车道 TL 的概率为目标车道选择概率与条件接受概率的联合概率:

$$f_n(\text{TL}_t, l_t \mid d_n, v_n) = P_n(\text{TL}_t \mid d_n, v_n) P_n(l_t \mid \text{TL}_t, v_n) \quad (5.5.2)$$

式中,$P_n(\text{TL}_t \mid d_n, v_n)$ 由式(5.3.2)计算,$P_n(l_t \mid \text{TL}_t, v_n)$ 由式(5.3.6)计算。

t 时刻车辆 n 发生换道的概率为:

$$f_n(l_t \mid d_n, v_n) = \sum_{\text{TL}_t} f_n(\text{TL}_t, l_t \mid d_n, v_n) \quad (5.5.3)$$

则车辆 n 在一段时间 T 内发生换道的概率为:

$$f_n(l_T \mid d_n, v_n) = \prod_{t=1}^{T} \sum_{\text{TL}_t} f_n(\text{TL}_t, l_t \mid d_n, v_n) \quad (5.5.4)$$

则车辆 n 在时段 T 内换道的极大似然函数为:

$$L_n = \int_{v_n} \sum_{d_n} f_n(l_T \mid d_n, v_n) p(d_n) \phi(v_n) dv_n \quad (5.5.5)$$

式中,$\phi(v_n)$ 为标准正态概率密度函数。

在实际观测数据中,选择 N 个发生换道行为的样本,认为 N 个不同驾驶者之间互相独立,取如下对数似然函数:

$$L = \sum_{n=1}^{N} \ln(L_n) \tag{5.5.6}$$

对上述对数似然函数取极大值,解出参数值,即完成模型的参数标定。

5.5.2 遗传算法求解

由于 NGSIM 模型参数较多,用于标定的车辆轨迹数据量大,直接求解对数似然函数极大值较为困难,实际标定时可采用遗传算法寻找式(5.5.6)取极大值的解。

遗传算法是模拟生物进化论的自然选择和遗传学机理的生物进化过程的计算模型,是一种通过模拟自然进化过程搜索最优解的方法。遗传算法的基本运算过程如下:

(1) 初始化:设置进化代数计数器 $g=0$,设置最大进化代数 G,随机生成一定数量的个体作为初始群体 $P(0)$。

(2) 个体评价:计算群体 $P(g)$ 中各个个体的适应度。

(3) 选择运算:选择的目的是把优化的个体基因直接遗传到下一代或通过配对交叉产生新的个体基因再遗传到下一代。选择操作是建立在群体中个体的适应度评估基础上的。

(4) 交叉运算:将交叉算子作用于群体,对已选择的可遗传个体基因进行交叉组合。

(5) 变异运算:将变异算子作用于群体,即对群体中的个体的某些基因值做变动。群体 $P(g)$ 经过选择、交叉、变异运算之后得到下一代群体 $P(g+1)$。

(6) 终止条件判断:若 $g=G$,则以进化过程中所得到的具有最大适应度的个体作为最优解输出,终止计算。

遗传算法流程图如图 5.5.1 所示。

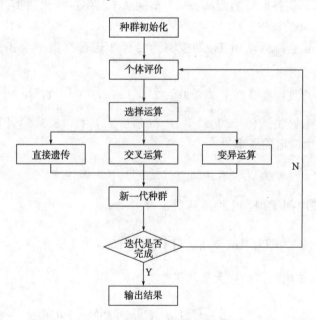

图 5.5.1 遗传算法流程图

在通过车辆轨迹数据标定换道模型的过程中,个体基因值即模型参数值,迭代的过程就是搜寻最优参数的过程。遗传算法的目标设定为寻找使似然函数取极大值时的模型参数。通过遗传算法内置的交叉和变异运算,不断逼近最优解,从而完成对换道模型参数的标定。

课后习题

1. 当跟驰模型与换道模型结合进行计算机仿真时,如果跟驰模型中含有反应延迟项,则如何设计换道决策的过程?

2. 应用 IDM 跟驰模型结合 MOBIL 换道模型,设计计算机数值仿真实验。仿真条件如下图所示,模拟一条带有汇入匝道的单向双车道高速公路,路段长度为 10km,汇入匝道位于 7.5km 处,匝道加速段长 300m。在仿真过程中,主线上游驶入流率恒定为 1000veh/h/lane,匝道汇入流率恒定为 500veh/h/lane,匝道强制换道采用一辆虚拟车停在匝道加速段尽头的方式来触发。试对整个系统进行计算机数值仿真,并统计路段上车辆的换道位置分布情况和车辆的总体换道比例。

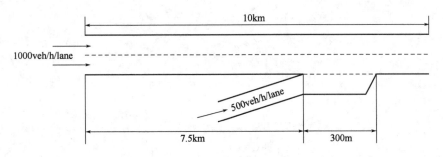

参考文献

[1] Gipps P G. A Model for the Structure of Lane-changing Decisions[J]. Transportation Research B, 1986, 20: 403-414.

[2] Ahmed K I. Modeling Drivers' Acceleration and Lane-Changing Behavior[D]. Cambridge, MA: Massachusetts Institute of Technology, PhD dissertation, Department of Civil and Environmental Engineering, 1999.

[3] Toledo T, Katz R. State Dependence in Lane-changing Models[J]. Transportation Research Record, 2009, (2124), 81-88.

[4] Kesting A, Treiber M, Helbing D. General Lane-changing Model MOBIL for Car-following Models[J]. Transportation Research Record, 2007, (1999), 86-94.

第 6 章
元胞自动机模型

6.1 概　　述

元胞自动机(Cellular Automaton,简称 CA)模型最早来源于著名的计算机科学家 Von Neumann,他提出的第一个自我复制的元胞自动机是由二维方形网格组成的,由数千个基本元胞构成的自繁殖结构,每个元胞有多达 29 个可能的状态,演化规则依赖每个元胞的状态及其四个近邻元胞(东南西北四个邻居)的状态[1]。

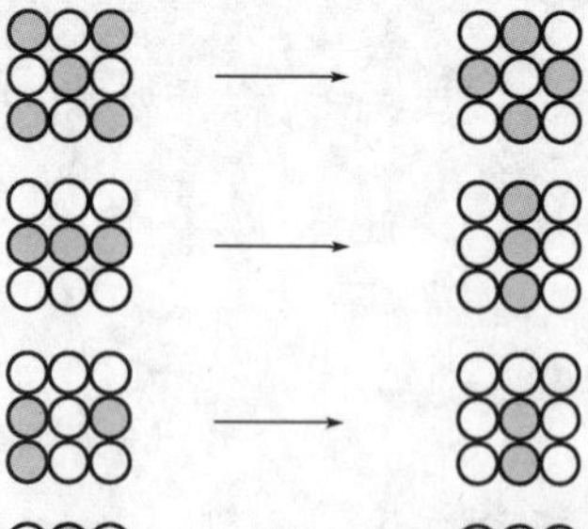

1970 年 Conway 提出了著名的生命游戏(Life Game)概念[2],在一个类似于棋盘的网格上,利用非常简单的规则产生了很多出乎预料的复杂构形和动力学行为,引起了广泛的关注,图 6.1.1 是一个简单规则的例子,此处每个元胞的生死遵循下面的原则:

(1)如果一个元胞周围有 3 个元胞为生,则该元胞为生。
(2)如果一个元胞周围有 2 个元胞为生,则该元胞的生死状态保持不变。
(3)在其他情况下,该元胞为死。

设定图像中每个元胞的初始状态后,依据上述的游戏规则

图 6.1.1　Conway"生命游戏"的一种演化规则

演绎生命的变化,就会得到令人叹服的优美图案,从而用这若干个元胞(生命体)构成了一个复杂的动态世界,这就是复杂性科学的研究焦点。

20世纪80年代初,Wolfram提出了一系列简单的一维和二维元胞自动机[3],充分说明元胞自动机作为一个离散的动力学系统,即便是在非常简单的框架下,也能显现出许多连续系统中的行为。这些发现使得元胞自动机成了统计力学领域的重大课题之一。1986年Cremer和Ludwig最早使用元胞自动机模型对交通流进行研究[4],此后这一领域得到了迅速的发展。

和一般的动力学模型不同,元胞自动机不是由严格定义的物理方程或函数确定的,而是由一系列的演化规则构成的。它的基本特征有:

(1)同质性和齐性:每个元胞的变化服从相同规则,元胞的分布方式、大小形状都相同。

(2)空间离散。

(3)时间离散。

(4)状态离散且有限。

(5)同步计算(并行性):所有元胞的状态更新同时发生。

(6)时空局域性:每个元胞在$t+1$时刻的状态只取决于周围半径为r的邻域内元胞在t时刻的状态。

(7)维数高:元胞自动机实际上是一类无穷维动力系统。

由于交通元素从本质上说是离散的,用元胞自动机模型来研究交通流,就避免了离散-连续-离散的反复近似过程,因此有其独特的优越性。它的计算效率要优于车辆跟驰模型,非常适用于在线仿真模拟。在元胞自动机交通流模型中,道路被划分为连续相邻的、等间距的格子,每个格点表示一个元胞。在同一时间步内,元胞或者是空的,或者被且仅被一辆车占据。在$t \to t+1$的时间步内,根据给定的规则对系统的状态进行并行更新,车辆可以一步步地、跳跃式地在元胞之间前进。

对高速公路交通流而言,车辆主要的行为包括跟驰行为和换道行为,因此本章在后两节分别用单车道模型和多车道模型加以模拟。另外,元胞自动机模型还可应用于其他交通模拟,包括城市道路交叉口和城市道路路网等,此处略去。

6.2 单车道模型

最早的元胞自动机交通流模型是确定性的模型,如Wolfram提出的CA-184号规则[5],就对现实交通规则进行了大幅度简化:对任一车辆而言,只要其前方相邻的元胞未被其他车辆占据,则在下一时间步内向前运动,进入这个元胞。这一规则虽然简单,但已经能描述自由运动状态和拥堵状态之间的转化,成为后续发展的各种元胞自动机模型的基础。

1992年Nagel和Schreckenberg在模型中引入了随机慢化概念,提出了重要的一维随机模型,简称NS模型[6],它成了元胞自动机模型发展史上的里程碑。直到现在,大多数元胞自动机模型都是在它的基础上升级改造得来的。同时期的其他模型,如Fukui和Ishibashi提出的FI模型[7],虽然具有便于解析研究等优点,但因为规则和现实差距较大,未能得到广泛应用。

NS模型中每辆车的状态都由它的速度V_n和位置X_n表示,其中速度V_n可以在允许的取值范围$\{0,1,\cdots,V_{max}\}$内任取其一。如果L表示车长,用$D_n = X_{n-1} - X_n - L$表示第n辆车和前

方紧邻的第 $n+1$ 辆车之间的距离,则所有车辆的状态按照以下的演化规则并行更新：

(1) 加速过程：$V_n(t+1) = \min(V_n(t)+1, V_{\max})$。

(2) 安全刹车：$V_n(t+1) = \min(V_n(t+1), D_n)$。

(3) 随机慢化：$V_n(t+1) = \max(V_n(t+1)-1, 0)$,发生概率为 p。

(4) 位置更新：$X_n(t+1) = X_n(t) + V_n(t+1)$。

式中,车长为 1 格 = 7.5m, $V_{\max}$ = 5 格/s = 37.5m/s。

NS 模型虽然规则非常简单,但可以描述很多实际的交通现象,如交通堵塞的自发形成和拥挤时的时走时停波等。同时它也是能模拟真实交通时空特征的最简单模型,如果删除任何一条规则,都将导致模拟结果和实际明显不符。

【例题 6.2.1】

使用 NS 模型,模拟交通流基本图,并研究不同随机慢化概率对基本图的影响。

【解答】

(1) 理解基本图概念

基本图可以指交通流的速度-密度关系,也可以指流量-密度关系或流量-速度关系,但这三者本质是相同的。通常流量-密度关系被使用的情况最多,本章中后续的基本图也全部是指流量-密度图。

基本图可以有不同的画法,有的呈现每次模拟的结果,则得到大量数据点如图 6.2.1 所示;有的只呈现若干次模拟值的平均效果,如图 6.2.1b)所示。本章中后续的基本图都只展现流量平均值。

(2) 设置边界条件

交通流基本图有两种,分别是周期边界条件下的全局基本图和开放边界条件下的局部基本图。周期边界条件指所谓"环道",道路完全闭合,没有进口也没有出口,所有车辆在其中循环运动,不会增加或减少,因此环道上的密度始终保持不变。虽然在概念上用环道代表周期边界条件,但在实际模拟中认为车辆始终在直线路段上运动,而非圆周运动。

开放边界条件非常接近现实中的交通状况,有独立的进口和出口,所有的车辆只在模拟中运行一次,一旦离开出口后就不再回来。因此,即便是在进口流量恒定的前提下,车辆数也可能会有所变动,道路密度也可能上下浮动。

(3) 确定统计方法

对于开放边界条件而言,绘制基本图要通过"虚拟线圈"来实现。假设道路上某位置有一个线圈,一旦车辆通过它,流量计数便加 1,并记录下它的瞬时速度,然后可得到一段时间内(通常是 1min 或 30s)的总流量和车辆平均速度,通过流量除以平均速度得到时间平均密度[①]。这一做法得到的基本图只代表某个固定地点的交通流特征,不代表整体,因此叫作"局部基本图"。

对于周期边界条件而言,除了上述方法同样可使用,还可以直接采集同一时刻所有车辆的速度,求得其平均速度,然后乘以恒定密度得到平均流量。这种方法相对简便,是画基本图的首选。另外,当交通流在环道上处于均匀稳定状态时,两种方法得到的基本图数据应基本一致。

[①] 计算密度可以有不同的方法,如空间平均密度等,此处只讨论最简单的时间平均结果。

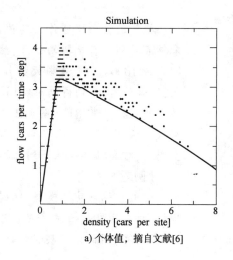

a) 个体值，摘自文献[6]

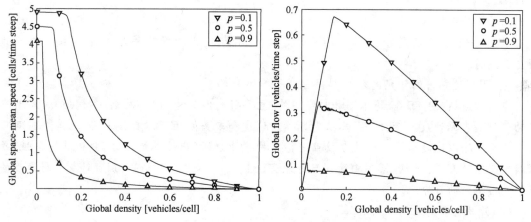

b) 平均值，包括速度-密度关系和流量-密度关系，摘自文献[8]

图 6.2.1　NS 模型的基本图

(4) 设立基本环境

使用周期边界条件绘制全局基本图时，要使用足够长的环道，如长度设为 $L=10000$ 格，最多可放置 10000 辆车。然后，依据所需要的全局密度，将车辆随机地分布在环道上。例如，按照百分比，可以分别模拟全局密度为 1%，2%，⋯，99% 的情形(100% 时流量速度必然为 0)，则环道上分别有 100，200，⋯，9900 辆车。

(5) 进行模拟

让所有车辆按照 NS 模型规则进行运动。通常先运行时间 T，以便消除车辆启动过程的影响，让交通流达到相对稳定的状态，此处 T 可设置为 1h(3600s)。然后可直接采集所有车辆的速度，求得平均速度，继而得到流量-密度平面上的点。另外，所有的基本图数据都需要多次重复模拟，最后求取平均值画图，模拟次数一般不少于 50 次或 100 次。

(6) 改变 p 值，画出不同结果

此处可仿照图 6.2.1b)，分别令 $p=0.1, 0.5, 0.9$ 进行模拟，分析其结果差异。另外，也可尝试 $p=0$ 或 1 的确定性情形。

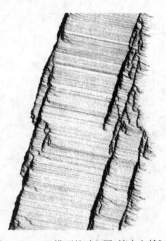

图 6.2.2 NS 模型的时空图,摘自文献[9]

(7) 补充说明

模拟过程中还可作出其他图像,如时空图,可以直接采集某时刻所有车辆的位置,然后连续采集一段时间(如 100s 或 1000s),将这些数据作成 X-Y 散点图,横轴为位置,纵轴为时间,则得到时空图如图 6.2.2 所示。注意,在早期的模拟结果中[如图 6.2.2 和后文的图 6.2.3b)],时间轴是从上到下的,而在后期 Kerner 与 Helbing 等人的时空图中,时间轴都是从下到上的。

【例题 6.2.2】

使用元胞自动机模型,分别进行周期边界和开放边界模拟,研究模型在恒定密度(周期边界)和恒定入口流量(开放边界)时的宏微观特性。

【解答】

(1) 模型任选

不论是 NS 模型还是第 12 章所涉及的复杂三相模型,模拟思路并无区别,区别只在于模型自身规则。

(2) 周期边界时的研究内容

在周期边界条件下,除基本图和时空图外,主要研究内容是"同一时刻、不同地点、所有车辆的参数",包括速度、车头间距、车头时距等。速度和车头间距可以直接采集,而车头时距可用车头间距除以速度求得。这些参数可进行各种统计分析,如计算标准差,分析其均匀性;或者绘制概率分布图,如 NS 模型中速度只可能有 $0,1,2,\cdots,5$ 共 6 种结果,则可计算每种速度的车辆数占总数的百分比。

(3) 开放边界时的研究内容

开放边界条件下的模拟结果,可用于与实测数据做对比,包括线圈数据和视频数据等,因此可以直接为交通流模型参数标定和验证服务。它的主要研究内容是"同一地点、不同时刻、不同车辆的参数",包括平均流量和平均速度随着时间变化的结果(时间序列),统计时间间隔通常为 1min 或者 30s 以及个体速度、个体车头时距随时间变化的结果等。

(4) 补充说明

事实上研究内容(2)(3)可交叉。例如,周期边界下也可放置虚拟线圈,研究通过同一地点的车辆参数;进行开放边界模拟时,也可采集所有车辆同一时刻的速度并计算平均值,但这种交叉会导致概念上的混淆,因此使用较少。通常用周期边界条件模拟做理论研究,分析交通流的本质属性;而开放边界模拟可以用于和实测数据对比,具有更多的工程实践意义。

虽然 NS 模型简单易用,但也有不可忽视的缺陷。例如,在实测数据中当拥堵发生时,交通流会产生崩解现象,流量会从通行能力处突降到很低;而当拥堵消散时,交通流会发生磁滞现象,流量不会再恢复到通行能力值,也证明流量曲线并不连续。但在 NS 模型中,拥堵和非拥堵(自由流)状态是连续变化的,与现实明显不符。

因此后人在 NS 模型基础上不断改进,其中有代表性的成果是 Barlovic 等人提出的 VDR 模型[10]。它令车辆的随机慢化概率与车辆的速度相关,而静止车辆的随机慢化概率 p_0 会大于(通常是远大于)运动车辆的取值 p:

$$p(v) = \begin{cases} p_0 & v = 0 \\ p & v > 0 \end{cases}$$

这一规则被称为"慢启动规则",只需要在 NS 模型的基础上增加这一项,就能够模拟出自由流和堵塞之间的突变现象,如图 6.2.3 所示,此处取 $p=1/64, p_0=0.75$。可以看到在图 6.2.3a)一段较短的密度范围内,自由流很难保持稳定,会失稳形成堵塞,具体的时空演化过程参见图 6.2.3b)。可以说慢启动规则非常重要,在后续很多模型中都有广泛应用。

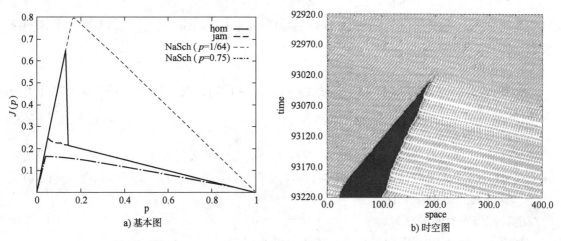

图 6.2.3 VDR 模型的模拟结果(摘自文献[10])

在 Kerner 等人提出三相交通流理论后,元胞自动机模型得到了进一步的发展,出现了很多基于三相理论的模型。这些三相模型可以模拟同步流状态,它的性质与自由流和堵塞都不相同。Kerner 本人提出的 KKW 模型[11-12]由于参数众多,规则复杂,应用并不广泛。相比之下,中国学者姜锐等人提出的 MCD 模型[13-14]和 FMCD 模型[15]更容易被接受。它们是在 Knospe 等人提出的 CD 模型[16-17]基础上修改得到的,基本理念是随机慢化概率在不同条件下取不同的值,并且加减速规则和刹车灯的状态有关。模型中每个元胞长 1.5m,每辆车长 7.5m,占 5 个元胞,每个时间步取 1s,最大速度为每秒 20 元胞($v_{max}=30m/s$)。模型规则如下。

1. 确定随机慢化概率

$$p(v_n(t)_s, b_{n-1}(t), t_h, t_s) = \begin{cases} p_b: b_{n-1}=1 \text{ 并且 } t_h < t_s \\ p_0: v_n = 0 \text{ 并且 } t_{st} \geq t_c \\ p_d: \text{其他情况} \end{cases} \quad (6.2.1)$$

其中,b_n 是车辆 n 的刹车灯状态,$b_n=1$ 或 0 表示刹车灯亮或灭。最初的 CD 模型(Comfort Driving,舒适驾驶)又叫 BL 模型(Brake Light,刹车灯),意思是通过控制刹车灯来实现车辆的运动状态变化。$t_h = \dfrac{d_n}{v_n(t)}$ 和 $t_s = \min(v_n(t), h)$ 是两个有用的时间参量。t_{st} 表示车辆停止的时间,临界值取 $t_c=10$。h 用来确定刹车灯的影响范围,此处取 $h=6$。

三个随机慢化概率此处分别取:$p_b=0.94, p_0=0.5, p_d=0.1$。

2. 加速

如果 $b_{n-1}(t)=0$ 或者 $[t_h \geq t_s$ 并且 $v_n(t)>0]$，那么加速幅度较大 $v_n(t+1)=\min((v_n(t)+2,v_{\max})$；否则如果 $v_n(t)=0$，那么加速幅度较小 $v_n(t+1)=\min((v_n(t)+1,v_{\max})$；如果都不满足，那么速度不变 $v_n(t+1)=v_n(t)$。

3. 减速

$$v_n(t+1) = \min(d_n^{\text{eff}}, v_n(t+1)) \tag{6.2.2}$$

此处有效距离 $d_n^{\text{eff}} = d_n + \max(v_{\text{anti}} - \text{gap}_{\text{safety}}, 0)$，其中 $v_{\text{anti}} = \min(d_{n-1}, v_{n-1})$ 是前车的期望速度，安全距离取值为 $\text{gap}_{\text{safety}} = 7$。

4. 随机慢化

如果 rand() $< p$，那么 $v_n(t+1) = \max(v_n(t+1)-1, 0)$。此处 rand() 是 0 和 1 之间均匀分布的随机数。

5. 确定刹车灯状态

如果 $v_n(t+1) \geq v_c$ 并且 $t_{fn} \geq t_{cl}$ 或者 $v_n(t+1) > v_n(t)$，那么刹车灯灭 $b_n(t+1)=0$；否则如果 $v_n(t+1) < v_n(t)$，那么刹车灯亮 $b_n(t+1)=1$；如果 $v_n(t+1) = v_n(t)$，那么状态不变 $b_n(t+1) = b_n(t)$。此处取 $t_{cl} = 30, v_c = 18$。

6. 计算停车时间

如果 $v_n(t+1) = 0$，那么 $t_{st} = t_{st} + 1$；否则 $t_{st} = 0$。

7. 计算速度维持时间

如果 $v_n(t+1) \geq v_c$，那么 $t_{fn} = t_{fn} + 1$；否则 $t_{fn} = 0$。

8. 位置更新

$$x_n(t+1) = x_n(t) + v_n(t+1) \tag{6.2.3}$$

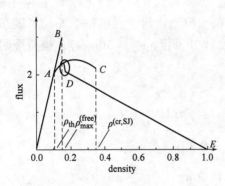

图 6.2.4 符合三相交通流理论的 FMCD 模型基本图（摘自文献[15]）

FMCD 模型的基本图如图 6.2.4 所示，可以看到三相模型不仅规则复杂，模拟结果也更复杂，使用不同的初始条件可以得到不同的模拟结果。例如，图 6.2.4 中 AB, DC 分支来自初始均匀态，而图 6.2.4 中 AD, DE 分支来自初始堵塞态。

不论三相交通流元胞自动机模型的规则如何，它们都具有一些基本的共性。例如，基本图里的同步流数据会无规律地分布在一个宽广的二维平面上，如图 6.2.5a)所示。同步流数据的自相关系数（如流量与流量的关系、速度与速度的关系、密度与密度的关系）和互相关系数（如流量与密度的关系）均应该随着模拟时间的推移逐渐衰减到 0，如图 6.2.5b)和 6.2.5c)所示。

总而言之，关于三相模型的进一步讨论可参见本书第 12.1 节"三相交通流理论"中的相关内容，而三相模型之前的元胞自动机模型综述可阅文献[8]。

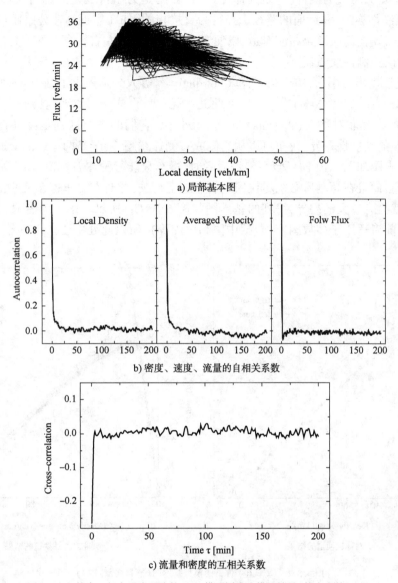

图6.2.5 符合三相交通流理论的 VDE 模型同步流模拟结果(摘自文献[18])

6.3 多车道模型

对元胞自动机模型而言,常见的多车道模型基本思路是将跟驰行为和换道行为分成两个相对独立的步骤。每个时间步先根据预设的换道条件,考虑是否要进行换道;然后再根据换道后的结果(包括车辆的位置和速度等),分别在每个车道上运行单车道模型。这一思路的主要缺陷在于,默认每次车辆换道都只需1秒的时间完成,与现实有差别;但其优点在于简单易操作,并且已足以模拟出常见的车辆换道行为并进行影响分析。

通常换道行为可分为两种：一是选择性换道，目的是为了得到更好的行驶条件（"跑得更快"）；二是强制性换道，和后面的路径选择行为直接相关，如在靠近高速公路匝道或者城市道路交叉口时，需要提前换道至相应车道，以便于上下匝道或者左右转弯。本节先讨论选择性换道行为，后讨论强制性换道规则。

在 NS 模型提出后不久，Rickert[19]和 Chowdhury[20]等人分别提出了基于 NS 模型的选择性换道规则，Knospe[17]和 Nagel[21]等人对此进一步做了总结。这些规则可分为对称性(Symmetric)换道和非对称性(Asymmetric)换道两种。它们的主要区别是：使用前者时，左右车道没有明显的功能性差异，快车可以从左侧或右侧任意超车，于是两车道的交通状况几乎相同，得到的基本图如图 6.3.1a)所示；使用后者时，慢车只能行驶在右车道，如果快车需要超车只能从左侧超，而且在超越后必须尽快回到右车道上行驶，此时左右车道在某些密度区间的流量和速度上就会有较大的差异，得到的基本图如图 6.3.1b)所示。由于后者只在德国等少数国家实行，而前者适用于多数国家（包括中国和美国等），所以此处主要介绍前者。

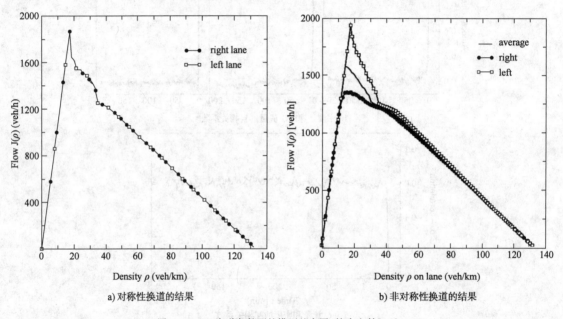

a) 对称性换道的结果　　　　　　　b) 非对称性换道的结果

图 6.3.1　双车道条件下的模型基本图（摘自文献[17]）

对称的选择性换道基本情境如图 6.3.2 所示，设换道车辆速度为 V_0，原车道前车、目标车道前车、目标车道后车、原车道后车的速度分别为 V_1, V_2, V_3, V_4，换道车辆和它们的间距分别为 G_1, G_2, G_3, G_4，这些参数都可能对换道决策有影响。Nagel 认为，对于选择性换道而言，通常需要满足三个关键条件：

（1）邻道行驶条件更好：和目标车道前车间距比原车道前车间距大，即 $G_1 < G_2$。

（2）前进受到抑制：如果下一时间步继续加速，可能会和前车发生碰撞，即 $V_0 > G_1$。

（3）不妨碍邻道后车：换道后不会对后车的运动产生阻碍，即 $V_3 < G_3$。

后人对这些条件进行了各种补充和修正，其中最有代表性的做法是：

（4）引入换道概率：当前三项条件都满足时，车辆有 p 种可能性换道，而有 $1-p$ 的可能性仍然不换道。这样可以避免类似于"乒乓换道"的重复换道行为。

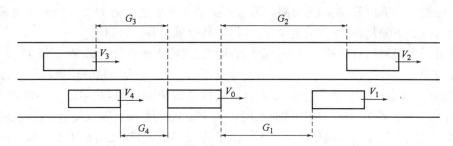

图 6.3.2 对称的选择性换道基本情境(摘自文献[23])

将以上规则 1~4 结合,可得到文献[19-21]中的经典换道规则如下:

$$\begin{cases} G_1 < G_2 \\ V_0 > G_1 \text{ 且发生概率为 } p \\ V_3 < G_3 \end{cases} \quad (6.3.1)$$

近年来通过大量的实测数据分析[22],学者们发现选择性换道行为在现实中发生的概率并不高,很多驾驶者在可以换道时并没有行动,普遍选择了相对保守的驾驶策略[23]。因此模型中的 p 应该设定为很小的数值。同时 p 值在模型中也代表了驾驶风格的平均激进程度。

【例题 6.3.1】

使用 NS 模型和对称性换道规则,在开放边界条件下模拟单向双车道公路的交通状况。在进口处设车道 1 流量 Q_1 为车道 2 流量 Q_2 的 2 倍,计算出口处流量分布。

【解答】

(1) 设立基本环境

设长度为 L,L 可取 10000 辆车的长度。此处可令 $Q_2 = 0.3\text{veh/s}$,$Q_1 = 0.6\text{veh/s}$。

(2) 引入换道规则

在元胞自动机模型中,换道判断在单车道跟驰运动之前。对于对称性换道规则而言,车道 1→2 和车道 2→1 的换道都可行,即便此题中 2→1 的换道可能数量很少,仍然需要考虑。此处可采用奇数时间步先考虑车道 1→2,偶数时间步先考虑车道 2→1 的做法。另外此处 p 取值对结果影响不大,可直接设定为 $p = 0.5$。

(3) 进行模拟

先模拟时间步 T_1,以便于消除车辆启动过程的影响,让交通流达到相对稳定状态。在开放边界下,T_1 应足以让最早出发的车辆从出口离开,所以同样可设置为 1h(3600s)。然后运行时间步 T_2,统计这段时间内从两个车道分别离开出口的车辆数量。T_2 可取较长值,如 10h。

(4) 预期结果

通常来说,对称性换道规则会导致两车道上流量分布几乎相同,因此出口处流量比应当约等于 50%:50%。

(5) 补充说明

如果在进口处令 $Q_1 = Q_2$,对于没有任何干扰存在的双车道公路而言,选择性换道数量会很少,对流量速度的影响可忽略不计。如果是在无干扰的周期边界条件下模拟,得到的双车道交通流基本图和时空图都会与单车道模拟结果几乎一样。

对于强制性换道而言,在高速公路上最常见的是上下匝道附近的换道行为。通常上匝道附近的换道行为更加复杂,在匝道流量较高时,容易导致上游交通拥堵。

上匝道的模拟思路有两种。对于复杂配置而言,要考虑匝道长度影响,如设为 $L_q = 200\text{m}$。车辆在匝道上也要进行跟驰行为模拟。当主道拥堵时,匝道也会拥堵并形成排队。如果采用简化配置,则不考虑匝道长度和匝道车辆运动及排队现象,只设定在主道上一段距离内(如 $L_q = 100\text{m}$),当某 2 辆车的车头间距或车头时距小于一临界值 t 时,则以概率 x 插入一辆车,车速 V 可以直接设为等于前车速度或前后车速度平均值,基本过程如图 6.3.3 所示。这种简化

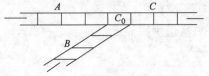

图 6.3.3 上匝道模拟的简化配置(摘自文献[24])

配置在近年来的各种元胞自动机模型模拟中有很多的使用,具体的插车方法有多种可能性(t,x,V 等参数的取值可以参考文献[18,24-26]等),只要取值合理,最终的模拟结果不会产生定性区别。

对于上匝道模拟而言,最重要的统计结果是相图(Phase Diagram),通常包含了几种不同时空状貌的"相"。例如,使用 NS 模型可得到相图,如图 6.3.4 所示,此处取随机慢化概率 $p = 0.1$,最大速度 $V = 5$ 格/秒,横坐标为恒定的匝道流量 a_1,纵坐标为恒定的主道流量 a_2。可以发现图中存在 4 个典型的"相",分别对应不同的流量组合。由于这里的"相"很容易和平时所说的交通相混淆,后续研究者普遍称它为"堵塞模式",把这种图命名为堵塞模式图(Diagrams of Congested Patterns),它的结果在三相交通流理论中有着非常重要的意义,进一步的讨论可参见本书第 12.1 节"三相交通流理论"。

相比之下,下匝道附近的交通状况较为简单。在简化配置下,只需要按照一定的概率(等于匝道出流量)将计划驶出的车辆直接移走。如果没有特殊情况(如下匝道存在瓶颈),下匝道上游不会有拥堵发生。

除了上述的基本换道规则,相关的研究内容和研究方向有:

(1)双向双车道模型:在较低等级的公路上,有可能两方向都只有一个车道,超车需要临时占用相反方向的车道。Simon 等人曾针对此情况进行过建模[27],可模拟出两车道流量之间的对应关系,如图 6.3.5 所示。可以看到当某车道的流量上升后,这一方向的车辆将大量占用对向车道空间,最终导致对向车流完全无法运行,流量下降到 0。因此从运营管理的角度来说,

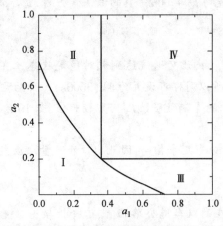

图 6.3.4 NS 模型的上匝道相图(摘自文献[25])

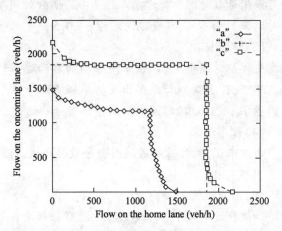

图 6.3.5 双向双车道模型的模拟结果(摘自文献[27])
注:a、b、c 代表不同的参数取值。

中间的某一临界值是最佳选择,可使双向流量均衡。此状况在全封闭的高速公路上不可能出现,只适用于等级较低的公路,所以相关研究较少。

(2)多车道模型:当车道数多于2条时,模拟基本思路不变,只是需要考虑换道顺序。为了保持并行更新的基本原则并避免发生碰撞,需要添加额外规则,并且有多种可以采用的思路。例如,Pedersen 等人提出的模型[28]是按照从右向左的顺序进行换道判断的;在 Nagel 等人开发的 TRANSIMS 软件中[29],换道判断顺序则是根据时间步的奇偶数分别从左到右和从右到左来进行的;在 Schreckenberg 等人开发的 OLSIM 软件中[30],则给予向左换道的车辆更高优先权。

(3)考虑工作区的多车道模型:由于道路维修施工或者事故处理等,多车道公路上会存在工作区,有时候会暂时封闭一条车道进行工作。此时车辆需要被迫换道,通行能力会下降,上游可能会产生拥堵。通常一个典型的工作区包括转换区域、活动区域和终结区域3个部分,可以默认转换区域和终结区域长度相等,如图6.3.6所示。孟强等人[31-32]使用元胞自动机模型对它进行了具体的研究。

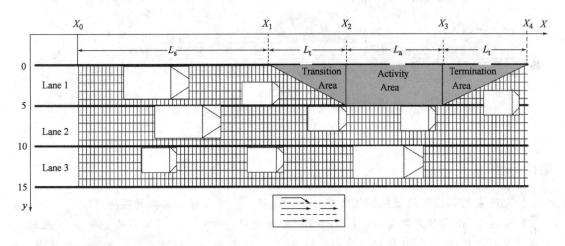

图6.3.6 考虑工作区影响的多车道交通状况(摘自文献[31])

(4)各向异性(Heterogeneous)模型:此处"各向异性"的含义是,交通流中车辆有不同的个体属性,如不同的长度、宽度、加减速度特性乃至运动规律,这样就可以更精确地描述小汽车、大客车、大卡车、摩托车等各种机动车辆的混合运动。而前文所述的各种模型基本都默认所有车辆属性相同,属于各向同性(Homogeneous)模型,事实上是一种简化处理方法。

在各向异性模型中,车道的概念不复存在,如宽7m的路面,可能容纳宽度为2m,2m,2m,1m 的4辆车,也可能容纳宽度都为1.4m 的5辆车,如图6.3.7所示,从而更接近实际交通状况。具体的车型大小和比例分布可在模拟开始时指定。

各向异性模型的基本规则与单车道的各向同性模型性质接近,有的基于 NS 模型改造[32-33],有的则基于三相模型改造[34-35],也可以模拟出同步流现象。此类模型的研究对于发展中国家(如一些东南亚国家)的混合交通有重要的指导意义,但比较难以和实测数据对比,也不容易进行模型参数标定。

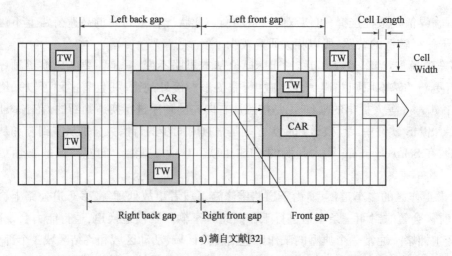

a) 摘自文献[32]

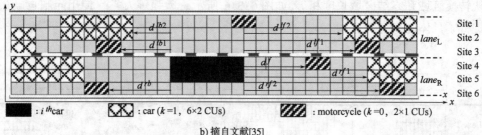

b) 摘自文献[35]

图 6.3.7　各向异性模型中的车辆空间分布示意图

课后习题

1. 元胞自动机模型的随机慢化概率值该如何确定？是否存在参数标定的方法？

2. 使用 VDR 模型开展周期边界条件下的单车道交通模拟。选择不同的全局密度，在环道上设置 3 个虚拟检测器，且彼此间距基本相同，然后测量通过车辆的平均速度和平均流量，并对比 3 个地点测量结果的差别。

3. 使用 NS 模型开展周期边界条件下的双车道交通模拟。选择适中的全局密度，设置一定的卡车比例（如 20%）。此处统一设卡车的长度为 2 格，最大速度为 3 格/秒，使用经典的对称性换道规则，换道概率为 $p=0.1$。统计给定时间段内的换道次数和换道频率。

4. 在一条单向三车道公路上，各个车道的宽度为 3.5m，平均流量均为 1500 辆/小时。从某时刻开始，左车道开始施工并封闭，持续时间为 2h，工作区的活动区域长度为 80m，转换区域和结束区域长度均为 30m。在转换区域选择一种合理的强制性换道规则，模拟两个未封闭车道在工作区存在期间的交通流时空图，模型可任选。

参考文献

[1] Pesavento U. An Implementation of Von Neumann's Self-reproducing Machine[J]. Artificial Life, 1995, 2: 337-354.

[2] Gardner M. The Fantastic Combination of John Conway's New Solitaire Game Life[J]. Scientific American, 1970, 220: 120-123.

[3] Wolfram S. Cellular Automata as Models of Complexity[J]. Nature, 1984, 311: 419-424.

[4] Cremer M, Ludwig J. A Fast Simulation Model for Traffic Flow on the Basis of Boolean Operations[J]. Math. Comp. Simul. , 1986, 28: 297-303.

[5] Wolfram S. Statistical Mechanics of Cellular Automata[J]. Rev. Mod. Phys. , 1983, 55: 601-644.

[6] Nagel K, Schreckenberg M. A Cellular Automaton Model for Freeway Traffic[J]. Journal de Physique I (France), 1992, 2: 2221-2229.

[7] Fukui M, Ishibashi Y. Traffic Flow in ld Cellular Automaton Model Including Cars Moving with High Speed[J]. Journal of the Physical Society of Japan, 1996, 65: 1868-1870.

[8] Maerivoet S, De Moor B. Cellular Automata Models of Road Traffic[J]. Physics Reports, 2005, 419: 1-64.

[9] Nagel K, Paczuski M. Emergent Traffic Jams[J]. Physical Review E, 1995, 81: 2909-2918.

[10] Barlovic R, et al. Metastable States in Cellular Automata for Traffic Flow[J]. European Physical Journal B, 1998, 5:793-800.

[11] Kerner B S, Klenov S L. A Microscopic Model for Phase Transitions in Traffic Llow[J]. Journal of Physics A, 2002, 35: L31-L43.

[12] Kerner B S, Klenov S L, Wolf D E. Cellular Automata Approach to Three-phase Traffic Theory[J]. Journal of Physics A, 2002, 35: 9971-10013.

[13] Jiang R, Wu Q S. Cellular Automata Models for Synchronized Traffic Llow[J]. Journal of Physics A, 2003, 36: 381-390.

[14] Jiang R, Wu Q S. Spatial-temporal Patterns at an Isolated on-ramp in a New Cellular Automata Model Based on Three-phase Traffic Theory [J]. Journal of Physics A, 2004, 37: 8197-8213.

[15] Jiang R, Wu Q S. First Order Phase Transition from Free Flow to Synchronized Flow in a Cellular Automata Model[J]. European Physical Journal B, 2005, 46: 581-584.

[16] Knospe W, Santen L, Schadschneider A, et al. Towards a Realistic Microscopic Description of Highway Traffic[J]. Journal of Physics A, 2000, 33: L477-485.

[17] Knospe W, Schadschneider A, Santen L, et al. A Realistic Two-lane Traffic Model for Highway Traffic[J]. Journal of Physics A, 2002, 35: 3369-3388.

[18] Gao K, Jiang R, Hu S X, et al. Cellular-automaton Model with Velocity Adaptation in the Framework of Kerner's Three-phase Traffic Theory [J]. Physical Review E, 2007, 76: 026105.

[19] Rickert M, Nagel K, Schreckenberg M, et al. Two Lane Traffic Simulations Using Cellular Automata[J]. Physica A, 1996, 231:534-550.

[20] Chowdhury D, Wolf D E, Schreckenberg M. Particle Hopping Models for Two-lane Traffic with two Kinds of Vehicles: Effects of Lane-changing Rules[J]. Physica A, 1997, 235:417-439.

[21] Nagel K, Wolf D E, Wagner P, et al. Two-lane Traffic Rules for Cellular Automata: A Systematic Approach[J]. Physical Review E, 1998, 58:1425-1437.

[22] Knoop V L, Wilson R E, Buisson C, et al. Number of Lane Changes Determined by Splashover Effects in Loop Detector Counts[J]. IEEE Transactions on Intelligent Transportation Systems, 2012, 13: 1525-1534.

[23] Jin C J, Knoop V L, Li D W, et al. Discretionary Lane-changing Behavior: Empirical Validation for one Realistic Rule-based Model[J]. Transportmetrica A, 2019, 15: 1-18.

[24] Diedrich G, Santen L, Schadschneider A, et al. Effects of on- and off- ramps in Cellular Automaton Models for Traffic Flow[J]. Int. J. Mod. Phys. C, 2000, 11: 335-345.

[25] Jiang R, Wu Q S, Wang B H. Cellular Automata Model Simulating Traffic Interactions Between on-ramp and Main Road[J]. Physical Review E, 2002, 66: 036104.

[26] Gao K, Jiang R, Wang B H, et al. Discontinuous Transition from Free Flow to Synchronized Flow Induced by Short-range Interaction between Vehicles in a Three-phase Traffic Flow Model[J]. Physica A, 2009, 388: 3233-3243.

[27] Simon P, Gutowitz H A. Cellular Automaton Model for Bidirectional Traffic[J]. Physical Review E, 1998, 57: 2441-2444.

[28] Pedersen M M, Ruhoff P T. Entry Ramps in the Nagel-Schreckenberg Model[J]. Physical Review E, 2002, 65: 056705.

[29] Nagel K, Rickert M. Parallel Implementation of the TRANSIMS Micro-simulation[J]. Parallel Computing, 2001, 58: 1611-1639.

[30] Weber D, Chrobok R, Hafstein S, et al. OLSIM: Inter-urban Traffic Information[J]. IICS 2004, LNCS 3473, pp. 296-306.

[31] Meng Q, Weng J. An Improved Cellular Automata Model for Heterogeneous Work Zone Traffic[J]. Transportation Research Part C, 2011, 19: 1263-1275

[32] Weng J, Meng Q. Estimating Capacity and Traffic Delay in Work Zones: An overview[J]. Transportation Research Part C, 2013, 35: 34-45.

[33] Gundaliya P J, Mathew T V, Dhingra S L. Heterogeneous Traffic Flow Modelling for an Arterial Using Grid Based Approach[J]. Journal of Advanced Transportation, 2008, 42: 467-491.

[34] Mallikarjuna Ch, Ramachandra Rao K. Cellular Automata Model for Heterogeneous Traffic[J]. Journal of Advanced Transportation, 2009, 43: 321-345.

[35] Lan L W, Chiou Y C, Lin Z S, et al. A Refined Cellular Automaton Model to Rectify Impractical Vehicular Movement Behavior[J]. Physica A, 2009, 388: 3917-3930.

[36] Lan L W, Chiou Y C, Lin Z S, et al. Cellular Automaton Simulations for Mixed Traffic with Erratic Motorcycles' Behaviours[J]. Physica A, 2010, 389: 2077-2089.

第 7 章
宏观连续模型

从宏观层面看,行驶中的车辆运动与流体运动相似,因而被称为交通流。描述交通流宏观流体运动特性的模型称为宏观交通流动力学模型或连续介质模型(Continuum Model)。连续模型将交通流视为由大量车辆构成的可压缩流体,应用关于密度和速度的偏微分方程组研究交通流动力学特性,具有比微观交通流模型计算耗时小、系统性强的优势。连续模型的发展可追溯至 Lighthill 和 Whitham[1,2]以及 Richards[3]提出的 LWR 模型,又称为一阶连续模型。其后,高阶宏观模型得到发展。本章将分别给予介绍。

7.1 LWR 模 型

7.1.1 交通流守恒方程

考虑如图 7.1.1 所示的长度为 Δx 的道路路段,在路段两端位置 x_1 和 x_2 处分别设置两个观测点,在时间间隔 $\Delta t = t_2 - t_1$ 的时间内,通过 x_1 断面的车辆数为 N_1,通过 x_2 断面的车辆数为 N_2,则通过 x_1 和 x_2 断面的流率分别为:

$$q_1 = \frac{N_1}{\Delta t}, q_2 = \frac{N_2}{\Delta t} \tag{7.1.1}$$

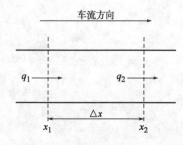

图 7.1.1 封闭道路交通流量守恒示意图

定义车流行驶方向为 x 正方向,则路段内的车辆数变化为:

$$\Delta N = N_2 - N_1 = (q_2 - q_1)\Delta t = \Delta q \Delta t \quad (7.1.2)$$

另一方面,假设 t_1 和 t_2 时刻 Δx 路段内的密度分别为 k_1 和 k_2。t_1 时刻路段内的车辆数为 $k_1 \Delta x$,t_2 时刻路段内的车辆数为 $k_2 \Delta x$,则路段内的车辆数变化又可表示为:

$$\Delta N = k_1 \Delta x - k_2 \Delta x = (k_1 - k_2)\Delta x = -\Delta k \Delta x \quad (7.1.3)$$

联立式(7.1.2)和式(7.1.3),得:

$$\Delta k \Delta x + \Delta q \Delta t = 0 \quad (7.1.4)$$

对式(7.1.4)两边同时除以 $\Delta x \Delta t$,得到:

$$\frac{\Delta k}{\Delta t} + \frac{\Delta q}{\Delta x} = 0 \quad (7.1.5)$$

当 $\Delta t, \Delta x$ 均趋近于 0 时,得到交通流率和密度关于时间 t 与空间 x 的偏微分方程:

$$\frac{\partial k}{\partial t} + \frac{\partial q}{\partial x} = 0 \quad (7.1.6)$$

式(7.1.6)即交通流的守恒方程。

此外,在第 2 章中,我们介绍了交通流的累积计数函数与流率、密度之间存在以下的关系:

$$\frac{\partial \tilde{N}(t,x)}{\partial t} = q(t,x)$$

$$\frac{\partial \tilde{N}(t,x)}{\partial x} = -k(t,x)$$

根据二阶连续可微函数的性质可知,有如下等式成立:

$$\frac{\partial \left[\frac{\partial \tilde{N}(t,x)}{\partial t} \right]}{\partial x} = \frac{\partial q(t,x)}{\partial x} \quad (7.1.7)$$

$$\frac{\partial \left[\frac{\partial \tilde{N}(t,x)}{\partial x} \right]}{\partial t} = -\frac{\partial k(t,x)}{\partial t} \quad (7.1.8)$$

则:

$$\frac{\partial \left[\frac{\partial \tilde{N}(t,x)}{\partial t} \right]}{\partial x} = \frac{\partial \left[\frac{\partial \tilde{N}(t,x)}{\partial x} \right]}{\partial t} \Rightarrow \frac{\partial q(t,x)}{\partial x} = -\frac{\partial k(t,x)}{\partial t} \quad (7.1.9)$$

显然,式(7.1.9)与交通流守恒方程式(7.1.6)一致。

7.1.2 行波解与小扰动的传播

交通流中,流率 q 和密度 k 并不完全独立,两者均为时间与位置的函数,且在平衡态条件下符合基本图函数关系。因此,可将 q 表达成关于 k 的函数:

$$q(t,x) = Q(k(t,x)) \tag{7.1.10}$$

式中,$Q(\cdot)$ 为 $q(t,x)$ 关于 $k(t,x)$ 的基本图函数。例如,$Q(\cdot)$ 可以为 Greenshields 型的 q-k 基本图关系式。

将式(7.1.10)带入式(7.1.6)中,得到:

$$\frac{\partial k(t,x)}{\partial t} + \frac{\partial Q(k(t,x))}{\partial x} = 0 \tag{7.1.11}$$

化简得到:

$$\frac{\partial k(t,x)}{\partial t} + Q'(k)\frac{\partial k(t,x)}{\partial x} = 0 \tag{7.1.12}$$

式中,$Q'(k)$ 表示流率 $q(t,x)$ 对密度 $k(t,x)$ 的微分。由偏微分方程式(7.1.12)的结构可知,该方程本质上是一个关于交通密度的一维波动(行波)方程。行波具有在特征线上波振幅不变的性质。这一性质在交通流中体现为交通密度在特征线上不随时间发生变化,即:

$$\frac{\mathrm{d}k(t,x(t))}{\mathrm{d}t} = 0 \tag{7.1.13}$$

式中,$x(t)$ 为交通流密度波在道路上传播的时空特征线函数。因此,可由式(7.1.13)推导特征线方程:

$$\frac{\mathrm{d}k(t,x(t))}{\mathrm{d}t} = \frac{\partial k(t,x)}{\partial t} + \frac{\partial k(t,x)}{\partial x} \cdot \frac{\mathrm{d}x(t)}{\mathrm{d}t} = 0 \tag{7.1.14}$$

对比式(7.1.14)与式(7.1.12),不难发现,若交通密度不随时间变化,即保证公式(7.1.14)成立,则需满足:

$$\frac{\mathrm{d}x(t)}{\mathrm{d}t} = Q'(k) \tag{7.1.15}$$

于是,交通流密度波的特征线方程为:

$$x = Q'(k)t + C_0 \tag{7.1.16}$$

式中,C_0 为积分常数。

根据行波解性质,交通流密度波速 $w = Q'(k)$,反映在基本图上,交通波的波速为流率-密度曲线上切线的斜率。基本图曲线本质上反映的是交通流在平衡态时流率、密度、速度三个状态特征参数之间的函数关系。基本图任意点处波速的物理意义则为:交通流在平衡态条件下遇到小扰动后,该扰动在交通流中传播的速度。图 7.1.2 给出了小扰动时空传播路径与基本图之间的关系。

图 7.1.2a)中,车队初始时刻处于密度为 k_B、速度为 v_B 的平衡态。随后,车队的头车受到一个微小的减速扰动干扰,在经历一个很短的时间后迅速恢复到初始速度 v_B。这一小扰动沿着交通流逆行驶方向传播,其波速等于图 7.1.2c)中基本图在 B 点处切线的斜率。类似地,图 7.1.2b)显示了交通流在密度为 k_A、速度为 v_A 的初始平衡态,受到一个短暂的加速扰动干

扰后恢复的情形。图7.1.2b)中扰动沿车流行驶方向传播,波速等于图7.1.2c)中基本图在A点处切线的斜率。不难发现,当交通流处于非拥挤状态时,波速为正,其传播方向与交通流行驶方向相同;当交通流处于拥挤状态时,波速为负,其传播方向与交通流行驶方向相反。这里有两点需要指明:其一,基本图曲线关于密度的导数$Q'(k)$表示小扰动的传播速度,当扰动较大时将产生激波(Shockwave),此时交通波速并不等于$Q'(k)$,这将在下面详细阐述;其二小扰动的形式可以是减速扰动也可以是加速扰动,它们的波速是相同的。

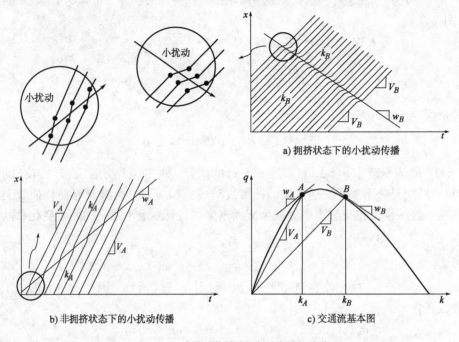

图7.1.2 小扰动传播路径与基本图的关系

图7.1.3给出了交通波在时空中传播特性的直观展示。图7.1.3a)中,虚线表示初始时刻交通密度在空间上的分布,沿x轴正方向依次给出了三个位置的交通密度,分别为k_B、k_C和k_A,对应着图7.1.3b)中基本图上的三个状态。从基本图中可以获得这三个状态的交通波速w_B、w_C、w_A。显然,$w_B<0$,$w_C=0$,$w_A>0$。于是,从初始时刻开始,三个位置的交通密度分别按照各自的波速沿特征线在x-t时空中传播,且传播过程中交通密度保持不变。

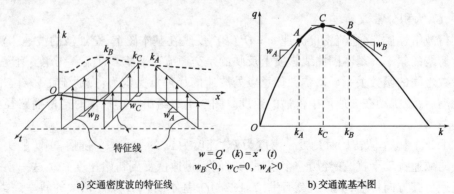

图7.1.3 交通流密度沿特征线的传播示意

7.1.3 交通流的激波

单一密度交通流的波速处处相等,其行波解特征线相互平行;而两个不同密度的交通波传播速度不相等,当两者相遇时,特征线相交,即产生激波。如图7.1.4a)所示,位于上游的低密度(k_A)交通波以波速w_A正向传播,而位于下游的高密度(k_B)交通波以波速w_B反向传播。两者的特征线相遇后,交通密度并不会融合。如果从高空观测,会发现不同密度的交通流之间存在一个泾渭分明的界面,并且在这个界面的两侧交通流保持着各自的密度状态。这个界面本身往往也处于运动中,我们把这个激波界面的运动轨迹称为激波路径。

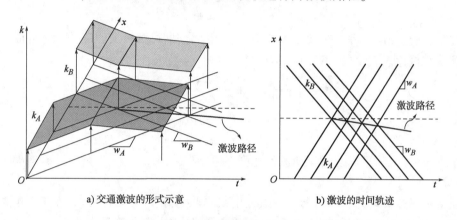

a) 交通激波的形式示意   b) 激波的时间轨迹

图7.1.4 激波路径的传播示意

从图7.1.4b)中可以看到,两类平行的特征线相交,构成无数个交点,这些交点理论上都可能成为交通激波路径经过的点。然而,实际交通激波的路径是唯一的,理论上严格的激波路径可以根据Rankine-Hugonoit跳跃条件获得其数学表达式。这里我们介绍另一种简单推导激波路径的方法。为了与前面微观交通流模型中车辆的速度v相区别,本章中交通流的宏观速度用u表示。假设A和B分别表示低密度交通状态和高密度交通状态,其流量、密度、速度分别为$q_A、k_A、u_A$与$q_B、k_B、u_B$,且有$k_A < k_B, u_A > u_B$。如图7.1.5所示,当后方行驶的A交通流与前方行驶的B交通流相遇后,形成交通激波,图中S表示激波的界面,其速度用U_{AB}表示。

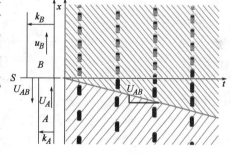

图7.1.5 两种密度车流运行情况

假设交通流按照图7.1.5中箭头x正方向运行时速度为正,反之为负,则在时间Δt内越过S界面的车数N可以通过$A、B$两种交通状态进行计算:$N = (u_A - U_{AB})k_A\Delta t = (u_B - U_{AB})k_B\Delta t$,又因为$q_A = u_A k_A, q_B = u_B k_B$,可计算得到:

$$U_{AB} = \frac{q_B(t,x) - q_A(t,x)}{k_B(t,x) - k_A(t,x)} \tag{7.1.17}$$

因此,交通激波以速度U_{AB}传播。图7.1.6所示的交通流基本图中,w_A和w_B分别为交通状态A和B的波速,U_{AB}为激波速度,表现为基本图曲线上弦AB的斜率。在与基本图对应的时空图中,我们可以按照基本图上弦AB的斜率确定激波的路径。这样,LWR模型就将交通流平衡态的基本图性质与交通波动态特性完美地结合起来了。

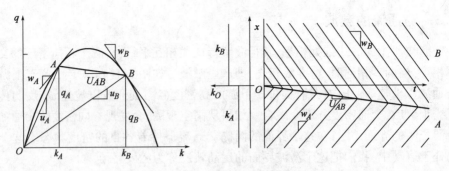

图 7.1.6 基本图与交通激波路径

至此,交通流守恒方程与交通流基本图模型相结合,即可解析交通流的状态特征在时空上的传播和演化规律。完整的 LWR 模型表述如下:

$$\begin{cases} \dfrac{\partial k(t,x)}{\partial t} + \dfrac{\partial q(t,x)}{\partial x} = 0 \\ q(t,x) = k(t,x)u(t,x) \\ u(t,x) = u_e(k(t,x)) \end{cases} \quad (7.1.18)$$

式中,$u = u_e(k)$ 为平衡态时交通流的速度-密度函数关系。

【例题 7.1.1】

假设某一高速公路通行能力为 1800veh/h,初始状态为 A,见表 7.1.1。在下午 4 点钟有一辆以 20km/h 速度行驶的货车驶入高速公路,该缓慢行驶的货车将会在前方 5.5km 处驶离高速公路。试问:该货车对其上游交通状态的影响将持续多久?

交 通 状 态　　　　　　　　　　　　　　　表 7.1.1

状态	q(veh/h)	k(veh/km)	u(km/h)
A	700	10	70
B	1400	70	20
C	1800	45	40
O	0	0	120

【解答】

首先,我们分析一下整个事件的发展过程。起初高速公路交通流处于速度较高的状态,当货车驶入后,由于货车速度较慢,货车前方会逐渐形成无车的环境,货车后方会出现车辆排队的现象,并且跟随货车低速行驶,排队长度会随着时间逐渐增加,直到货车离开高速公路那一刻,货车身后的排队车辆会以最大的流率释放,排队长度开始缩小,并最终彻底消除,高速公路交通流重新回到初始状态。

其次,我们来分析一下表 7.1.1 中给出的几个状态的含义。状态 A 为高速公路的初始状态;状态 B 为货车的状态,也就是当货车身后形成车队的状态;状态 C 为高速公路达到通行能力的状态,对应着当货车离开高速公路以后,在货车身后排队的车辆释放的状态;状态 O 为自由流状态,对应着货车前方的交通状态。

接下来,我们根据已知的条件作出基本图与波速示意图,如图 7.1.7 所示。图 7.1.7 中,ae 为货车从进入高速公路到驶离高速公路需要的时间,在这一过程中,货车上游交通流逐渐变为货车的行驶状态,紧跟其后形成排队,即状态 B,而货车下游是无车状态,即状态 O,因而

两个波的界面以 U_{OB} 的速度向下游方向运动。与此同时，货车身后排队的队尾是一个激波的界面，该激波界面的下游是状态 B，上游是状态 A，因此该激波以速度 U_{AB} 向下游方向运动。当货车驶离高速公路时，货车下游状态由 B 逐渐加速至状态 C，货车后方的状态依然为状态 B。此时两个状态波的界面以速度 U_{CB} 向上游运动，直至与激波 U_{AB} 相遇。这个过程持续时间为图 7.1.7 中的 ef，f 时刻以后，状态 B 消失，高速公路恢复至初始状态 A，即货车影响结束。因此，可通过以下步骤求得货车的影响时间 af。

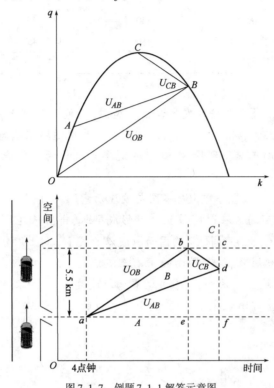

图 7.1.7　例题 7.1.1 解答示意图

$$U_{OB} = \frac{q_B - q_O}{k_B - k_O} = \frac{1400 - 0}{70 - 0} = 20 \,(\text{km/h})$$

$$U_{AB} = \frac{q_B - q_A}{k_B - k_A} = \frac{1400 - 700}{70 - 10} = 11.67 \,(\text{km/h})$$

$$U_{CB} = \frac{q_B - q_C}{k_B - k_C} = \frac{1400 - 1800}{70 - 45} = -16 \,(\text{km/h})$$

$$\frac{be}{ae} = U_{OB} \rightarrow ae = \frac{be}{U_{OB}} = \frac{5.5}{20} = 0.275 \,(\text{h})$$

$$\frac{cd}{bc} = |U_{CB}| \rightarrow cd = |U_{CB}| \times bc = 16bc$$

$$\frac{df}{af} = U_{AB} \rightarrow df = U_{AB} \times af = 11.67af$$

$$\begin{cases} 16bc + 11.67af = 5.5 \\ af - bc = 0.275 \end{cases}$$

$af = 0.36\,(\text{h})$，即货车的影响将持续 0.36h。

【例题 7.1.2】

假设某一高速公路发生事故,需完全关闭高速公路进行事故现场的清理工作,需要 20min,事故清理完毕后,再次开放高速公路并保持正常运行。高速公路上游交通需求为 A 状态,见表 7.1.2。试问:事故造成的排队长度为多少?

交通状态   表 7.1.2

状态	描述	q(veh/h)	k(veh/km)	u(km/h)
A	上游到达	1400	20	70
B	通行能力	1800	45	40
C	排队	0	150	0

【解答】

首先我们来分析一下整个事件的发展过程。起初,交通状态为 A 状态,当道路封闭后,车辆开始在封闭位置后方排队,排队车辆的交通状态对应为交通堵塞状态,即表 7.1.2 中的状态 C。当封闭解除后,排队的车辆得到释放,释放的流率为道路的通行能力,对应表 7.1.2 中的 B 状态。

接下来,我们根据已知的条件作出基本图与波速示意图,如图 7.1.8 所示。高速公路关闭 20min 内,上游 A 状态的交通流在封闭位置上游形成排队,排队队尾即激波界面,该界面的下游交通状态为堵塞状态 C,上游为状态 A,因而激波以速度 U_{AC} 向上游传播。事故清理结束后,封闭解除。排队车辆开始消散,消散界面的下游车流以通行能力状态 B 行驶,消散界面的上游交通流依然处于阻塞状态 C,因而,消散波的界面以速度 U_{CB} 向上游传播,直到与激波 U_{AC} 相遇,此时,所有排队车辆全部消散完毕。因此,整个过程的排队长队为图 7.1.8 中的 x,可通过以下步骤求得。

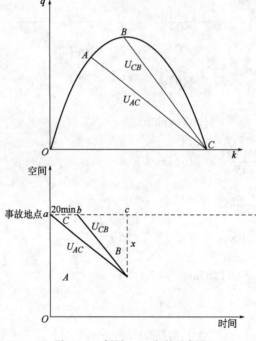

图 7.1.8 例题 7.1.2 解答示意图

$$U_{AC} = \frac{q_C - q_A}{k_C - k_A} = \frac{0 - 1400}{150 - 20} = -10.77(\text{km/h})$$

$$ac = \frac{x}{|U_{AC}|} = \frac{x}{10.77}$$

$$U_{CB} = \frac{q_B - q_C}{k_B - k_C} = \frac{1800 - 0}{45 - 150} = -17.14(\text{km/h})$$

$$bc = \frac{x}{|U_{CB}|} = \frac{x}{17.14}$$

$$ac - bc = 20\text{min} = 0.33(\text{h})$$

$$\Rightarrow x = 9.56(\text{km})$$

即事故造成的排队长度为 9.56km。

基于守恒方程式(7.1.6)构建的 LWR 模型适用于描述封闭路段的交通流时空演化特性。当道路上存在进、出匝道的情况时,可以将式(7.1.6)改写为:

$$\frac{\partial k}{\partial t} + \frac{\partial q}{\partial x} = s \tag{7.1.19}$$

式中,s 为进入路段或离开路段的净流率。

LWR 模型揭示了交通流的波动特性,建立了交通流平衡态基本图与动态时空演化规律之间的联系,对交通学科的理论发展产生了深远的影响。需要注意的是,LWR 模型采用了基本图模型来描述流率与密度之间的函数关系,从而将守恒方程转换为关于交通密度的波动方程。因此,LWR 模型解出的密度、速度、流率始终满足基本图模型定义的函数关系。然而,现实世界中,交通流并非总是处于平衡状态,有时会呈现出明显偏离平衡态的现象。对于偏离平衡态的现象,LWR 模型无法对其准确描述,这需要更为复杂的高阶连续模型,我们将在 7.2 节内容中做介绍。

7.2 高阶连续模型

7.2.1 Payne 模型

LWR 模型认为交通流速度与密度的关系始终符合平衡态基本图关系,因而难以描述诸多非平衡态交通现象。为了解决该问题,Payne[4]于 1971 年提出了第一个高阶模型,该模型应用关于速度的动力学方程,取代平衡态速度-密度基本图关系,使得连续模型能够描述偏离平衡态的复杂动态特征。Payne 模型的速度动力学方程如下:

$$\frac{\partial u}{\partial t} + u\frac{\partial u}{\partial x} = \frac{u_e(k) - u}{\tau} + \frac{u_e'(k)}{2k\tau}\frac{\partial k}{\partial x} \tag{7.2.1}$$

式中,$u_e(k)$ 为交通密度为 k 时的平衡态速度;τ 为车辆速度调整的延迟时间,又称为松弛时间。

Payne 模型速度动力学方程左边为加速度项,即 $du/dt = \partial u/\partial t + u \cdot \partial u/\partial x$,方程右边第一项为松弛项,表示驾驶者调节车辆速度以期以平衡态速度行驶。右边第二项为期望项,用来描述驾驶者对下游交通情况的反应:下游交通密度增大则减速,下游交通密度减小则加速。

Payne 模型的速度动力学方程可以基于我们在第 4 章介绍的 Newell 跟驰模型推导而来。回顾 Newell 跟驰模型,其一般表达式如下:

$$v_i(t+\tau) = V(s_i(t)) \tag{7.2.2}$$

Payne 通过以下变换,将交通流微观速度与宏观速度相关联:

$$v_i(t+\tau) = u(t+\tau, x_i + u\tau) \approx u(t, x_i) + u\tau \frac{\partial u}{\partial x} + \tau \frac{\partial u}{\partial t} \tag{7.2.3}$$

略去车辆下标 i,有:

$$v(t+\tau) = u(t+\tau, x + u\tau) \approx u + u\tau \frac{\partial u}{\partial x} + \tau \frac{\partial u}{\partial t} \tag{7.2.4}$$

同时,车头间距 $s_i(t)$ 与交通密度存在互为倒数关系。第 i 辆车在 t 时刻的位置为 x_i,此时,其与前方车辆的车头间距 $s_i(t)$ 可以用局部交通流密度来表达。但需要注意的是,与 $s_i(t)$ 相对应的交通密度并非 $k(t,x_i)$,该密度位置应处于第 i 辆车和其前车之间。简单起见,采用两车之间的正中位置做估计,则有如下近似关系:

$$\frac{1}{s_i(t)} = k\left(t, x_i + \frac{s_i(t)}{2}\right) \approx k\left(t, x_i + \frac{1}{2k}\right) \approx k(t, x_i) + \frac{1}{2k}\frac{\partial k}{\partial x} \tag{7.2.5}$$

式(7.2.5)表明,与 $s_i(t)$ 相对应交通密度应在 $k(t,x_i)$ 的基础上做修正。当前方交通密度逐渐减小时,$\partial k/\partial x < 0$;反之,$\partial k/\partial x > 0$。

考虑到微观车辆优化速度函数 $V(s(t))$ 与宏观速度-密度基本图函数 $u_e(k)$ 相对应,略去车辆下标 i,有如下关系:

$$V(s(t)) = u_e\left(\frac{1}{s(t)}\right) \approx u_e\left(k(t,x) + \frac{1}{2k}\frac{\partial k}{\partial x}\right) \approx u_e(k) + u_e'(k)\frac{1}{2k}\frac{\partial k}{\partial x} \tag{7.2.6}$$

将式(7.2.4)和式(7.2.6)带入式(7.2.2),整理可得式(7.2.1),即 Payne 模型的速度动力学方程。

7.2.2 密度梯度类高阶模型[5]

Payne 模型的特征是其速度动力学方程中包含了密度关于空间的梯度项 $\partial k/\partial x$。Payne 模型提出之后,Papageorgiou 在 Payne 模型动力学方程中添加一项 $-\delta us/k$,使得模型能够考虑出入匝道车辆的影响,其中 s 为通过出入匝道进入或离开路段的流率,δ 为可调参数,Papageorgiou 模型的动力学方程为:

$$\frac{\partial u}{\partial t} + u\frac{\partial u}{\partial x} = \frac{u_e(k) - u}{\tau} + \frac{u_e'(k)}{2k\tau}\frac{\partial k}{\partial x} - \frac{\delta us}{k} \tag{7.2.7}$$

Kühne 在 Payne 模型动力学方程中引入了黏性项 $\mu \partial^2 u/\partial x^2$,并用 $-c_0^2$ 代替 Payne 模型中的 $u_e'(k)/2k\tau$,其动力学方程为:

$$\frac{\partial u}{\partial t} + u\frac{\partial u}{\partial x} = \frac{u_e(k) - u}{\tau} - c_0^2 \frac{\partial k}{\partial x} + \mu \frac{\partial^2 u}{\partial x^2} \tag{7.2.8}$$

式中,μ 为黏性系数。

Kerner 和 Konhäuser 同样应用黏性项扩展 Payne 模型动力学方程,但又和 Kühne 略有不同,其动力学方程为:

$$\frac{\partial u}{\partial t} + u\frac{\partial u}{\partial x} = \frac{u_e(k) - u}{\tau} - \frac{c_0^2}{k}\frac{\partial k}{\partial x} + \frac{\mu}{k}\frac{\partial^2 u}{\partial x^2} \qquad (7.2.9)$$

Zhang 提出了如下的动力学方程：

$$\frac{\partial u}{\partial t} + u\frac{\partial u}{\partial x} = \frac{u_e(k) - u}{\tau} - k\,(u_e'(k))^2\frac{\partial k}{\partial x} \qquad (7.2.10)$$

以上模型的动力学方程都可以统一写为：

$$\frac{\partial u}{\partial t} + u\frac{\partial u}{\partial x} = \frac{u_e(k) - u}{\tau} - \frac{c_0^2}{k}\frac{\partial k}{\partial x} + R \qquad (7.2.11)$$

式中，R 为包括黏性项在内的其他项。

将动力学方程式(7.2.11)与守恒方程式(7.1.6)结合起来，即可获得高阶连续模型：

$$\begin{cases} \dfrac{\partial k(t,x)}{\partial t} + \dfrac{\partial q(t,x)}{\partial x} = s \\ q(t,x) = k(t,x)u(t,x) \\ \dfrac{\partial u}{\partial t} + u\dfrac{\partial u}{\partial x} = \dfrac{u_e(k) - u}{\tau} - \dfrac{c_0^2}{k}\dfrac{\partial k}{\partial x} + R \end{cases} \qquad (7.2.12)$$

由于式(7.2.12)中速度动力学方程中含有密度梯度项，我们把这一类高阶模型统称为密度梯度模型。

7.2.3 密度梯度类高阶模型的缺陷

1995 年，Daganzo[6] 指出密度梯度类高阶模型存在缺陷。偏微分方程组式(7.2.12)是双曲型方程组，其矩阵表达形式如下：

$$\frac{\partial U}{\partial t} + A\frac{\partial U}{\partial x} = E \qquad (7.2.13)$$

式中，$U = \begin{pmatrix} k \\ u \end{pmatrix}, A = \begin{bmatrix} u & k \\ c_0^2/k & u \end{bmatrix}, E = \begin{bmatrix} s \\ (u_e - u)/\tau + R \end{bmatrix}$。

矩阵 A 的特征值可通过下式求解：

$$\begin{vmatrix} u - \lambda & k \\ \dfrac{c_0^2}{k} & u - \lambda \end{vmatrix} = 0 \qquad (7.2.14)$$

式(7.2.14)有两个特征解，分别为 $\lambda_1 = u + c_0$，$\lambda_2 = u - c_0$。这意味着上述双曲型方程组描述的交通波有两条特征线，对应的特征速度分别为：

$$\left(\frac{\mathrm{d}x}{\mathrm{d}t}\right)_1 = u + c_0 \qquad (7.2.15a)$$

$$\left(\frac{\mathrm{d}x}{\mathrm{d}t}\right)_2 = u - c_0 \qquad (7.2.15b)$$

于是，我们发现，交通波的两个特征速度中，有一个波速 $u + c_0 > u$，即存在小扰动的传播速度大于交通流宏观速度的情况。这意味着，车辆将受到后方车辆的影响，而这与驾驶行为仅受来自前方车流影响的基本特性相悖。

密度梯度模型存在特征速度大于宏观车流速度这一问题会导致交通流倒流这一反常现象。令式(7.2.11)中交通流速度为零($u = 0$)，且不考虑黏性项，则有：

$$\frac{\mathrm{d}u}{\mathrm{d}t} = -\frac{c_0^2}{k}\frac{\partial k}{\partial x} + \frac{u_e(k)}{\tau} \tag{7.2.16}$$

当 $-c_0^2/k \cdot \partial k/\partial x + u_e(k)/\tau < 0$ 时,交通流将继续减速,宏观速度为负值,引发倒流现象。

7.2.4 速度梯度类高阶模型[5]

为了克服密度梯度模型中存在特征速度大于宏观交通流速度的问题,Aw 和 Rascle,Zhang,Jiang 等人分别提出了速度梯度类高阶模型,用速度梯度项代替早期模型中的密度梯度项,从而避免了出现大于宏观车流速度的特征速度。

Aw-Rascle 模型是最早公开发表的速度梯度类高阶模型,其速度动力学方程如下:

$$\frac{\partial u}{\partial t} + u\frac{\partial u}{\partial x} = kp'(k)\frac{\partial u}{\partial x} \tag{7.2.17}$$

式中,$p(k)$ 为关于交通流密度的一个光滑单调增函数。

Zhang 于 2002 年提出了一个新的速度梯度类高阶模型,速度动力学方程如下:

$$\frac{\partial u}{\partial t} + u\frac{\partial u}{\partial x} = -ku_e'(k)\frac{\partial u}{\partial x} \tag{7.2.18}$$

该方程由跟驰模型推导而来,其结构与 Aw-Rascle 模型基本一致。速度-密度基本图函数 $u_e(k)$ 为单调减函数,因而 Zhang 模型中等号右边有一个负号。

几乎在 Zhang 模型提出的同一年,Jiang 等学者从 FVD 跟驰模型出发,通过宏微观之间的联系推导出了 Jiang-Wu-Zhu 模型,其速度动力学方程如下:

$$\frac{\partial u}{\partial t} + u\frac{\partial u}{\partial x} = \frac{u_e(k) - u}{\tau} + c_0\frac{\partial u}{\partial x} \tag{7.2.19}$$

从式(7.2.19)可以看出,Jiang-Wu-Zhu 模型与 Aw-Rascle 模型以及 Zhang 模型不同的地方在于其考虑了与 Payne 模型类似的松弛效应,但 Jiang-Wu-Zhu 模型用速度梯度项代替了 Payne 模型中的密度梯度项。

我们把速度梯度类高阶连续模型写成如下的统一形式:

$$\begin{cases} \dfrac{\partial k(t,x)}{\partial t} + \dfrac{\partial q(t,x)}{\partial x} = s \\ q(t,x) = k(t,x)u(t,x) \\ \dfrac{\partial u}{\partial t} + u\dfrac{\partial u}{\partial x} = \dfrac{u_e(k) - u}{\tau} + c_0\dfrac{\partial u}{\partial x} \end{cases} \tag{7.2.20}$$

式中,参数 c_0 在 Aw-Rascle 模型、Zhang 模型等不同的模型中有不同的表达形式。

需要说明的是,速度梯度类模型也可以类似密度梯度类模型添加黏性项。

下面,我们分析一下速度梯度类高阶连续模型的特征速度情况。将偏微分方程组式(7.2.20)写成矩阵表达式:

$$\frac{\partial U}{\partial t} + A\frac{\partial U}{\partial x} = E \tag{7.2.21}$$

式中,$U = \begin{pmatrix} k \\ u \end{pmatrix}, A = \begin{bmatrix} u & k \\ 0 & u - c_0 \end{bmatrix}, E = \begin{bmatrix} s \\ (u_e - u)/\tau \end{bmatrix}$。

矩阵 A 的特征值可通过下式求解:

$$\begin{vmatrix} u-\lambda & k \\ 0 & u-c_0-\lambda \end{vmatrix} = 0 \qquad (7.2.22)$$

式(7.2.22)有两个特征解,分别为$\lambda_1 = u, \lambda_2 = u - c_0$。两个特征速度均不大于交通流的宏观速度,克服了密度梯度类模型的缺陷。

7.3 连续模型与跟驰模型之间的联系

从 Payne 模型的构建过程可以看出,高阶连续模型中的速度动力学方程可以从微观跟驰模型导出。事实上,这种宏微观之间的联系是普遍存在的。Jin[7]于 2016 年应用坐标系变换的方法,系统地讨论了宏观连续模型和微观跟驰模型之间的联系。

在第 2 章中,我们介绍了累积计数函数 $n = N(t,x)$,该函数反映了不可超车的单车道交通流系统中三个最基本的变量(时间 t、位置 x、车辆累积数或车辆序数 n)之间的函数关系。该函数关系本质上是建立在欧拉坐标系(t,x)上的。同时,这三个基本变量之间的函数关系还可以表达为 $x = X(t,n)$,这个函数本质上是第 n 辆车的时空轨迹,我们可以将其视为建立在随质点运动的拉格朗日坐标系(t,n)上。所有常见的交通流参数均可由这三个基本变量导出,如流率 $q = \partial N/\partial t$,密度 $k = -\partial N/\partial x$,等等。

7.3.1 变量在欧拉坐标系与拉格朗日坐标系间的转换

令同一变量在欧拉坐标系(t,x)和拉格朗日坐标系(t,n)下的函数表达式分别为 $f(t,x)$ 和 $F(t,n)$,则有:

$$f(t,x) = F(t,n) = F(t,N(t,x)) \qquad (7.3.1)$$

根据函数偏微分计算法则,有:

$$f_t = F_t + F_n N_t \qquad (7.3.2a)$$
$$f_x = F_n N_x \qquad (7.3.2b)$$

当该变量为位置变量时,有 $f(t,x) = x$ 以及 $F(t,n) = X(t,n)$,代入式(7.3.2)可得 $0 = X_t + X_n N_t, 1 = X_n N_x$。解出 $N_t = -X_t/X_n = q, N_x = 1/X_n = -k$,代入式(7.3.2),得到:

$$f_t = F_t - F_n \frac{X_t}{X_n} \qquad (7.3.3a)$$

$$f_x = F_n \frac{1}{X_n} \qquad (7.3.3b)$$

则,$u = q/k = X_t; u_t = X_{tt} - X_{tn} X_t / X_n = X_{tt} - X_t X_{tn}/X_n; u_x = X_{tn} \cdot 1/X_n = X_{tn}/X_n$。

式(7.3.3)给出了欧拉坐标系下函数的一阶偏微分如何在拉格朗日坐标系下表达。重复使用以上变换关系式,可以获得欧拉坐标系下函数的二阶偏微分在拉格朗日坐标系下的表达形式,如下:

$$f_{tt} = \left(F_t - F_n \frac{X_t}{X_n}\right)_t - \left(F_t - F_n \frac{X_t}{X_n}\right)_n \frac{X_t}{X_n} \qquad (7.3.4a)$$
$$= F_{tt} - 2F_{nt} \frac{X_t}{X_n} + F_{nn} \left(\frac{X_t}{X_n}\right)^2 - F_n \frac{X_{tt} X_n^2 - X_t^2 X_{nn}}{X_n^3}$$

$$f_{tx} = \left(F_t - F_n \frac{X_t}{X_n}\right)_n \frac{1}{X_n} = \left(F_{tn} - F_{nn}\frac{X_t}{X_n} - F_n \frac{X_{tn}X_n - X_t X_{nn}}{X_n^2}\right)\frac{1}{X_n} \quad (7.3.4b)$$

$$f_{xx} = \left(F_n \frac{1}{X_n}\right)_n \frac{1}{X_n} = \frac{F_{nn}X_n - F_n X_{nn}}{X_n^3} \quad (7.3.4c)$$

当用欧拉坐标系和拉格朗日坐标系分别表示车辆累积数或车辆序数时,有$f(t,x) = N(t,x)$以及$F(t,n) = n$。根据式(7.3.4)可得$q_t = N_{tt} = -(X_{tt}X_n^2 - X_t^2 X_{nn})/X_n^3$,$q_x = -k_t = N_{tx} = -(X_{tn}X_n - X_t X_{nn})/X_n^3$,$k_x = -N_{xx} = X_{nn}/X_n^3$。

另一方面,可以将拉格朗日坐标系下函数以及其偏微分在欧拉坐标系下进行表达:

$$F(t,n) = f(t, X(t,n)) \quad (7.3.5a)$$

$$F_t = f_t - f_x \frac{N_t}{N_x} = f_t + u f_x \quad (7.3.5b)$$

$$F_n = f_x \frac{1}{N_x} = -f_x \frac{1}{k} \quad (7.3.5c)$$

$$F_{tt} = f_{tt} + 2u f_{tx} + u^2 f_{xx} + (u_t + u u_x)f_x \quad (7.3.5d)$$

$$F_{tn} = -(f_{tx} + u f_{xx} + u_x f_x)\frac{1}{k} \quad (7.3.5e)$$

$$F_{nn} = (k f_{xx} - k_x f_x)\frac{1}{k^3} \quad (7.3.5f)$$

当分别用拉格朗日坐标系和欧拉坐标系表达位置变量时,有$F(t,n) = X(t,n)$,$f(t,x) = x$,代入式(7.3.5)可得$X_t = u$,$X_n = -1/k$,$X_{tt} = u_t + u u_x$,$X_{tn} = -u_x/k$,$X_{nn} = k_x/k^3$。

我们知道,一方面,交通流的宏观连续模型中的变量通常为流率q、密度k、速度u,以及它们的偏微分q_x、k_t、k_x、u_t、u_x,这些变量通常用欧拉坐标系(t,x)定义。另一方面,交通流的微观跟驰模型中涉及的变量通常为加速度$\ddot{x}$、速度$\dot{x}$、车头间距Δx、速度差$\Delta \dot{x}$等,而这些变量可视为定义在拉格朗日坐标系(t,n)内。当假设车辆序数n为连续变量时,有$\ddot{x} = X_{tt}$、$\dot{x} = X_t$、$\Delta x = -X_n$、$\Delta \dot{x} = -X_{tn}$。于是,我们发现,欧拉坐标系定义下的宏观交通流变量与拉格朗日坐标系定义下的微观交通流变量之间存在对应关系,具体见表7.3.1。

交通流变量在欧式坐标系和拉氏坐标系下的关系　　　　　　表7.3.1

变 量 描 述	拉格朗日坐标系	欧拉坐标系
密度	$-\dfrac{1}{X_n}$	k
速度	X_t	u
流率	$-\dfrac{X_t}{X_n}$	q
速度的时间变化率	$X_{tt} - \dfrac{X_t X_{tn}}{X_n}$	u_t

续上表

变量描述	拉格朗日坐标系	欧拉坐标系
速度梯度	$\dfrac{X_{tn}}{X_n}$	u_x
密度变化率	$\dfrac{X_{tn}X_n - X_t X_{nn}}{X_n^3}$	k_t
密度梯度	$\dfrac{X_{nn}}{X_n^3}$	k_x
加速度	X_{tt}	$u_t + u u_x$
加加速度	X_{ttt}	$a_t + u a_x$,其中,$a = u_t + u u_x$
速度差	X_{tn}	$-\dfrac{u_x}{k}$
车头间距差	X_{nn}	$\dfrac{k_x}{k^3}$

7.3.2 拉格朗日坐标系下偏微分的差分数值逼近

由于跟驰模型描述的是个体车辆的运动方程,本质上属于离散质点系运动系统。因而,跟驰模型中车辆序数 n 是离散型整数变量,而非连续变量。为此,我们需要将上节在拉格朗日坐标系中构建的函数 $F(t,n)$ 的偏微分用差分形式做离散数值逼近:

$$F_n(t,n) \approx \frac{F(t,n) - F(t,n - \Delta n)}{\Delta n} \tag{7.3.6}$$

在跟驰系统中,通常 $\Delta n = 1$。则,式(7.3.6)化简为:

$$F_n(t,n) \approx F(t,n) - F(t,n-1) \tag{7.3.7}$$

基于式(7.3.7),可得跟驰系统中,位置变量偏微分的离散差分形式:

$$X_n(t,n) \approx X(t,n) - X(t,n-1) \tag{7.3.8a}$$

$$X_{tn}(t,n) \approx X_t(t,n) - X_t(t,n-1) \tag{7.3.8b}$$

$$X_{nn}(t,n) \approx X(t,n) + X(t,n-2) - 2X(t,n-1) \tag{7.3.8c}$$

类似地,位置变量关于时间的偏微分可以离散化表达如下:

$$X_t(t,n) \approx \frac{X(t,n) - X(t - \Delta t, n)}{\Delta t} \tag{7.3.8d}$$

$$X_{tt}(t,n) \approx \frac{X_t(t + \Delta t, n) - X_t(t,n)}{\Delta t} \tag{7.3.8e}$$

7.3.3 从跟驰模型到连续模型

在第 4 章中,我们介绍了跟驰模型的一般表达式:

$$a_i(t + \tau_i) = \Psi(v_i(t), \Delta v_i(t), s_i(t))$$

上述跟驰模型一般表达式可以在拉格朗日坐标系下写成如下形式:

$$X_{tt}(t + \tau, n) = \Psi[X_t(t,n), \Delta X_t(t,n), \Delta X(t,n)] \tag{7.3.9}$$

我们先从简单的形式开始分析,当不考虑反应延迟项 τ 时,有:

$$X_{tt}(t,n) = \Psi[X_t(t,n), \Delta X_t(t,n), \Delta X(t,n)] \qquad (7.3.10)$$

根据前面小节的分析,可知:
$$X_{tt}(t,n) = u_t + uu_x$$
$$X_t(t,n) = u$$
$$\Delta X_t(t,n) = X_t(t,n-1) - X_t(t,n) \approx -X_{tn}(t,n) = \frac{u_x}{k}$$
$$\Delta X(t,n) \approx -X_n(t,n) = \frac{1}{k}$$

因此,离散的跟驰模型表达式(7.3.10)可以近似转化为拉格朗日坐标系下连续型变量表达式:
$$X_{tt}(t,n) = \Psi[X_t(t,n), -X_{tn}(t,n), -X_n(t,n)] \qquad (7.3.11)$$

进一步应用变量在拉格朗日坐标系和欧拉坐标系下的变换关系式,可将式(7.3.11)转化为欧拉坐标系下的方程:
$$u_t + uu_x = \Psi\left(u, \frac{u_x}{k}, \frac{1}{k}\right) \qquad (7.3.12)$$

方程式(7.3.12)即欧拉坐标系下高阶连续模型中的速度动力学方程。

对于带有反应延迟项的跟驰模型式(7.3.9),可应用一阶 Taylor 展式将反应延迟项从函数变量中分离 $[X_{tt}(t+\tau,n) \approx X_{tt}(t,n) + \tau X_{ttt}(t,n)]$,于是有:
$$X_{tt}(t,n) + \tau X_{ttt}(t,n) = \Psi[X_t(t,n), -X_{tn}(t,n), -X_n(t,n)] \qquad (7.3.13)$$

考虑到 $X_{ttt}(t,n) = a_t + ua_x$,代入式(7.3.13),整理后,可得:
$$\begin{cases} a_t + ua_x = \dfrac{1}{\tau}\left[\Psi\left(u, \dfrac{u_x}{k}, \dfrac{1}{k}\right) - a\right] \\ a = u_t + uu_x \end{cases} \qquad (7.3.14)$$

至此,我们完成了从跟驰模型到高阶连续模型中速度动力学方程的转换。速度动力学方程式(7.3.12)或式(7.3.14)联合交通流守恒方程 $k_t + q_x = s$ 以及三参数定义式 $q = ku$,即可构成完整的高阶连续模型。

【例题 7.3.1】

FVD 跟驰模型的表达式如下,试推导其相应的宏观连续模型速度动力学方程的表达式。
$$a_i(t) = \alpha[V(s_i(t)) - v_i(t)] + \lambda(v_{i-1}(t) - v_i(t))$$

【解答】

首先,将 FVD 模型改写为拉格朗日坐标系下表达式:
$$X_{tt}(t,n) = a[V(-X_n(t,n)) - X_t(t,n)] - \lambda X_{tn}(t,n)$$

然后,将根据表7.3.1,将以上表达式转化为欧拉坐标系下的速度动力学方程:
$$u_t + uu_x = a\left[V\left(\frac{1}{k}\right) - u\right] + \lambda \frac{u_x}{k}$$

进一步整理上式,可得 FVD 模型相应的高阶连续模型速度动力学方程:
$$u_t + \left(u - \frac{\lambda}{k}\right)u_x = a\left[V\left(\frac{1}{k}\right) - u\right]$$

7.3.4 从连续模型到跟驰模型

从连续模型到跟驰模型的过程实际上是上一节介绍的从跟驰模型推导连续模型的逆过

程。常见高阶宏观连续模型的速度动力学方程中主要变量有:u、u_t、u_x、k、k_x 等。第一步,通过查表 7.3.1,将上述欧拉坐标系变量转换为拉格朗日坐标系下相应的变量。第二步,根据式(7.3.8)给出的数值差分格式,将拉格朗日坐标系下的连续型变量转换为跟驰模型中的离散型变量,从而获得相应的跟驰模型表达式。

【例题 7.3.2】

Aw-Rascle 模型速度动力学方程的通用表达式如下,试推导其相应的跟驰模型的表达式。

$$u_t + [u - kp'(k)]u_x = \frac{1}{T(k)}[u_e(k) - u]$$

【解答】

首先,查表 7.3.1,将 Aw-Rascle 模型中变量表达为拉格朗日坐标系变量:

$$k = -\frac{1}{X_n}$$

$$u = X_t$$

$$u_t = X_{tt} - \frac{X_t X_{tn}}{X_n}$$

$$u_x = \frac{X_{tn}}{X_n}$$

将转换后的拉格朗日坐标系变量代入 Aw-Rascle 模型,整理后得:

$$X_{tt} = \frac{1}{T(-1/X_n)}\left[u_e\left(-\frac{1}{X_n}\right) - X_t\right] - p'\left(-\frac{1}{X_n}\right)\frac{X_{tn}}{X_n^2}$$

然后,根据式(7.3.8)给出的数值差分格式,将以上方程中的连续型变量转换为跟驰模型中的离散型变量,具体为 $-X_n = \Delta X(t,n)$,$-X_{tn} = \Delta X_t(t,n)$。代入上式可得:

$$X_{tt} = \frac{1}{T\left(\frac{1}{\Delta X(t,n)}\right)}\left[u_e\left(\frac{1}{\Delta X(t,n)}\right) - X_t\right] + p'\left(\frac{1}{\Delta X(t,n)}\right)\frac{\Delta X_t(t,n)}{\Delta X(t,n)^2}$$

令优化速度函数 $V(\Delta X(t,n)) = u_e\left(\frac{1}{\Delta X(t,n)}\right)$,并将上式中变量写成跟驰模型习惯的形式,具体为 $X_{tt} = a_i(t)$,$X_t = v_i(t)$,$\Delta X(t,n) = s_i(t)$,$\Delta X_t(t,n) = \Delta v_i(t)$。代入上式可得:

$$a_i(t) = \frac{1}{T\left(\frac{1}{s_i(t)}\right)}[V(s_i(t)) - v_i(t)] + p'\left(\frac{1}{s_i(t)}\right)\frac{\Delta v_i(t)}{s_i(t)^2}$$

该式即 Aw-Rascle 模型对应的跟驰模型。

7.4 连续模型的数值计算[5]

交通流宏观连续模型本质上是关于交通密度 $k(t,x)$ 及速度 $u(t,x)$ 的偏微分方程组,解析化求解较为复杂,且若要获得模型的解析解,则需要已知交通密度 $k(t,x)$ 及速度 $u(t,x)$ 的初始条件或边界条件。在实际工程应用中,交通流密度和速度通常是通过交通流检测器采集获得的,因而交通密度、速度的初始值以及边界值是以离散形式存在,而非函数形式存在。这也为解析法求解宏观连续模型带来困难。因此,实际应用中,常采用偏微分方程的数值离散格式求解宏观连续模型。

首先,需要把连续问题进行离散化。为此,定义如图 7.4.1 所示的网格剖分。

图 7.4.1 中,纵轴为时间轴,横轴为空间位置轴,时空被网络均匀剖分。横轴方向上,相邻垂直网格线之间的单位距离为 Δx;纵轴方向上,相邻水平网格线之间的单位时间间隔为 Δt。一般,为保证离散数值计算的稳定性,要求有 $\Delta x/\Delta t \geqslant u_f$,其中 u_f 为路段允许的最大速度。定义原点坐标为 $(0,0)$,则 $n\Delta t$ 时刻位于 $i\Delta x$ 位置的时空坐标为 $(i\Delta x, n\Delta t)$,简写为 (i,n)。方便起见,记 θ_i^n 为交通流变量 θ 位于时空网格坐标 (i,n) 处的状态值。

7.4.1 LWR 模型的数值计算

按照图 7.4.1 定义的时空网格,将 LWR 模型式(7.1.18)的守恒方程写成如下离散化表达式:

$$\frac{k_i^{n+1} - k_i^n}{\Delta t} + \frac{k_{i+1/2}^n u_e(k_{i+1/2}^n) - k_{i-1/2}^n u_e(k_{i-1/2}^n)}{\Delta x} = 0 \tag{7.4.1}$$

为了便于计算,我们将式(7.4.1)改写为如下形式:

$$k_i^{n+1} = k_i^n - \frac{\Delta t}{\Delta x}[k_{i+1/2}^n u_e(k_{i+1/2}^n) - k_{i-1/2}^n u_e(k_{i-1/2}^n)] \tag{7.4.2}$$

式中,$u_e(k)$ 为基本图的速度-密度函数;$k_{i+1/2}^n = (k_{i+1}^n + k_i^n)/2$;$k_{i-1/2}^n = (k_i^n + k_{i-1}^n)/2$。

该数值计算格式说明,节点 i 当前时刻的交通密度是由上一时刻节点 i 以及其上游节点 $i-1$ 和下游节点 $i+1$ 处的交通密度共同决定的。当给定初始时刻网格点的密度值后,即可按照式(7.4.2)逐层迭代,计算后续时间层的交通密度。图 7.4.2 为 LWR 模型数值计算示意图。

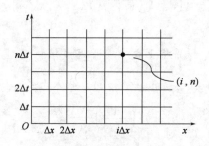 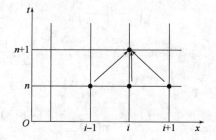

图 7.4.1 时空网络剖分图　　　　图 7.4.2 LWR 模型数值计算示意图

7.4.2 高阶模型的数值计算

高阶连续模型通常分别对守恒方程和速度动力学方程建议离散计算格式,对交通流的密度和速度进行同步更新。

以密度梯度模型式(7.2.12)为例,简单起见,省去速度动力学方程中的黏性项。先将守恒方程和速度动力学方程离散化:

$$\frac{k_i^{n+1} - k_i^n}{\Delta t} + \frac{k_i^n u_i^n - k_{i-1}^n u_{i-1}^n}{\Delta x} = 0 \tag{7.4.3a}$$

$$\frac{u_i^{n+1} - u_i^n}{\Delta t} + u_i^n \frac{u_i^n - u_{i-1}^n}{\Delta x} = \frac{u_e(k_i^n) - u_i^n}{\tau} - \frac{c_0^2}{k_i^n}\frac{k_{i+1}^n - k_i^n}{\Delta x} \tag{7.4.3b}$$

然后,我们将式(7.4.3)改写为如下便于计算的形式:

$$k_i^{n+1} = k_i^n - \frac{\Delta t}{\Delta x}(k_i^n u_i^n - k_{i-1}^n u_{i-1}^n) \tag{7.4.4a}$$

$$u_i^{n+1} = u_i^n - \frac{\Delta t}{\Delta x} u_i^n (u_i^n - u_{i-1}^n) + \frac{\Delta t[u_e(k_i^n) - u_i^n]}{\tau} - \frac{c_0^2}{k_i^n}\frac{\Delta t}{\Delta x}(k_{i+1}^n - k_i^n) \tag{7.4.4b}$$

由式(7.4.4)可知,第 $n+1$ 时间层位于 i 位置的交通流密度和速度是由第 n 时间层位于 $i-1$、i 位置的速度以及 $i-1$、i、$i+1$ 位置的密度决定的。当初始时间层所有位置的速度和密度已知时,我们可以根据式(7.4.4)逐层迭代,计算后续时间层的交通密度和速度。

值得注意的是,关于连续模型的数值计算存在很多种离散格式,但未必都是可行的。在选择离散格式时,既要确保其符合交通流的规律,又要满足计算误差的收敛性和稳定性。相关内容可参考偏微分方程的数值解法,这里不再详述。

课后习题

1. 下图显示了一个用 Newell 函数描述的流率-密度基本图,模型如下:

$$q = 120k\left[1 - e^{-34.7\left(\frac{1}{k} - \frac{1}{150}\right)}\right]$$

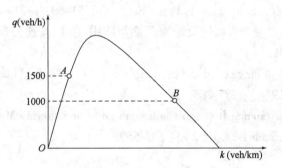

请回答以下问题:
(1) 根据 Newell 基本图模型,判断该基本图的自由流速度、堵塞密度分别为多少?
(2) 该基本图最大通行能力是多少? 最佳密度值是多少?
(3) 试确定 A 状态和 B 状态交通流的密度和速度以及交通波的波速。
(4) 当处于 A 状态的车流从后方追赶上了处于 B 状态的车流时,试分析激波的波速。

2. 假设在一段长度为 15km 的公路上,起初交通流处于 B 状态,如第 1 题所示。从 10:00am 开始,在公路 0~10km 区间,交通状态转换为 A 状态,请回答以下问题:
(1) 分析 10:30am 时刻,位于 12km 位置的交通流状态。
(2) 分析 10:30am 时刻,位于 8km 位置的交通流状态。
(3) 分析排队于何时将蔓延至道路的上游边界。

3. 在交通需求稳定的信号控制交叉口，车流到达路口的流率是 800veh/h，交叉口各状态下的流率、密度、速度特征参数值见下表。信号周期为 80s，绿信比为 0.5，试作出连续两个周期的交通波时空轨迹图，并分析该交叉口的最大排队长度。

交通状态	q(veh/h)	k(veh/km)	v(km/h)
稳定的到达需求	800	25	32
绿灯通行能力	1600	80	20
红灯排队状态	0	150	0
自由流状态	0	0	40

参考文献

[1] Lighthill M J, Whitham G B. On Kinematic Waves. Ⅰ. Flood Movement in Long Rivers [C]//Proceedings of the Royal Society of London A：Mathematical, Physical and Engineering Sciences. The Royal Society, 1955, 229(1178)：281-316.

[2] Lighthill M J, Whitham G B. On Kinematic Waves. Ⅱ. A Theory of Traffic Flow on Long Crowded Roads[C]//Proceedings of the Royal Society of London A：Mathematical, Physical and Engineering Sciences. The Royal Society, 1955, 229(1178)：317-345.

[3] Richards P I. Shock Waves on the Highway[J]. Operations research, 1956, 4(1)：42-51.

[4] Payne, H J. Models of Freeway Traffic and Control[C]//Mathematical Models of Public Systems, vol. 1 of Simulation Councils Proc. Ser., pp. 51-60. 1971.

[5] 李力,姜锐,贾斌,赵晓梅. 现代交通流理论与应用-卷Ⅰ-高速公路交通流 [M].北京:清华大学出版社,2011.

[6] Daganzo C. Requiem for Second-order Approximations of Traffic Flow[J]. Transportation Research B, 1995, 29(4)：277-286.

[7] Jin W. On the Equivalence Between Continuum and Car-following Models of Traffic Flow[J]. Transportation Research B, 2016, 93：543-559.

第8章 元胞传输类模型

交通流微观模型侧重于研究个体车辆在道路环境中的运动状态。交通流宏观模型忽略个体车辆行为的影响,将车流视作一个整体研究对象。在工程实践中,有一类可以在"宏观"和"微观"之间起桥梁作用的交通流模型,称为交通流中观模型。元胞传输模型(Cell Transmission Model, CTM),简称 CTM 模型,由加州大学伯克利分校 Daganzo[1,2]提出,可视为一种重要的交通流中观模型。本章将对 CTM 模型以及由其思想发展而来的换道模型[3](Lane Change, LC)进行介绍。

8.1 无匝道元胞传输模型[1]

CTM 模型利用有限差分方法近似表达经典 LWR 连续流体力学模型,将道路划分为若干个较长的元胞,通过每个元胞的车辆数和流入流出车辆数在不同时刻的变化来描述道路上交通流的变化。根据道路是否存在交通汇合,将 CTM 模型分为无匝道 CTM 模型和有匝道 CTM 模型两部分内容。

无匝道道路上的车辆只能从道路的一端驶入道路,并从道路的另一端驶出。道路中间不存在其他道路上车辆的驶入,也不存在该道路上车辆的驶出。无匝道 CTM 模型即针对这种情形,对道路上交通流的动态变化进行建模分析。

8.1.1 时空离散化处理

CTM 模型的时空离散示意图如图 8.1.1 所示,其中纵轴表示道路的空间离散,即将道路离散化为 I 个较长路段,称为元胞。按照车辆行驶方向,从上游至下游,依次标记为 $1,2,\cdots,i,\cdots,I$,每个元胞的长度均取相等,记为 Δx。横轴表示将时间离散化,离散后的时间间隔为 Δt,若当前时刻为 t 时刻,则前一时刻为 $t-\Delta t$ 时刻,下一时刻为 $t+\Delta t$ 时刻。因此,在图 8.1.1 中灰色的矩形格表示 t 时刻元胞 i 上的交通状态参数,如元胞 i 在 t 时刻的车辆数等。CTM 模型的元胞长度 Δx 一般选择为 $100\sim1000\mathrm{m}$,离散化后的元胞长度 Δx 和时间间隔 Δt 满足:

$$\Delta x = \Delta t \cdot v_\mathrm{f} \tag{8.1.1}$$

式中,v_f 为自由流速度,且满足了离散化稳定性条件 $\Delta x \geqslant \Delta t \cdot v_\mathrm{f}$。

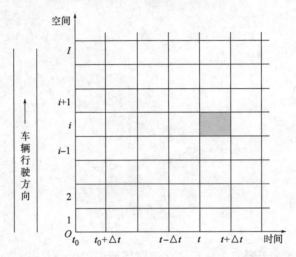

图 8.1.1 CTM 模型时空离散示意图

8.1.2 CTM 模型原理

CTM 模型中流量-密度基本图使用梯形基本图,如图 8.1.2 所示。梯形流量-密度基本图包含了三个部分:基本图左侧为非拥挤状态,此时车流速度为自由流速度 v_f,前向波速为 w_f,且波速等于自由流速度;基本图中间部分表示道路的通行能力为 q_m;基本图右侧为拥挤状态,拥挤密度为 K_j,后向波速为 $-w_\mathrm{b}$。图中坐标原点记为 O;基本图左侧与中间部分的交点记为 A,A 点对应的密度记为 k_1;中间部分与右侧的交点记为 B,B 点对应的密度记为 k_2;拥堵密度处坐标点记为 C。

在图 8.1.2 中,直线 OA 的斜率为自由流速度 v_f,且通过坐标原点。因此,当密度小于 k_1 时,流率-密度关系由直线方程表示:

$$q = v_\mathrm{f} \cdot k \tag{8.1.2}$$

当密度值处于 k_1 和 k_2 之间时,由图中线段 AB 可以看出,流率恒等于 q_m,即:

$$q = q_\mathrm{m} \tag{8.1.3}$$

同理,直线 BC 的斜率为 $-w_\mathrm{b}$,且通过坐标点 $(K_\mathrm{j},0)$。因此,当密度值处于 k_2 和 K_j 之间时,流率-密度关系可由 BC 的直线方程表示:

$$q = w_b \cdot (K_j - k) \tag{8.1.4}$$

则由式(8.1.2)、式(8.1.3)和式(8.1.4)可得流率-密度关系式为：

$$q = \begin{cases} v_f \cdot k & (0 \leqslant k \leqslant k_1) \\ q_m & (k_1 < k \leqslant k_2) \\ w_b \cdot (K_j - k) & (k_2 < k \leqslant K_j) \end{cases} \tag{8.1.5}$$

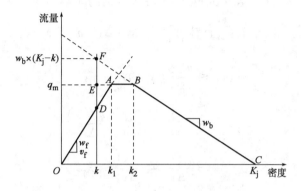

图 8.1.2　梯形基本图

当 $0 \leqslant k \leqslant k_1$ 时，流率-密度关系在图 8.1.2 中为线段 OA，在 OA 上任取一点，记为 D 点，由式(8.1.5)可知，流率 $q = v_f \cdot k$。通过 D 点作垂直于横轴的直线，交 BA 延长线于 E 点，交 CB 延长线于 F 点。E、F 点的纵坐标 q 值分别为 q_m、$w_b \cdot (K_j - k)$，从图 8.1.2 中可以看出，$q = v_f \cdot k < q_m < w_b \cdot (K_j - k)$。因此，流率-密度关系可表示为：

$$q = \min\{v_f \cdot k, q_m, w_b \cdot (K_j - k)\} \tag{8.1.6}$$

同理，当 $k_1 < k \leqslant k_2$ 和 $k_2 < k \leqslant K_j$ 时，流率-密度关系均可由式(8.1.6)表示。因此，在梯形基本图中，式(8.1.6)可替代式(8.1.5)，用统一的形式表示任一密度 k 下的流率-密度关系。

用 $q_i(t)$ 表示在 t 至 $t + \Delta t$ 的时间间隔 Δt 内，从元胞 $i - 1$ 流入元胞 i 的流率。根据式(8.1.6)可得到：

$$q_i(t) = \min\{v_f \cdot k_{i-1}(t), q_m, w_b \cdot (K_j - k_i(t))\} \tag{8.1.7}$$

式中，$k_i(t)$ 为元胞 i 在 t 时刻的密度。用 $y_i(t)$ 表示在 t 至 $t + \Delta t$ 的时间间隔 Δt 内，从元胞 $i - 1$ 流入元胞 i 的车辆数量，因此：

$$y_i(t) = q_i(t) \cdot \Delta t \tag{8.1.8}$$

将式(8.1.7)带入式(8.1.8)中可得：

$$y_i(t) = \min\{v_f \cdot k_{i-1}(t) \cdot \Delta t, q_m \cdot \Delta t, w_b \cdot (K_j - k_i(t)) \cdot \Delta t\} \tag{8.1.9}$$

针对式(8.1.9)中的 $v_f \cdot k_{i-1}(t) \cdot \Delta t$，由式(8.1.1)知，$v_f \cdot k_{i-1}(t) \cdot \Delta t = k_{i-1}(t) \cdot \Delta x$，记 $n_{i-1}(t) = k_{i-1}(t) \cdot \Delta x$；针对 $q_m \cdot \Delta t$，记 $Q_m = q_m \cdot \Delta t$；针对 $w_b \cdot (K_j - k_i(t)) \cdot \Delta t$，有：

$$w_b \cdot (K_j - k_i(t)) \cdot \Delta t = (K_j - k_i(t)) \cdot \frac{w_b}{v_f} \cdot (v_f \cdot \Delta t)$$

$$= (K_j - k_i(t)) \cdot \Delta x \cdot \frac{w_b}{v_f}$$

$$= (K_j \cdot \Delta x - k_i(t) \cdot \Delta x) \cdot \frac{w_b}{v_f}$$

记 $n_i(t) = k_i(t) \cdot \Delta x$，则 $w_b \cdot (K_j - k_i(t)) \cdot \Delta t = \frac{w_b}{v_f} \cdot (K_j \cdot \Delta x - n_i(t))$。因此，式(8.1.9)可转换为：

$$y_i(t) = \min\{n_{i-1}(t), Q_m, \frac{w_b}{v_f} \cdot (K_j \cdot \Delta x - n_i(t))\} \quad (8.1.10)$$

在式(8.1.10)中，$n_{i-1}(t)$ 表示元胞 $i-1$ 在 t 时刻的车辆数，Q_m 表示元胞的通行能力，$n_i(t)$ 表示元胞 i 在 t 时刻的车辆数，且针对 $\frac{w_b}{v_f} \cdot (K_j \cdot \Delta x - n_i(t))$，有：

$$y_i(t) \leqslant \frac{w_b}{v_f} \cdot (K_j \cdot \Delta x - n_i(t))$$

$$\Rightarrow \frac{y_i(t)}{\Delta x} \leqslant \left(K_j - \frac{n_i(t)}{\Delta x}\right)$$

$$\Rightarrow \frac{y_i(t)}{\Delta x} + \frac{n_i(t)}{\Delta x} \leqslant K_j$$

根据密度的定义，上式中的 $y_i(t)/\Delta x$ 表示在 t 至 $t+\Delta t$ 的时间间隔内，因有车辆从元胞 $i-1$ 流入元胞 i，使得元胞 i 增加的密度，$n_i(t)/\Delta x$ 表示元胞 i 在 t 时刻的密度。因此，上式表明，在 $t+\Delta t$ 时刻，元胞 i 的密度不能大于拥挤密度 K_j。对应的物理意义是指在 $t+\Delta t$ 时刻，元胞 i 上的车辆最大极限为"占满"整个元胞长度。因此，根据式(8.1.10)，$y_i(t)$ 由 t 时刻元胞 $i-1$ 的车辆数、元胞通行能力和元胞 i 允许能够流入的车辆数共同确定。

定义 $S_{i-1}(t)$ 为元胞 $i-1$ 在 t 时刻的发送函数(Sending Function)，$R_i(t)$ 为元胞 i 在 t 时刻的接收函数(Receiving Function)。$S_{i-1}(t)$ 的物理意义是在 t 至 $t+\Delta t$ 的时间间隔 Δt 内，上游元胞$(i-1)$所能发送的车辆数目，即需求车辆数目；$R_i(t)$ 的物理意义是下游元胞(i)在时间间隔 Δt 内所能接收的车辆数目，即供给车辆数目。一般定义：

$$S_{i-1}(t) = \min\{n_{i-1}(t), Q_m\} \quad (8.1.11)$$

$$R_i(t) = \min\left\{Q_m, \frac{w_b}{v_f} \cdot (K_j \cdot \Delta x - n_i(t))\right\} \quad (8.1.12)$$

则由式(8.1.10)、式(8.1.11)和式(8.1.12)可得：

$$y_i(t) = \min\{S_{i-1}(t), R_i(t)\} \quad (8.1.13)$$

对于无匝道 CTM 模型，在时间间隔 Δt 内，有驶入元胞 i 的车辆 $y_i(t)$，同时也有从元胞 i 驶出的车辆 $y_{i+1}(t)$，也就是从元胞 i 驶入元胞 $i+1$ 的车辆，示意图如图 8.1.3 所示。则当前元胞 $t+\Delta t$ 时刻的车辆数应为其 t 时刻车辆数加上时间间隔 Δt 内驶入的车辆数，同时减去驶出的车辆数，即：

$$n_i(t+\Delta t) = n_i(t) + y_i(t) - y_{i+1}(t) \quad (8.1.14)$$

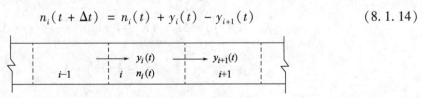

图 8.1.3　无匝道 CTM 示意图

【例题 8.1.1】

针对某无匝道道路,已知该道路交通流的基本图为梯形基本图,试用 CTM 模型仿真该道路交通流时空动态,给出仿真计算过程。

【解答】

该道路中间无匝道,可以应用无匝道 CTM 模型进行分析。已知该道路车流为梯形基本图,即自由流速度 v_f、后向传播波速 w_b、拥挤 K_j 和通行能力 q_m 均已知,则计算过程如下:

第一步:选取更新时间 Δt,根据 $\Delta x = \Delta t \cdot v_f$,将道路离散化处理成 i 个路段。

第二步:调查获取该道路边界条件 $n_0(t)$,即第 1 路段前面在每一时刻的车辆数,一般为定值。

第三步:从道路上没有车辆开始分析,即认为每个路段上初始值 $n_i(0) = 0, (i \neq 0)$。通过以下程序框架,可仿真计算出每个路段上随时间变化的密度,程序如下:

```
初始化矩阵 N(t,j);          % 矩阵的列表示路段标号,行表示时间标号
                            % 第 0 列表示边界条件,第 0 行表示初始条件
FOR   t = 1:t_N              % 时间循环层,t_N 表示第 N 次更新,即 N·Δt 时刻
    FOR   j = 1:i            % 路段循环层,j 表示第 j 个路段
```

$$y_j(t-1) = \min\{N(t-1,j-1), q_m\Delta t, \frac{w_b}{v_f}(K_j\Delta x - N(t-1,j))\};$$

$$y_{j+1}(t-1) = \min\{N(t-1,j), q_m\Delta t, \frac{w_b}{v_f}(K_j\Delta x - N(t-1,j+1))\};$$

$$N(t,j) = N(t-1,j) + y_j(t-1) - y_{j+1}(t-1); \quad \text{\% 更新车辆数}$$

$$K(t,j) = \frac{1}{\Delta x}N(t,j); \quad \text{\% 时空密度矩阵}$$

```
    END
END
```

得到时空密度矩阵 $K(t,j)$ 后,再结合梯形基本图,即可得出时空流量、速度。

【例题 8.1.2】

在例题 8.1.1 中的道路中,已知自由流速度为 120km/h,后向传播波速为 18km/h,拥挤密度为 160veh/km,梯形基本图通行能力为 1800veh/h,时间离散间隔为 15s,空间离散间隔为 0.5km,初始时刻各单元路段内的车辆数分别为 50,23,35,58,69,80,59,38,57,36,70,50,如图 8.1.4 所示,并且假设路段左右两个边界的车辆数保持 50veh 不变。试计算未来 5 个时间层各路段内车辆数的状态演化情况。

图 8.1.4 道路空间离散化及初始状态

【解答】

根据例题 8.1.1 给出的计算步骤，将已知条件带入，初始时刻记为 t_0，计算得到不同时间层不同路段内的车辆数如下：

不同时间层不同路段内的车辆数　　　　　　　　　　表 8.1.1

时间层	路段 1	路段 2	路段 3	路段 4	路段 5	路段 6	路段 7	路段 8	路段 9	路段 10
t_0	23	35	58	69	80	59	38	57	36	70
t_1	23	38	59	70	76	55	40	53	41	67
t_2	24	41	60	70	72	52	41	51	44	64
t_3	25	43	61	70	69	50	42	49	47	61
t_4	26	45	62	69	66	48	43	48	49	59
t_5	28	47	63	68	63	47	43	48	50	57

8.1.3　CTM 模型特性

特性一：

CTM 模型可看作对 LWR 模型中车辆数目守恒方程 $\partial q/\partial x + \partial k/\partial t = 0$ 的近似离散表达。将 CTM 模型计算式 (8.1.14) 做变化如下：

$$[y_{i+1}(t) - y_i(t)] + [n_i(t+\Delta t) - n_i(t)] = 0 \tag{8.1.15}$$

式 (8.1.15) 等号两边同时除以 $\Delta t \cdot \Delta x$：

$$\frac{[y_{i+1}(t) - y_i(t)]}{\Delta t \cdot \Delta x} + \frac{[n_i(t+\Delta t) - n_i(t)]}{\Delta t \cdot \Delta x} = 0 \tag{8.1.16}$$

由上述 CTM 模型原理知，$y_i(t) = q_i(t) \cdot \Delta t$、$n_i(t) = k_i(t) \cdot \Delta x$，则：

$$\frac{[q_{i+1}(t) - q_i(t)]}{\Delta x} + \frac{[k_i(t+\Delta t) - k_i(t)]}{\Delta t} = 0 \tag{8.1.17}$$

这样，将 CTM 模型计算式 (8.1.14) 转变为式 (8.1.17)。可以看出，式 (8.1.17) 是对 LWR 模型守恒方程 $\partial q/\partial x + \partial k/\partial t = 0$ 的一种近似差分处理。因此，CTM 模型本质上和 LWR 流体力学模型是一致的。

特性二：

下面我们通过示意图，形象地说明 $t+\Delta t$ 时刻，元胞 i 上的车辆数 $n_i(t+\Delta t)$ 具体由哪些状态决定，以此说明 CTM 模型元胞上车辆数的更新并不依赖于元胞顺序。

方便起见，将 CTM 模型离散化示意图 8.1.1 转化为图 8.1.5。在图 8.1.5a) 中，灰色矩形格表示 $t+\Delta t$ 时刻，元胞 i 上的车辆数，即 $n_i(t+\Delta t)$ 的值。由式 (8.1.14) 可知，$n_i(t+\Delta t)$ 的值由 $n_i(t)$、$y_i(t)$ 和 $y_{i+1}(t)$ 确定，其中 $n_i(t)$ 在图 8.1.5a) 中用标记为 "1" 的矩形表示；由式 (8.1.10) 可知，$y_i(t)$ 由 $n_{i-1}(t)$ 和 $n_i(t)$ 决定（Q_m、w_b、v_f、K_j、Δx 视为已知常数）确定，在图 8.1.5a) 中用标记为 "2" 的矩形表示；同理 $y_{i+1}(t)$ 由 $n_i(t)$ 和 $n_{i+1}(t)$ 确定，在图 8.1.5a) 中用标记为 "3" 的矩形表示。图 8.1.5b) 是图 8.1.5a) 统一化矩形标记的结果，由图 8.1.5b) 可以清晰地看出，元胞 i 在下一时刻 $(t+\Delta t)$，更新后的车辆数 $n_i(t+\Delta t)$，由上游元胞（元胞 $i-1$）和下游元胞（元胞 $i+1$）在当前时刻（t 时刻）的车辆数以及相关常数量共同确定。简言之，元胞下一时刻的更新仅依赖于相关元胞当前时刻的状态，因此，CTM 模型元胞在时间层的状态更新和元胞空间顺序无关。

第8章 元胞传输类模型

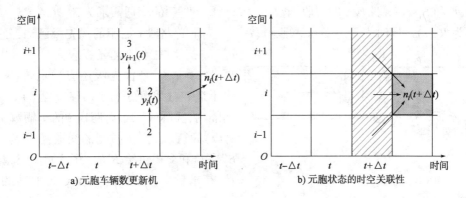

a) 元胞车辆数更新机

b) 元胞状态的时空关联性

图 8.1.5　CTM 元胞更新示意图

8.2　有匝道元胞传输模型[2]

在无匝道 CTM 模型基础上,将 CTM 模型推广到含有合流、分流的道路交通网络中。CTM 模型将复杂的交通网络转变为 3 种基本结构:第一种是 8.1 节无匝道情形;第二种是两股交通流合流成一股交通流,示意图如图 8.2.1 所示;第三种是一股交通流分流成两股交通流,示意图如图 8.2.2 所示。后两种情形下的 CTM 模型称之为有匝道 CTM 模型。

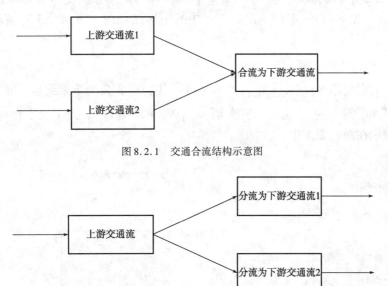

图 8.2.1　交通合流结构示意图

图 8.2.2　交通分流结构示意图

8.2.1　交通合流

交通合流情况下,上游两股交通流向下游合流为一股交通流,如图 8.2.3 所示。在图 8.2.3 中,上游的两个路段中将车流量较大的路段视为主干道,记为 $i-1$;另一路段视为匝道,记为 $(i-1)'$,下游路段则记为 i。在 t 时刻,主干道 $i-1$ 和匝道 $(i-1)'$ 上的发送函数分别

为 $S_{i-1}(t)$ 和 $S'_{i-1}(t)$，路段 i 的接收函数为 $R_i(t)$，即 t 时刻的交通需求为 $S_{i-1}(t)+S'_{i-1}(t)$，交通供给为 $R_i(t)$。同时主干道 $i-1$ 和匝道 $(i-1)'$ 向下游路段 i 汇流的优先级已知，分别记为 p_{i-1} 和 p'_{i-1}，主干道优先级应大于匝道优先级，即 $p_{i-1} \geq p'_{i-1}$，且优先级还应满足式（8.2.1）。主干道 $i-1$ 和匝道 $(i-1)'$ 在 t 至 $t+\Delta t$ 的时间间隔内，实际驶入下游路段 i 的车辆数 $y_i(t)$ 和 $y'_i(t)$ 为待求量。t 时刻的交通需求 $S_{i-1}(t)+S'_{i-1}(t)$ 和交通供给 $R_i(t)$ 并不能保证相等。因此，待求量 $y_i(t)$ 和 $y'_i(t)$ 由式（8.2.2）约束。

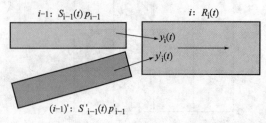

图 8.2.3　交通合流 CTM 示意图

$$\begin{cases} 0 \leq p_{i-1} \leq 1 \\ 0 \leq p'_{i-1} \leq 1 \\ p_{i-1}+p'_{i-1}=1 \end{cases} \quad (8.2.1)$$

$$\begin{cases} y_i(t) \leq S_{i-1}(t) \\ y'_i(t) \leq S'_{i-1}(t) \\ y_i(t)+y'_i(t) \leq R_i(t) \end{cases} \quad (8.2.2)$$

以 $y_i(t)$ 为横坐标，$y'_i(t)$ 为纵坐标，建立平面坐标系，如图 8.2.4 所示。图中垂直线 $y_i(t)=S_{i-1}(t)$ 和水平线 $y'_i(t)=S'_{i-1}(t)$ 相交于 A 点，并与两坐标轴形成矩形区域。经过坐标原点 O，作一条直线，记为 L，直线 L 的斜率为 p'_{i-1}/p_{i-1}，该直线与矩形相交于 B 点。根据式（8.2.2），可知待求量 $y_i(t)$ 和 $y'_i(t)$ 一定位于图 8.2.4 中的矩形区域内。下面分 3 种情况求解待求量 $y_i(t)$ 和 $y'_i(t)$。

8.2.1.1　供给大于需求

供给大于需求是指 $S_{i-1}(t)+S'_{i-1}(t) \leq R_i(t)$，其物理意义为下游路段 i 可以全部接收上游主干道 $i-1$ 和匝道 $(i-1)'$ 上的所有车辆 $[S_{i-1}(t)+S'_{i-1}(t)]$。为了便于直观理解，将这种情形的求解表示在图 8.2.5 中。

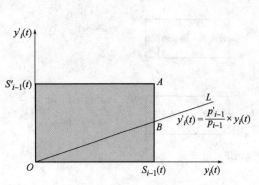

图 8.2.4　交通合流下求解示意图

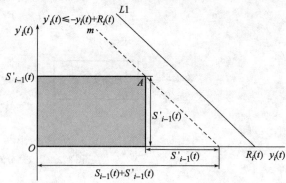

图 8.2.5　供给大于需求求解示意图

根据待求量 $y_i(t)$ 和 $y'_i(t)$ 的约束公式（8.2.2），可得到 $y_i(t)+y'_i(t) \leq R_i(t)$，并改写成纵坐标 $y'_i(t)$ 关于横坐标 $y_i(t)$ 的方程：

$$y'_i(t) \leq -y_i(t)+R_i(t) \quad (8.2.3)$$

式(8.2.3)中取等于号,表示斜率为 -1,经过坐标点 $(R_i(t),0)$ 的直线记为 L_1。由于供给大于需求,即 $R_i(t) \geq S_{i-1}(t)+S'_{i-1}(t)$,因此该直线在图 8.2.5 中一定位于 A 点及其右侧。因此,式(8.2.3)表示的区域为图 8.2.5 中虚线 m 及其上方区域,其与矩形区域仅有交点 A,即:

$$\begin{cases} y_i(t) = S_{i-1}(t) \\ y'_i(t) = S'_{i-1}(t) \end{cases} \text{if } S_{i-1}(t)+S'_{i-1}(t) \leq R_i(t) \tag{8.2.4}$$

8.2.1.2 需求大于供给,且匝道拥挤

需求大于供给,且匝道拥挤是指 $S_{i-1}(t)+S'_{i-1}(t)>R_i(t)$,且主干道 $i-1$ 上的车辆可以全部驶入下游路段 i,而匝道 $(i-1)'$ 上的车辆不能够全部驶入下游路段 i,存在部分车辆滞留在匝道上形成拥挤。例如,$S_{i-1}(t)=100$,$S'_{i-1}(t)=80$,$R_i(t)=160$,优先级为 $p'_{i-1}/p_{i-1}=1/3$,此时驶入下游的 160 辆车中,主干道可以驶入 $160 \times 3/4=120$ 辆车,匝道可以驶入 $160 \times 1/4=40$ 辆车。而主干道全部车辆数为 100 辆,因此,主干道上的 100 辆车可以全部驶入下游路段。这样,匝道可以驶入 $160-100=60$ 辆车,而匝道上共有 80 辆车,因此匝道上有 $80-60=20$ 辆车不能驶入下游路段。因此,该例子的解为 $y_i(t)=S_{i-1}(t)=100$,$y'_i(t)=R_i(t)-S_{i-1}(t)=60$。

下面仍然用图解法来求解待求量 $y_i(t)$ 和 $y'_i(t)$,如图 8.2.6 所示。因为主干道 $i-1$ 上的车辆可以全部驶入下游路段 i,且需求大于供给,则对待求量 $y_i(t)$ 和 $y'_i(t)$ 的约束公式(8.2.2)变为:

$$\begin{cases} y_i(t) = S_{i-1}(t) \\ y'_i(t) < S'_{i-1}(t) \\ y_i(t)+y'_i(t) \leq R_i(t) \\ R_i(t) < S_{i-1}(t)+S'_{i-1}(t) \end{cases} \tag{8.2.5}$$

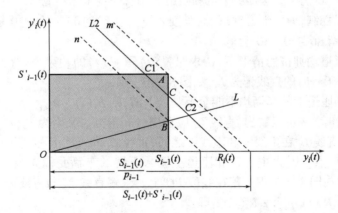

图 8.2.6 匝道拥挤求解示意图

和上述内容类似,式(8.2.5)中的 $y_i(t)+y'_i(t) \leq R_i(t)$ 取等于号时的直线方程,斜率为 -1,经过坐标点 $(R_i(t),0)$。为了与图 8.2.5 供给大于需求时有所区别,这里该直线记为 L_2,且因为 $R_i(t)<S_{i-1}(t)+S'_{i-1}(t)$,由图 8.2.6 可以看出,直线 L_2 应位于经过 A 点的虚线 m 的下方。因为需求大于供给,且主干道的车辆能够全部驶入下游,所以 $R_i(t) \cdot p_{i-1} \geq S_{i-1}(t)$,即 $R_i(t) \geq S_{i-1}(t)/p_{i-1}$。在图 8.2.6 中,根据 OB 的直线方程,以及 B 点横坐标为 $S_{i-1}(t)$,可计算出 B 点纵坐标为 $p'_{i-1}/p_{i-1} \cdot S_{i-1}(t)$。从图 8.2.6 中可以看出,经过 B 点,斜率为 -1 的虚线 n 与横

轴交点的横坐标为 $S_{i-1}(t) + p'_{i-1}/p_{i-1} \cdot S_{i-1}(t) = 1/p_{i-1} \cdot S_{i-1}(t)$，说明直线 L_2 应在虚线 n 以上。因此，直线 L_2 应该在虚线 m 和虚线 n 之间，又因为主干道车辆全部驶入下游，即 $y_i(t) = S_{i-1}(t)$，所以待求量 $y_i(t)$ 和 $y'_i(t)$ 的解在图 8.2.6 中表示为线段 AB。对于线段 AB 的任一点，如 C 点，其横坐标为 $y_i(t) = S_{i-1}(t)$，纵坐标为 $y'_i(t) = R_i(t) - S_{i-1}(t)$，即待求量 $y_i(t)$ 和 $y'_i(t)$ 为：

$$\begin{cases} y_i(t) = S_{i-1}(t) \\ y'_i(t) = R_i(t) - S_{i-1}(t) \end{cases} \text{if } S_{i-1}(t) + S'_{i-1}(t) > R_i(t) \, \& \, 匝道拥挤 \quad (8.2.6)$$

由图 8.2.6 可以看出，直线 L_2 分别与矩形上方和直线 L 相交于 C_1 点和 C_2 点。通过解直线 L_2 与直线 $y'_i(t) = S'_{i-1}(t)$ 的方程组，得到交点 C_1 点的坐标为 $(R_i(t) - S'_{i-1}(t), S'_{i-1}(t))$，同理通过求解直线 L_2 与直线 L 方程组，得到交点 C_2 的坐标为 $(p_{i-1} \cdot R_i(t), p'_{i-1} \cdot R_i(t))$。且 C 点位于 C_1 点和 C_2 点之间，所以存在如下关系：

$$\begin{cases} R_i(t) - S'_{i-1}(t) < S_{i-1}(t) \leq p_{i-1} \cdot R_i(t) \\ p'_{i-1} \cdot R_i(t) \leq R_i(t) - S_{i-1}(t) < S'_{i-1}(t) \end{cases} \quad (8.2.7)$$

根据式(8.2.7)可将式(8.2.6)改写为：

$$\begin{cases} y_i(t) = \text{mid}\{S_{i-1}(t), R_i(t) - S'_{i-1}(t), p_{i-1} \cdot R_i(t)\} \\ y'_i(t) = \text{mid}\{S'_{i-1}(t), R_i(t) - S_{i-1}(t), p'_{i-1} \cdot R_i(t)\} \end{cases} \text{if} \begin{cases} S_{i-1}(t) + S'_{i-1}(t) > R_i(t) \\ 匝道拥挤 \end{cases}$$

(8.2.8)

8.2.1.3 需求大于供给，主干道和匝道均拥挤

需求大于供给，主干道和匝道均拥挤的情形下除了满足 $S_{i-1}(t) + S'_{i-1}(t) > R_i(t)$，主干道和匝道上的车辆均不能全部驶入下游。例如，$S_{i-1}(t) = 100$，$S'_{i-1}(t) = 80$，$R_i(t) = 120$，优先级为 $p'_{i-1}/p_{i-1} = 1/3$，此时驶入下游的 120 辆车中，主干道可以驶入 $120 \times 3/4 = 90$ 辆车，匝道可以驶入 $120 \times 1/4 = 30$ 辆车。这样主干道和匝道上均有一定车辆不能驶入下游，所以驶入下游的车辆数由优先级控制，即主干道有 90 辆车驶入下游，滞留 $100 - 90 = 10$ 辆车；匝道上有 30 辆车驶入下游，滞留 $80 - 30 = 50$ 辆车。

在主干道和匝道均拥挤的情形下，待求量 $y_i(t)$ 和 $y'_i(t)$ 的约束公式(8.2.2)中 $y_i(t) + y'_i(t) \leq R_i(t)$ 取等于号时的直线记为 L_3，如图 8.2.7 所示。

因为主干道和匝道上的车辆均不能全部驶入下游，则 $R_i(t) \cdot p_{i-1} < S_{i-1}(t)$，所以 $R_i(t) < S_{i-1}(t)/p_{i-1}$，由图 8.2.7 可以看出，直线 L_3 应在虚线 n 下方。又因为 $R_i(t) > 0$，则直线 L_3 应在虚线 h 上方，即直线 L_3 在虚线 n 和虚线 h 之间，直线 L_3 和直线 L 相交于 D 点，与矩形区域相交于 D_1 点和 D_2 点。因为主干道和匝道上驶入下游的车辆受优先级控制，因此，待求量 $y_i(t)$ 和 $y'_i(t)$ 的解在图 8.2.7 中应落在线段 BO 上。求解直线 L_3 与直线 L 的方程组，可解得 D 点坐标为 $(p_{i-1} \cdot R_i(t), p'_{i-1} \cdot R_i(t))$，即：

$$\begin{cases} y_i(t) = p_{i-1} \cdot R_i(t) \\ y'_i(t) = p'_{i-1} \cdot R_i(t) \end{cases} \text{if} \begin{cases} S_{i-1}(t) + S'_{i-1}(t) > R_i(t) \\ 主干道与匝道均拥挤 \end{cases} \quad (8.2.9)$$

同理可以求出 D_1 点的坐标为 $(R_i(t) - S'_{i-1}(t), S'_{i-1}(t))$，$D_2$ 点的坐标为 $(S_{i-1}(t), R_i(t) - S_{i-1}(t))$。因为 D 点在 D_1 点和 D_2 点之间，所以可将式(8.2.9)改写为：

$$\begin{cases} y_i(t) = \text{mid}\{S_{i-1}(t), R_i(t) - S'_{i-1}(t), p_{i-1} \cdot R_i(t)\} \\ y'_i(t) = \text{mid}\{S'_{i-1}(t), R_i(t) - S_{i-1}(t), p'_{i-1} \cdot R_i(t)\} \end{cases} \text{if} \begin{cases} S_{i-1}(t) + S'_{i-1}(t) > R_i(t) \\ 主干道与匝道均拥挤 \end{cases}$$

(8.2.10)

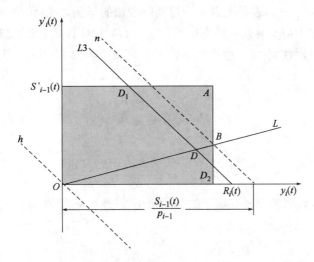

图8.2.7 主干道与匝道均拥挤求解示意图

综上所述,根据式(8.2.4)、式(8.2.8)、式(8.2.10)可将有匝道 CTM 模型交通合流下的待求量 $y_i(t)$ 和 $y_i'(t)$ 统一表示为:

$$\begin{cases} \begin{cases} y_i(t) = S_{i-1}(t) \\ y_i'(t) = S_{i-1}'(t) \end{cases} & \text{if } S_{i-1}(t) + S_{i-1}'(t) \leqslant R_i(t) \\ \begin{cases} y_i(t) = \text{mid}\{S_{i-1}(t), R_i(t) - S_{i-1}'(t), p_{i-1} \cdot R_i(t)\} \\ y_i'(t) = \text{mid}\{S_{i-1}'(t), R_i(t) - S_{i-1}(t), p_{i-1}' \cdot R_i(t)\} \end{cases} & \text{if } S_{i-1}(t) + S_{i-1}'(t) > R_i(t) \end{cases}$$

(8.2.11)

8.2.2 交通分流

交通分流情况下,上游一股交通流向下游分流为两股交通流,如图 8.2.8 所示。在图 8.2.8 中,将上游主干道记为 i,下游两股交通流为下游主干道和下游匝道,分别记为 $i+1$ 和 $(i+1)'$。在 t 时刻,上游主干道 i 的发送函数分别为 $S_i(t)$,下游主干道 $i+1$ 和下有匝道 $(i+1)'$ 的接收函数分别为 $R_{i+1}(t)$ 和 $R_{i+1}'(t)$,即 t 时刻的交通需求为 $S_i(t)$,交通供给为 $R_{i+1}(t)$ + $R_{i+1}'(t)$。同时已知上游主干道向下游主干道和下游匝道分流的优先级,分别记为 p_i 和 p_i',则在 t 至 $t+\Delta t$ 的时间间隔内,从上游主干道 i 实际驶入下游主干道 $i+1$ 的车辆数 $y_{i+1}(t)$ 和实际驶入下游匝道 $(i+1)'$ 的车辆数 $y_{i+1}'(t)$ 为待求量。

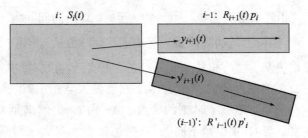

图8.2.8 交通分流示意图

设 $Y_i = y_{i+1}(t) + y'_{i+1}(t)$ 表示上游主干道实际驶出的车辆数,其值应小于上游主干道的发送函数 $S_i(t)$,下游主干道实际驶入的车辆数 $y_{i+1}(t)$ 应小于下游主干道接收函数 $R_{i+1}(t)$,下游匝道实际驶入的车辆数 $y'_{i+1}(t)$ 应小于下游主干道接收函数 $R'_{i+1}(t)$,即:

$$\begin{cases} Y_i = y_{i+1}(t) + y'_{i+1}(t) \leq S_i(t) \\ y_{i+1}(t) = p_i \cdot Y_i \leq R_{i+1}(t) \\ y'_{i+1}(t) = p'_i \cdot Y_i \leq R'_{i+1}(t) \end{cases} \tag{8.2.12}$$

则可得到:

$$Y_i = \min\left\{S_i(t), \frac{R_{i+1}(t)}{p_i}, \frac{R'_{i+1}(t)}{p'_i}\right\} \tag{8.2.13}$$

因此,有匝道 CTM 模型交通分流下的待求量 $y_{i+1}(t)$ 和 $y'_{i+1}(t)$ 为:

$$\begin{cases} y_{i+1}(t) = p_i \cdot \min\left\{S_i(t), \frac{R_{i+1}(t)}{p_i}, \frac{R'_{i+1}(t)}{p'_i}\right\} \\ y'_{i+1}(t) = p'_i \cdot \min\left\{S_i(t), \frac{R_{i+1}(t)}{p_i}, \frac{R'_{i+1}(t)}{p'_i}\right\} \end{cases} \tag{8.2.14}$$

在有匝道 CTM 模型中,求得相应待求量 $y_i(t)$、$y'_i(t)$、$y_{i+1}(t)$、$y'_{i+1}(t)$ 后,结合当前元胞 i 上下游的连接情况与式(8.1.14)可求得 $t + \Delta t$ 时刻元胞 i 上的车辆数,进而获取交通流的时空动态变化。

8.3 LC 模 型

这里的 LC 模型[3]指的是在元胞传输模型的基础上,增加车道数,车辆在向下游行驶时,存在换道行为,并将该换道行为描述为相邻车道上下游元胞上车辆的整体"传输"过程。该 LC 模型由 Laval 和 Daganzo 于 2006 年提出,故也称之为 Laval-Daganzo 换道模型。

8.3.1 LC 模型概述

在 8.1.3 小节 CTM 模型特性内容中,式(8.1.17)的基础上,考虑多车道情形,针对 l 车道 i 路段,Laval-Daganzo 换道模型为:

$$\frac{[k_{i,l}(t+\Delta t) - k_{i,l}(t)]}{\Delta t} + \frac{[q_{i+1,l}(t) - q_{i,l}(t)]}{\Delta x} = \sum_{l' \neq l} \Phi_{i,l' \to l}(t) - \Phi_{i+1, l \to l'}(t) \tag{8.3.1}$$

式中,l' 为车道 l 的相邻车道。$\sum_{l' \neq l} \Phi_{i,l' \to l}(t)$ 为 t 至 $t + \Delta t$ 时间间隔内,从 l 车道的相邻车道 $i-1$ 路段驶入至 l 车道 i 路段上的实际流量。$\sum_{l' \neq l} \Phi_{i+1, l \to l'}(t)$ 为从 l 车道 i 路段驶入至相邻车道 $i+1$ 路段上的实际流量。$\Phi_{i,l' \to l}(t)$ 和 $\Phi_{i+1, l \to l'}(t)$ 的单位是车辆数/每单位时间/每单位距离。$q_{i,l}(t)$ 表示在 t 至 $t + \Delta t$ 的时间间隔内,l 车道 $i-1$ 路段驶入至 i 路段的实际流量,单位是车辆数/每单位时间。$k_{i,l}(t)$ 为 l 车道在 t 时刻的密度。Δx 和 Δt 仍然满足 CTM 模型中的 $\Delta x = \Delta t \cdot v_f$,$v_f$ 为自由流速度。与 CTM 模型不同的是,换道过程本身属于微观层面,因此,Δt 的取值应取较小值,如 0.3s。模型示意图如图 8.3.1 所示。

在 Laval-Daganzo 换道模型中，$k_{i,l}(t)$、Δx 和 Δt 为已知量，$k_{i,l}(t+\Delta t)$ 为 l 车道 i 路段下一时刻的密度，即待更新量。因此，需要先求解 $q_{i+1,l}(t)$、$q_{i,l}(t)$ 和 $\sum_{l'\neq l}\Phi_{i,l'\rightarrow l}(t) - \Phi_{i+1,l\rightarrow l'}(t)$ 的值，然后通过式(8.3.1)解得 $k_{i,l}(t+\Delta t)$，进而获取下一时刻各路段的交通流动态。

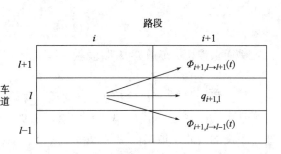

图 8.3.1 LC 模型示意图

l 车道的相邻车道分别记为 $l+1$ 和 $l-1$，将式(8.3.1)中右边部分 $\sum_{l'\neq l}\Phi_{i,l'\rightarrow l} - \Phi_{i+1,l\rightarrow l'}$ 展开，可得：

$$\sum_{l'\neq l}\Phi_{i,l'\rightarrow l}(t) - \Phi_{i+1,l\rightarrow l'}(t) = \Phi_{i,l-1\rightarrow l}(t) + \Phi_{i,l+1\rightarrow l}(t) - \Phi_{i+1,l\rightarrow l-1}(t) - \Phi_{i+1,l\rightarrow l+1}(t) \tag{8.3.2}$$

8.3.2 计算

以求解 $\Phi_{i,l-1\rightarrow l}(t)$、$\Phi_{i,l+1\rightarrow l}(t)$ 和 $q_{i,l}(t)$ 为例，阐述 Laval-Daganzo 换道模型的计算原理。另外，$\Phi_{i+1,l\rightarrow l-1}(t)$、$\Phi_{i+1,l\rightarrow l+1}(t)$ 和 $q_{i+1,l}(t)$ 的求解可分别同理获取。

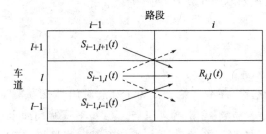

图 8.3.2 LC 模型计算过程示意图

由 CTM 模型中发送函数和接收函数的定义，可获取 $l+1$ 车道 $i-1$ 路段发送函数 $S_{i-1,l+1}(t)$、l 车道 $i-1$ 路段发送函数 $S_{i-1,l}(t)$、$l-1$ 车道 $i-1$ 路段发送函数 $S_{i-1,l-1}(t)$ 和 l 车道 i 路段接收函数 $R_{i,l}(t)$，如图 8.3.2 所示。$S_{i-1,l+1}(t)$、$S_{i-1,l}(t)$ 和 $S_{i-1,l-1}(t)$ 上的车辆均可驶入 l 车道 i 路段，期望驶入流量大小和驶入前后路段速度有关。

由 $l-1$ 车道 $i-1$ 路段驶入至 l 车道 i 路段的期望流量 $L_{i,l-1\rightarrow l}(t)$ 由下式定义：

$$L_{i,l-1\rightarrow l}(t) \cdot \Delta t \cdot \Delta x = [\pi_{i,l-1\rightarrow l}(t) \cdot \Delta t] \cdot S_{i-1,l-1}(t) \tag{8.3.3}$$

$$\pi_{i,l-1\rightarrow l}(t) = \frac{\max\{0, v_{i-1,l}(t) - v_{i-1,l-1}(t)\}}{v_{\mathrm{f}} \cdot \tau} \tag{8.3.4}$$

式中，$L_{i,l-1\rightarrow l}(t)$ 的单位是车辆数/每单位时间/每单位距离；$[\pi_{i,l-1\rightarrow l}(t) \cdot \Delta t]$ 为期望系数；$v_{i-1,l}(t)$ 和 $v_{i-1,l-1}(t)$ 分别为 t 时刻 l 车道 $i-1$ 路段速度和 $l-1$ 车道 $i-1$ 路段速度；v_{f} 为自由流速度；τ 为时间常数，单位是时间，且需满足 $\Delta t \ll \tau$。

同理，由 $l+1$ 车道 $i-1$ 路段驶入至 l 车道 i 路段的期望流量 $L_{i,l+1\rightarrow l}(t)$ 为：

$$L_{i,l+1\rightarrow l}(t) \cdot \Delta t \cdot \Delta x = [\pi_{i,l+1\rightarrow l}(t) \cdot \Delta t] \cdot S_{i-1,l+1}(t) \tag{8.3.5}$$

$$\pi_{i,l+1\rightarrow l}(t) = \frac{\max\{0, v_{i-1,l}(t) - v_{i-1,l+1}(t)\}}{v_{\mathrm{f}} \cdot \tau} \tag{8.3.6}$$

而且，$S_{i-1,l}(t)$ 上的车辆不仅可以驶入 l 车道 i 路段，也可以驶入 $l-1$ 车道 i 路段和 $l+1$ 车道 i 路段。和上述类似，可以求得 $\pi_{i,l\rightarrow l-1}(t)$ 和 $\pi_{i,l\rightarrow l+1}(t)$：

$$\pi_{i,l\rightarrow l-1}(t) = \frac{\max\{0, v_{i-1,l-1}(t) - v_{i-1,l}(t)\}}{v_{\mathrm{f}} \cdot \tau} \tag{8.3.7}$$

$$\pi_{i,l\to l+1}(t) = \frac{\max\{0, v_{i-1,l+1}(t) - v_{i-1,l}(t)\}}{v_f \cdot \tau} \tag{8.3.8}$$

进而求取由 l 车道 $i-1$ 路段驶入至 l 车道 i 路段的期望流量 $T_{i,l}(t)$：

$$T_{i,l}(t) \cdot \Delta t = [1 - \Delta t \cdot (\pi_{i,l\to l-1}(t) + \pi_{i,l\to l+1}(t))] \cdot S_{i-1,l}(t) \tag{8.3.9}$$

需注意的是，$T_{i,l}(t)$ 的单位是车辆数/每单位时间。

在由式(8.3.3)、式(8.3.5)和式(8.3.9)分别求得 $L_{i,l-1\to l}(t)$、$L_{i,l+1\to l}(t)$ 和 $T_{i,l}(t)$ 后，可通过下面的公式求取实际流量 $\Phi_{i,l-1\to l}(t)$、$\Phi_{i,l+1\to l}(t)$ 和 $q_{i,l}(t)$：

$$Y_l = \min\left\{1, \frac{\dfrac{R_{i,l}(t)}{\Delta t}}{T_{i,l}(t) + \Delta x \cdot [L_{i,l-1\to l}(t) + L_{i,l+1\to l}(t)]}\right\} \tag{8.3.10}$$

$$\Phi_{i,l-1\to l}(t) = Y_l \cdot L_{i,l-1\to l}(t) \tag{8.3.11}$$

$$\Phi_{i,l+1\to l}(t) = Y_l \cdot L_{i,l+1\to l}(t) \tag{8.3.12}$$

$$q_{i,l}(t) = Y_l \cdot T_{i,l}(t) \tag{8.3.13}$$

在式(8.3.10)中，接收函数 $R_{i,l}(t)$ 除以 Δt，以及 $[L_{i,l-1\to l}(t) + L_{i,l+1\to l}(t)]$ 乘以 Δx 的目的是使得分子与分母的单位一致。该式表明，若路段的接收能力大于所有期望驶入流量之和，则所有车辆均可驶入期望车道的期望路段；否则，实际驶入流量按比例减小。

课后习题

1. 假设有一段道路，按照 CTM 模型分为 3 个元胞，每个元胞长度为 150m，时间步长为 5s。下图给出了当前时刻元胞 1、元胞 2 和元胞 3 内的车辆数，分别为 4、4、5。已知下一时间步长内有 2 辆车从元胞 2 流入元胞 3。该道路交通流的基本图及特征状态值如下图。试根据 CTM 模型，确定：

(1) 基本图中最大流率 q_m 的值；
(2) 当前时刻元胞 2 里的交通密度，以及相应的平衡态速度；
(3) 下一时间步长结束时元胞 2 里的车辆数。

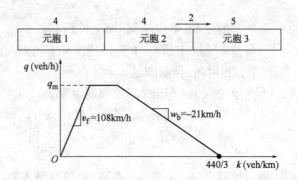

2. 假如我们进一步知道第 1 题中元胞 3 的起始位置和终点位置处分别有上匝道和下匝道，如下图所示，且上匝道处有 2 辆车等待进入匝道。若主线与上匝道的优先级为 2:1，元胞 3 内有 25% 的车辆计划经下匝道离开主线。试分析：

(1) 若元胞 3 在下一时间步长内能接受 5 辆车,则上匝道有多少车辆可以进入主线?

(2) 若元胞 3 在下一时间步长内能接受 3 辆车,则下一时间步长内有多少车进入元胞 4 内?

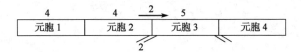

参考文献

[1] Daganzo C F. The Cell Transmission Model:A Dynamic Representation of Highway Traffic Consistent with the Hydrodynamic Theory[J]. Transportation Research Part B:Methodological, 1994, 28(4):269-287.

[2] Daganzo C F. The Cell Transmission Model, Part Ⅱ:Network Traffic[J]. Transportation Research Part B:Methodological, 1995, 29(2):79-93.

[3] Laval J A, Daganzo C F. Lane-changing in Traffic Streams[J]. Transportation Research Part B:Methodological, 2006, 40(3):251-264.

第9章
间隙接受理论

主路优先控制(停车控制)交叉口在道路交通控制中起着十分重要的作用。间隙接受理论是主路优先控制交叉口通行能力分析的基础理论,在交叉口通行能力研究领域得到了广泛应用。本章将重点阐述间隙接受模型的推导过程及模型参数的标定方法,并对主路优先控制交叉口和环形交叉口的通行能力分析方法做简要介绍。

9.1 间隙接受模型

9.1.1 问题描述

间隙接受理论通常用于主路优先控制交叉口的通行能力分析。此处的,间隙接受描述的是一段时间或者一定空间范围内,驾驶者可以利用冲突车流中的安全间隙实现车辆穿越的过程,也就是驾驶者在交通流中所寻求的可进入交叉口的安全机会。可接受间隙用时间来衡量,当车头时距大于某一临界值时方可被试图穿越的车辆所接受。在无信号控制交叉口中,驾驶者必须考虑其他车辆的优先权问题。如果一辆车试图进入交叉口,但此时存在优先级高于它的交通流,则其必须给优先级高的交通流让路。

在主路优先控制交叉口,主要道路交通流具有比次要道路交通流更高的通行优先级。对于试图穿越更高优先级车流的车辆来说,存在一个最小可接受的间隙,称为临界间隙,即当且仅当更高优先级的车流出现大于或等于该临界值的间隙时,低优先级车辆才能安全通过,临界间隙表示为 t_c。例如,如果临界间隙是 4s,那么次路车流的驾驶者要驶入交叉口至少需要与主路车流车辆间存在一个不小于 4s 的间隙。间隙接受理论指出,当高优先级车流出现了较大的可穿越间隙且低优先级车流是连续行进队列时,次路车流中前后相邻两辆车使用主路同一间隙驶离交叉口的时间差,被称为跟车时距,表示为 t_f。主路优先控制交叉口车流间隙分布情况如图 9.1.1 所示。那么,对于这种情况下的交叉口,其通行能力该如何进行计算?

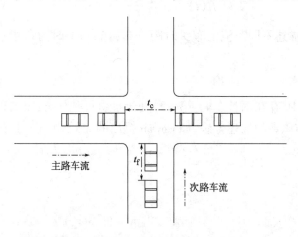

图 9.1.1　主路优先控制交叉口临界间隙与跟车时距

9.1.2　车头时距分布

在第三章中,我们介绍了几类典型的车头时距分布。下面,我们简单回顾一下,这些车头时距分布函数将会在本章间隙接受理论中得到应用。

9.1.2.1　负指数分布

当车头时距服从负指数分布时,车头时距的累积分布函数为:

$$P(h \leq t) = 1 - e^{-qt} \tag{9.1.1}$$

式中,q 为车流率(veh/s)。负指数分布的概率密度函数为:

$$f(t) = \frac{d[P(h \leq t)]}{dt} = qe^{-qt} \tag{9.1.2}$$

9.1.2.2　移位负指数分布

当车头时距服从移位负指数分布时,车头时距的累积分布函数为:

$$P(h \leq t) = 1 - e^{-\lambda(t-t_m)} \tag{9.1.3}$$

其中,

$$\lambda = \frac{q}{1 - t_m q} = \frac{1}{\bar{t} - t_m} \tag{9.1.4}$$

式中,t_m 为最小车头时距。λ、t_m 需要估计,$\bar{t}$ 为平均车头时距。该分布的均值为 $E(h) = \bar{t} = 1/q = t_m + 1/\lambda$,方差为 $D(h) = 1/\lambda^2$。移位负指数分布在概念上优于负指数分布,大流量交通流条件下较为适用。

9.1.2.3 爱尔朗分布

当车头时距服从爱尔朗分布时,其分布函数为:

$$P(h \leq t) = 1 - e^{-\lambda kt} \sum_{i=0}^{k-1} \frac{(\lambda kt)^i}{i!} \quad (9.1.5)$$

其概率密度函数为:

$$f_k(t) = e^{-\lambda t} \frac{\lambda (\lambda t)^{k-1}}{(k-1)!} \quad (9.1.6)$$

不同的 k 值用于描述不同车流的车头时距分布,如 $k=1$ 时为负指数分布,k 趋向无穷时理论上为定长分布。

9.1.2.4 M3 分布

在大多数交通流中,存在两种车辆:第一种处于自由行驶状态;第二种处于受限行驶状态。因此,产生了混合分布函数的描述方法,如 Cowan 提出的 M3 模型[1],其分布函数为:

$$P(h \leq t) = \begin{cases} 1 - \alpha e^{-\lambda(t-t_m)} & (t > t_m) \\ 0 & (t \leq t_m) \end{cases} \quad (9.1.7)$$

其概率密度函数为:

$$f(t) = \begin{cases} \alpha \lambda e^{-\lambda(t-t_m)} & (t > t_m) \\ 1 - \alpha & (t = t_m) \\ 0 & (t < t_m) \end{cases} \quad (9.1.8)$$

式中,α 为自由交通流所占比例,t_m 为最小车头时距;λ 为常数,可由如下表达式给出:

$$\lambda = \frac{\alpha q}{1 - t_m q} \quad (9.1.9)$$

M3 分布的应用十分普遍,当 $\alpha = 1.0$ 时,M3 分布即为移位负指数分布;当 $\alpha = 1.0, t_m = 0$ 时,M3 分布为负指数分布。

9.1.3 间隙接受模型

在主路优先控制交叉口中,存在两股冲突的车流,一股流率为 $q_p(\text{veh/h})$ 的主路交通流(优先流),另一股流率为 $q_n(\text{veh/h})$ 的次路交通流(非优先流),具体场景如图 9.1.2 所示。主路交通流中的车辆可以无任何延误地通过交叉口,而次路交通流中的车辆只有当主路交通流中相邻两车的到达时间间隔大于临界间隙 t_c 时,才可以安全穿越冲突区域,否则它们只能停车等待。此外,次路车流中的车辆只有在前车离开 t_f 秒后才能连续进入交叉口。

对于上述交叉口,设 t 为主路车流的车辆间隙,其分布密度函数为 $f(t)$。$g(t)$ 表示次路车流中能够在间隙时长 t 内通过交叉口的车辆数,可表示为:

$$g(t) = \begin{cases} n & (t_c + (n-1) \cdot t_f \leq t \leq t_c + n \cdot t_f) \\ 0 & (t < t_c) \end{cases} \quad (9.1.10)$$

主路车流流率为 $q_p(\text{veh/h})$,主路车流间隙期望值水平下能通过交叉口的次路车辆数为 $\int_{t=0}^{\infty} f(t) \cdot g(t) \mathrm{d}t$。则每小时能够通过交叉口的次路车流量为:

$$q_{\mathrm{m}} = q_{\mathrm{p}} \int_{t=0}^{\infty} f(t) \cdot g(t) \mathrm{d}t \tag{9.1.11}$$

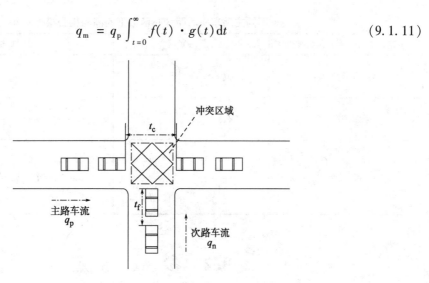

图 9.1.2　主路优先控制交叉口冲突车流

若主路车辆的间隙分布密度函数 $f(t)$ 服从负指数分布,则上式可写成:

$$q_{\mathrm{m}} = q_{\mathrm{p}} \int_{t=0}^{\infty} \lambda \mathrm{e}^{-\lambda t} \cdot g(t) \mathrm{d}t \tag{9.1.12}$$

式中,$\lambda = q_{\mathrm{p}}/3600$,由 $g(t)$ 函数的特点可知此为分段函数。式(9.1.12)可进一步展开如下:

$$\begin{aligned} q_{\mathrm{m}} = q_{\mathrm{p}} \Bigg\{ & \int_{t=0}^{t_{\mathrm{c}}} \lambda \mathrm{e}^{-\lambda t} \cdot 0 \cdot \mathrm{d}t + \int_{t=t_{\mathrm{c}}}^{t_{\mathrm{c}}+t_{\mathrm{f}}} \lambda \mathrm{e}^{-\lambda t} \cdot 1 \cdot \mathrm{d}t + \int_{t=t_{\mathrm{c}}+t_{\mathrm{f}}}^{t_{\mathrm{c}}+2t_{\mathrm{f}}} \lambda \mathrm{e}^{-\lambda t} \cdot 2 \cdot \mathrm{d}t + \cdots + \\ & \int_{t=t_{\mathrm{c}}+(n-1)t_{\mathrm{f}}}^{t_{\mathrm{c}}+nt_{\mathrm{f}}} \lambda \mathrm{e}^{-\lambda t} \cdot n \cdot \mathrm{d}t + \cdots \Bigg\} \end{aligned} \tag{9.1.13}$$

$$\int_{t=t_{\mathrm{c}}+(n-1)t_{\mathrm{f}}}^{t_{\mathrm{c}}+nt_{\mathrm{f}}} \lambda \mathrm{e}^{-\lambda t} \cdot n \cdot \mathrm{d}t = -n \int_{t=t_{\mathrm{c}}+(n-1)t_{\mathrm{f}}}^{t_{\mathrm{c}}+nt_{\mathrm{f}}} \mathrm{e}^{-\lambda t} \mathrm{d}(-\lambda t) = n \cdot \left[\mathrm{e}^{-\lambda t}\right]_{t_{\mathrm{c}}+nt_{\mathrm{f}}}^{t_{\mathrm{c}}+(n-1)t_{\mathrm{f}}} \tag{9.1.14}$$

故

$$\begin{aligned} q_{\mathrm{m}} &= q_{\mathrm{p}} \Big\{ \left[\mathrm{e}^{-\lambda t}\right]_{t_{\mathrm{c}}+t_{\mathrm{f}}}^{t_{\mathrm{c}}} + 2 \cdot \left[\mathrm{e}^{-\lambda t}\right]_{t_{\mathrm{c}}+2t_{\mathrm{f}}}^{t_{\mathrm{c}}+t_{\mathrm{f}}} + \cdots + n \cdot \left[\mathrm{e}^{-\lambda t}\right]_{t_{\mathrm{c}}+nt_{\mathrm{f}}}^{t_{\mathrm{c}}+(n-1)t_{\mathrm{f}}} \Big\} \\ &= q_{\mathrm{p}} \cdot \mathrm{e}^{-\lambda t_{\mathrm{c}}} \Big\{ 1 + \mathrm{e}^{-\lambda t_{\mathrm{f}}} + \mathrm{e}^{-2\lambda t_{\mathrm{f}}} + \mathrm{e}^{-3\lambda t_{\mathrm{f}}} + \mathrm{e}^{-(n-1)\lambda t_{\mathrm{f}}} - n\mathrm{e}^{-n\lambda t_{\mathrm{f}}} \Big\} \\ &= q_{\mathrm{p}} \cdot \frac{\mathrm{e}^{-\lambda t_{\mathrm{c}}}}{1 - \mathrm{e}^{-\lambda t_{\mathrm{f}}}} (n \to \infty) \end{aligned} \tag{9.1.15}$$

因为 $\lambda = q_{\mathrm{p}}/3600$,故得:

$$q_{\mathrm{m}} = q_{\mathrm{p}} \cdot \frac{\mathrm{e}^{-q_{\mathrm{p}}t_{\mathrm{c}}/3600}}{1 - \mathrm{e}^{-q_{\mathrm{p}}t_{\mathrm{f}}/3600}} \tag{9.1.16}$$

式中,q_{m} 为次路交通流的通行能力(veh/h);q_{p} 为主路交通流(或冲突车流)流率(veh/h);t_{c} 为主路交通流的临界间隙,即允许次路交通流一辆车进入交叉口的最短时间(s);t_{f} 为次路交通流的跟车时间,即连续队列行进条件下,次路相邻两车离开的时间差(s)。

式(9.1.16)即为主路车流车头时距服从负指数分布时推导得出的间隙接受模型,该模型可计算支路潜在的最大通行能力。

此外,当主路车流车头时距的分布函数不为负指数分布时,由不同主路车头时距分布函数推导的间隙接受模型[4]见表9.1.1。

不同主路车头时距分布函数下的间隙接受模型　　　　表9.1.1

主路车头时距分布函数类型	$f(x)$	间隙接受模型
移位负指数分布	$f(x) = \lambda e^{-\lambda(t-t_m)}$	$q_m = q_p \cdot \dfrac{e^{-\lambda(t_c-t_m)}}{1-e^{-\lambda t_f}}$
爱尔朗分布	$f_k(t) = e^{-\lambda t}\dfrac{\lambda(\lambda t)^{k-1}}{(k-1)!}$	$q_m = \dfrac{(1+\lambda t_c)e^{-\lambda t_c} - (1+\lambda t_c - \lambda t_f)e^{-\lambda(t_c+t_f)}}{(1-e^{-\lambda t_f})^2}$
M3 分布	$f(x) = \begin{cases} \alpha\lambda e^{-\lambda(t-t_m)} & t > t_m \\ 1-\alpha & t = t_m \\ 0 & t < t_m \end{cases}$	$q_m = q_p \cdot \dfrac{\alpha e^{-\lambda(t_c-t_m)}}{1-e^{-\lambda t_f}}$

9.2 参 数 标 定

间隙接受理论需要标定的主要参数为临界间隙 t_c 和跟车时间 t_f。这两个参数受主干道车流的影响,同时也受驾驶员操作的影响,操作难度越大,则临界间隙和跟车时间越长。当通过车流不同时,驾驶员需要的临界间隙也不同。间隙接受理论中临界间隙和跟车时间的标定方法主要分为两类:

①基于间隙大小和接受间隙车辆数目的回归分析法;
②基于跟车时间分布和临界间隙分布的概率估计法。

9.2.1 Siegloch 方法

Siegloch 方法[3]属于临界间隙参数估计的回归分析方法,它假设次要道路上存在连续车队行驶,在观测期间次路排队车流中至少应有一辆车。

具体操作步骤如下:
(1) 记录主路上每个间隙的大小 t 和在该间隙内次路通过车辆数 n。
(2) 对有且仅有 n 辆车通过的所有间隙值取平均数 $E(t)$。
(3) 线性回归:平均间隙值大小为自变量,通过车辆数为因变量。
(4) 假设斜率为 $1/t_f$,与横坐标截距为 t_o,临界间隙 $t_c = t_o + t_f/2$。

如图 9.2.1 所示,纵坐标为间隙内通过的车辆数,横坐标为通过一定车辆数的所有间隙的均值,$t_f = 3.5s, t_o = 5.0s, t_c = t_o + t_f/2 = 6.8s$。

9.2.2 最大似然估计法

当次路车辆没有形成排队时,回归分析法便无法使用,此时采用概率估计方法更为有效。通过摄像机记录多个主路较大间隙中连续穿越的次路车辆的车头时距,取均值近似估计跟车时间 t_f,具体观测情景如图 9.2.2 所示。

临界间隙 t_c 的估计采用最大似然估计法,其具体步骤为:用 n 个驾驶者在不同环境下进行重复实验,记录所有驾驶者选择接受与拒绝的间隙。假定一个临界间隙的概率分布函数 $F(\cdot)$,其概率密度函数为 $f(\cdot)$,常用的是对数正态分布,其分布不会出现负值。则,单个驾

驶者的临界间隙在 r_i 和 a_i 之间的概率为 $F(a_i) - F(r_i)$，考虑到 n 个驾驶者，似然函数为所有驾驶员记录数据中最小接受间隙与最大拒绝间隙概率差值的乘积：

$$\prod_{i=1}^{n} [F(a_i) - F(r_i)] \qquad (9.2.1)$$

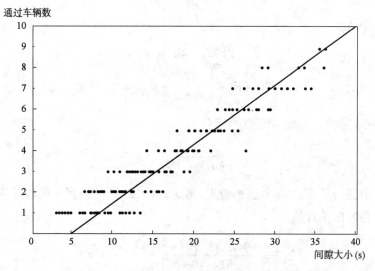

图 9.2.1　临界间隙 Siegloch 线性回归分析

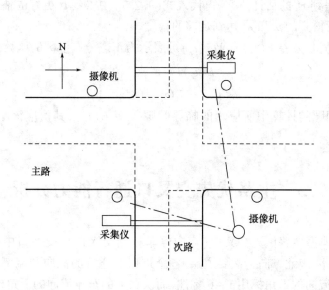

图 9.2.2　跟车时间观测记录情景

该似然函数的对数形式为：

$$L = \sum_{i=1}^{n} \ln[F(a_i) - F(r_i)] \qquad (9.2.2)$$

式中，a_i 为第 i 个驾驶者的最小接受间隙的对数，如果没有间隙被接受，则 $a_i = \infty$；r_i 为第 i 个驾驶者的最大拒绝间隙的对数，如果没有间隙被拒绝，则 $r_i = 0$；μ、σ^2 为驾驶者临界间隙对数的均值和方差(假设临界间隙服从对数正态分布)；$f(\cdot)$、$F(\cdot)$ 为正态分布的概率密度函数和累积分布函数。

最大似然估计值 μ 和 σ^2 使得 L 最大,由下式解得:

$$\frac{\partial L}{\partial \mu} = 0 \qquad (9.2.3)$$

$$\frac{\partial L}{\partial \sigma^2} = 0 \qquad (9.2.4)$$

由数学知识可知:

$$\frac{\partial F(x)}{\partial \mu} = -f(x) \qquad (9.2.5)$$

$$\frac{\partial F(x)}{\partial \sigma^2} = -\frac{x-\mu}{2\sigma^2}f(x) \qquad (9.2.6)$$

假设已知 σ^2 的值,可得如下模型:

$$\sum_{i=1}^{n} \frac{f(r_i) - f(a_i)}{F(a_i) - F(r_i)} = 0 \qquad (9.2.7)$$

σ^2 的初始值应为所有 a_i 和 r_i 值的方差,通过式(9.2.7)可得到 μ 的较好的估计值 $\hat{\mu}$,再利用下式获得 σ^2 更好的估计值。

$$\sum_{i=1}^{n} \frac{(r_i - \hat{\mu})f(r_i) - (a_i - \hat{\mu})f(a_i)}{F(a_i) - F(r_i)} = 0 \qquad (9.2.8)$$

由式(9.2.8)得到 σ^2 的估计值 $\hat{\sigma}^2$,再代入式(9.2.7)中得到 μ 更好的估计值 $\hat{\mu}$。不断重复上述过程,使得连续得到的 μ 和 σ^2 达到足够的精度。

临界间隙的均值和方差 $E(t_c)$ 和 $Var(t_c)$ 可表示为正态分布参数的函数,即:

$$E(t_c) = e^{\mu + 0.5\sigma^2} \qquad (9.2.9)$$

$$Var(t_c) = E(t_c)^2(e^{\sigma^2} - 1) \qquad (9.2.10)$$

那么,在接受间隙的计算中所应用的临界间隙等于 $E(t_c)$,其值应该小于接受间隙的平均值。

9.3 主路优先交叉口通行能力分析

图 9.3.1 为一典型主路优先交叉口(双向停车控制交叉口),交叉口中存在多股交通流,东西方向为主要道路,南北方向为次要道路,各个进口交通流的流向和流率如图 9.3.1 所示。主路交通流的车流流向的下角标用 1~6 标注,而次路上的车流流向的下角标用 7~12 标注。

为计算该类型交叉口的通行能力,首先需要确定每一股交通流的路权优先次序。优先级低的交通流必须给优先级高的交通流让行[6]。图 9.3.1 所示的四路交叉口,其通行优先权分为以下四个等级,见表 9.3.1。

十字形主路优先交叉口通行优先权　　　　表 9.3.1

通行优先权	交通流	通行优先权	交通流
等级1:主路直行与右转	V_2、V_5、V_6	等级3:次路直行	V_8、V_{11}
等级2:主路左转与次路右转	V_1、V_4、V_9、V_{12}	等级4:次路左转	V_7、V_{10}

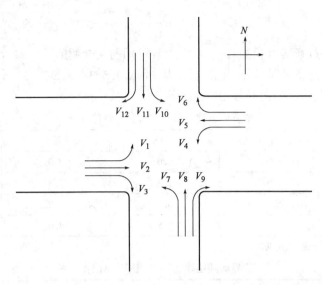

图 9.3.1 十字形主路优先交叉口车流流向示意

由表 9.3.1 可以看出，当出现一辆主路左转车辆和一辆次路直行车辆均要等待穿过主要交通流的情况时，第一个可接受的有效间隙将由左转车辆使用，次路上的直行车必须等待第二个有效间隙。若是左转车辆大量增加，则会占用大量的有效间隙，造成次路上的直行车辆的穿越机会下降流。对于次路右转车辆而言，其只需要寻求主路右侧车道上合适的车流间隙汇入车流即可，不会影响整个主路的交通流（这不适用于大型拖挂车辆及某些货车）。故假设次路右转车流不会阻碍任何使用主路间隙的其他交通流。

由于优先级的不同，交叉口内的多股交通流中除主路直行和右转交通流不存在阻碍其运行的冲突车流外，其他交通流均会出现冲突车流影响其通过交叉口的通行能力。表 9.3.2 给出了交通流 V_i 对应的冲突交通流 $V_{c,i}$ 的计算方法，即与交通流 V_i 冲突的全部流率（veh/h）。

十字形主路优先交叉口冲突交通量　　　　表 9.3.2

行驶方式	V_i	$V_{c,i}$
主路左转	V_1	$V_{c,1} = V_5 + V_6$
	V_4	$V_{c,4} = V_2 + V_3$
次路右转	V_9	$V_{c,9} = V_2 + 0.5V_3$ *
	V_{12}	$V_{c,12} = V_5 + 0.5V_6$
次路直行	V_8	$V_{c,8} = V_2 + 0.5V_3 + V_5 + V_6 + 2V_1 + 2V_4$
	V_{11}	$V_{c,11} = V_5 + 0.5V_6 + V_2 + V_3 + 2V_1 + 2V_4$
次路左转	V_7	$V_{c,7} = V_2 + 0.5V_3 + V_5 + 0.5V_6 + 2V_1 + 2V_4 + 0.5V_{11} + 0.5V_{12}$
	V_{10}	$V_{c,10} = V_5 + 0.5V_6 + 2V_1 + 2V_4 + V_2 + 0.5V_3 + 0.5V_8 + 0.5V_9$

注：实际中考虑到主路右转对次路右转是有影响的，因此增加一个加权系数。

不同优先级车流在确定各自的冲突交通流流率之后，便可利用前文推导的间隙接受模型计算次路每一个交通流的潜在通行能力 $C_{p,i}$。理想通行能力模型假定主路上的车头时距服从负指数分布，采用如下公式进行计算：

$$C_{\mathrm{p},i} = V_{\mathrm{c},i} \cdot \frac{\mathrm{e}^{-V_{\mathrm{c},i}t_{\mathrm{c}}/3600}}{1-\mathrm{e}^{-V_{\mathrm{c},i}t_{\mathrm{f}}/3600}} \qquad (9.3.1)$$

其中，当有条件进行实地观测时，t_{c} 和 t_{f} 参数可用前文介绍的几种参数标定的估计方法得出；当不具备实地观测条件时，可采用以下各表（见表9.3.3～表9.3.5）所示的临界间隙及饱和跟车时距的建议值代入公式进行相应的计算。

临界间隙建议值(2/2相交，单位:s) 表9.3.3

车辆类型	小客车	中型车	大型车	拖挂车
主路左转	5.0	6.0	7.0	7.0
次路左转	5.5	6.5	7.5	8.0
次路直行	5.0	6.0	7.0	7.0
次路右转	3.0	3.5	4.0	4.5

注：2/2相交指主路两车道，次路两车道

临界间隙建议值(4/2相交，单位:s) 表9.3.4

车辆类型	小客车	中型车	大型车	拖挂车
主路左转	6.0	7.0	8.0	8.0
次路左转	6.5	7.5	8.5	9.0
次路直行	6.0	7.0	8.0	8.0
次路右转	4.0	4.5	5.0	5.5

饱和跟车时距建议值(单位:s) 表9.3.5

车辆类型	小客车	中型车	大型车	拖挂车
主路左转	2.0	2.5	3.0	4.0
次路左转	2.5	3.0	3.5	4.0
次路直行	2.0	2.5	3.0	4.0
次路右转	1.6	2.2	2.5	3.0

对于双向停车控制交叉口而言，由于将车流通行优先权划分为四个等级，优先等级高的车流（如等级2、3的交通流）具有优先选择可穿越空隙的权利，而这可能阻碍优先等级低的交通流（等级3、4的交通流）使用高优先级交通流中的间隙，从而降低了这些低优先级车流的通行能力。故由公式(9.3.1)计算出的次路各流向的潜在通行能力并不等于该流向的实际通行能力，还需要进行一定的折减。

通行优先权等级1的主路直行和右转交通流，不受任何交通流的阻碍，这也意味着该优先等级的主路交通流在通过交叉口时一般不存在延误。

通行优先权等级2的交通流（主路左转与次路右转）仅需让行于等级1中的主路直行和右转交通流。因为没有来自次路其他交通流的阻碍，所以等级2交通流的实际通行能力 $C_{\mathrm{m},i}$ 等于潜在通行能力，如式(9.3.2)所示：

$$C_{\mathrm{m},i} = C_{\mathrm{p},i} \qquad (9.3.2)$$

式中，$i=1,4,9,12$（通行优先通行权等级2的交通流向）。

通行优先权等级3的次路交通流不仅需要让行于主路直行交通流，而且还需要让行于与之冲突的主路左转交通流。因而，并非所有可接受间隙，都会被优先权等级3的交通流正常使用。主路左转交通流将会优先占用一部分主路直行车流的可穿越间隙。主路左转交通流与次路直行交通流同时等待可接受间隙的概率越高,则次路直行交通流通行能力受主路左转交通流影响就越大。换而言之,优先权等级2的主路车流空闲的概率越高,次路直行交通流能利用的可接受间隙也就越多。因此,优先级2的车流空闲概率$p_{0,j}$可由式(9.3.3)进行计算:

$$p_{0,j} = 1 - \frac{V_j}{C_{m,j}} \tag{9.3.3}$$

式中,$j=1,4$(通行优先权等级2的主路左转交通流)。

计算等级3的次路交通流实际通行能力,需计算通行能力修正系数,该系数反映了较高优先等级交通流的阻碍作用。f_k为通行优先级3的交通流k的实际通行能力修正系数f_k,由式(9.3.4)给出:

$$f_k = \prod_j p_{0,j} \tag{9.3.4}$$

优先级3的车流实际通行能力$C_{m,k}$计算公式如下:

$$C_{m,k} = C_{p,k} f_k \tag{9.3.5}$$

优先权等级4的交通流(在四路交叉口中为次路左转车流)受到三个较高优先等级车流的阻碍:主路左转交通流、次路直行交通流和次路右转交通流。

三个较高优先等级的交通流每一个都对次路左转交通流产生阻碍作用。因此,每一个高等级车流出现空闲概率的叠加作用决定了优先等级4交通流的通行能力。但是,需要注意的是这些高优先等级车流的空闲概率并非都是相互独立的。主路左转车流的空闲概率影响次路直行车流的空闲概率,用这两个概率进行简单乘积计算很可能会过高估计其对次路左转交通流的阻碍作用。换而言之,它们之间存在的关联性容易造成对阻碍作用的过量估计。因此,在实际应用中我们使用式(9.3.6)来修正:

$$p' = 0.65 p'' - \frac{p''}{p'' + 3} + 0.6\sqrt{p''} \tag{9.3.6}$$

式中,p'为主路左转与次路直行阻碍系数。

$$p'' = (p_{0,j})(p_{0,k}) \tag{9.3.7}$$

式中,$p_{0,j}$为发生冲突的主路左转交通流空闲概率;$p_{0,k}$为发生冲突的次路直行交通流空闲概率。

优先等级4的次路左转交通流实际通行能力修正系数用式(9.3.8)进行计算:

$$f_l = (p')(p_{0,d}) \tag{9.3.8}$$

式中,l为通行优先权等级4的次路左转交通流(V_7和V_{10});d为通行优先权等级2的次路右转交通流(V_9和V_{12})。

只有交通流d被认定为冲突交通流时,变量$p_{0,d}$才包括在式(9.3.8)中。最后,优先等级4的次路左转车流实际通行能力可由式(9.3.9)确定:

$$C_{m,l} = (f_l)(C_{p,l}) \tag{9.3.9}$$

【例题9.3.1】

图9.3.2为一个双向停车控制的交叉口。主路东西方向,两车道;次路南北方向,两车道。假定车流全部为标准小客车,车流流向及其交通量已经给出(见表9.3.6),问:(1)北进口左转车流的冲突交通量是多少? (2)南进口直行车流的实际通行能力如何?

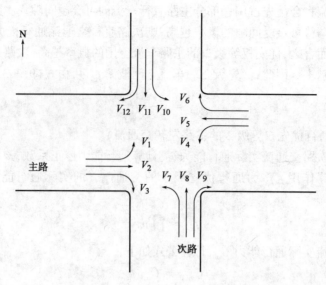

图 9.3.2　某路口双向停车控制的交叉口

某路口车流流向及其交通量　　　　　　　　　　表 9.3.6

标号	交通量(veh/h)	标号	交通量(veh/h)
V_1	170	V_7	92
V_2	520	V_8	145
V_3	244	V_9	80
V_4	208	V_{10}	78
V_5	465	V_{11}	160
V_6	298	V_{12}	112

【解答】

(1) 北进口左转车流的通行权优先级属于第 4 级。其冲突交通量 $V_{c,10}$ 由属于三个较高通行优先等级的交通流构成,根据表 9.3.2 中的计算公式可得:

$$V_{c,10} = V_5 + 0.5V_6 + 2V_1 + 2V_4 + V_2 + 0.5V_3 + 0.5V_8 + 0.5V_9$$
$$= 465 + 0.5 \times 298 + 2 \times 170 + 2 \times 208 + 520 + 0.5 \times 244 + 0.5 \times 145 + 0.5 \times 80$$
$$= 2124.5(\text{veh/h})$$

(2) 南进口直行车流属于次路直行交通流,通行权优先级为第 3 级。求解其实际通行能力需要计算主路左转车流的实际通行能力。

第一步:分析冲突交通量

由表 9.3.2 可得南进口直行车流的冲突交通量 $V_{c,8}$ 为

$$V_{c,8} = V_2 + 0.5V_3 + V_5 + V_6 + 2V_1 + 2V_4 = 2161(\text{veh/h})$$

主路左转交通流的冲突交通流 $V_{c,1}$ 和 $V_{c,4}$ 为:

$$V_{c,1} = V_5 + V_6 = 763(\text{veh/h})$$
$$V_{c,4} = V_2 + V_3 = 764(\text{veh/h})$$

第二步:计算潜在通行能力

本路口主次路均为双向二车道且车辆全为标准小客车,对于交通流 V_8,查表可得临界间

隙 $t_c=5.0$，饱和跟车时距 $t_f=2.0$，代入以下公式可以计算得到：

$$C_{p,8} = V_{c,8} \cdot \frac{e^{-V_{c,8}t_c/3600}}{1-e^{-V_{c,8}t_f/3600}} = 2161 \cdot \frac{e^{-2161\times5/3600}}{1-e^{-2161\times2/3600}} = 153.71(\text{veh/h})$$

对于主路左转交通流 V_1 和 V_4，查表可得临界间隙 $t_c=5.0$，饱和跟车时距 $t_f=2.0$，代入公式可以计算得到：

$$C_{p,1} = V_{c,1} \cdot \frac{e^{-V_{c,1}t_c/3600}}{1-e^{-V_{c,1}t_f/3600}} = 763 \cdot \frac{e^{-763\times5/3600}}{1-e^{-763\times2/3600}} = 765.32(\text{veh/h})$$

$$C_{p,4} = V_{c,4} \cdot \frac{e^{-V_{c,4}t_c/3600}}{1-e^{-V_{c,4}t_f/3600}} = 764 \cdot \frac{e^{-764\times5/3600}}{1-e^{-764\times2/3600}} = 764.45(\text{veh/h})$$

第三步：计算实际通行能力

对于主路左转交通流，其实际通行能力 $C_{m,1}$ 和 $C_{m,4}$ 为：

$$C_{m,1} = C_{p,1} = 765.32(\text{veh/h})$$
$$C_{m,4} = C_{p,4} = 764.45(\text{veh/h})$$

通行优先权第 3 等级的次路直行交通流由于受到主路左转交通流的影响，其计算的潜在通行能力需进行折减。

第 2 优先级车流的空闲概率为：

$$p_{0,1} = 1 - \frac{V_1}{C_{m,1}} = 0.7779$$

$$p_{0,4} = 1 - \frac{V_4}{C_{m,4}} = 0.7279$$

实际通行能力修正系数为：

$$f_8 = \prod_j p_{0,j} = p_{0,1} \cdot p_{0,4} = 0.5662$$

南进口直行车流实际通行能力：

$$C_{m,8} = C_{p,8}f_8 = 153.71 \cdot 0.5662 = 87.03(\text{veh/h})$$

9.4　环形交叉口通行能力分析

环形交叉口[5]也是一类常见的无信号控制交叉口，如图9.4.1所示，环岛内部交通流分为引道流量 V_a 和环形流量 V_c。

环形交叉口的通行规则规定，来自引道的车流需要让行于绕环行驶的车辆，待绕环车流中出现安全的间隙方可汇入间隙驶入环道。

根据环形交叉口的通行规则，不难发现，绕环行驶的车流通行权高于引道车流，因而引道车流的通行能力可采用接受间隙模型来计算。

需要注意的是，环形交叉口中驾驶者的接受间隙行为特征与双向停车控制交叉口右转驾驶者的接受间隙特征相同或类似，但仅限于

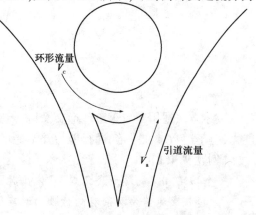

图9.4.1　环岛的一个进口道

单车道环形交叉口。多车道环形交叉口内车辆的相互干扰更多,影响了驾驶者的行为,致使双向停车控制交叉口的可接受间隙分析方法不再适用。

单车道环形交叉口一条引道的通行能力计算式如下:

$$C_a = \frac{V_c e^{-V_c t_c/3600}}{1 - e^{-V_c t_f/3600}} \quad (9.4.1)$$

式中,C_a 为引道通行能力(veh/h);V_c 为与引道车辆冲突的绕环交通流率(veh/h);t_c 为临界间隙(s);t_f 为跟车时间(s)。

比较各国环形交叉口的使用情况、环岛设计和运行经验,表 9.4.1 提供了临界间隙和跟车时间的推荐取值范围,以合理规划环形交叉口的近似通行能力。

环形交叉口临界间隙与饱和跟车时间　　　表 9.4.1

界　限	临界间隙(s)	跟车时间(s)
上限	4.1	2.6
下限	4.6	3.1

冲突交通量可使用引道前方绕环行驶的车流在 15min 内的流率进行估算。在实际应用中,需要把交叉口的各转向车流转化为与引道车辆冲突的绕环车流量。例如,图 9.4.2 中环形交叉口第 2 进口道入口的冲突交通来自流向 1、2、10 的交通流。因此,第 2 进口道的冲突交通流 $V_c = V_1 + V_2 + V_{10}$。

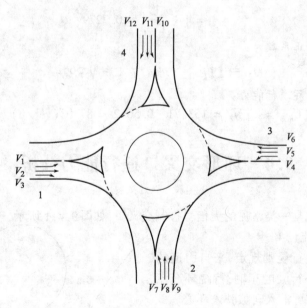

图 9.4.2　四路相交环岛

上述方法适用于单车道环形交叉口,经验表明,通过提高引道和环行车道数可以提高通行能力,但车道数增加一倍,通行能力并不能增加一倍,且每一引道的可接受间隙会有较大差别。

【例题 9.4.1】

一个四路相交的环形交叉口,具体情况如图 9.4.2 所示,各流向的交通流量见表 9.4.2。

已知:相交道路为两条双向行驶的两车道街道,高峰小时系数 PHF = 1.00,绕环车道为单车道,持续时间 $T = 0.25h$,环形交叉口流量小于 1200veh/h。

各流向的交通量　　　　　　　　　　　　　　　　　　　　　表9.4.2

标　号	交通量(veh/h)	标　号	交通量(veh/h)
V_1	247	V_7	143
V_2	308	V_8	207
V_3	105	V_9	77
V_4	103	V_{10}	254
V_5	393	V_{11}	94
V_6	123	V_{12}	152

求:各引道通行能力和V/C。

【解答】

第一步:采用如下公式计算高峰小时设计流量

$$V_x = \frac{\text{Volumn}}{\text{PHF}}$$

修正后的交通流量$V_1 = 247/1.0 = 247$。

对其他流向的交通流进行计算,得到表9.4.3的高峰小时设计交通量。

高峰小时设计交通量　　　　　　　　　　　　　　　　　　　　表9.4.3

交叉口进口方向		西进口	东进口	南进口	北进口
左转交通	流向	V_1	V_4	V_7	V_{10}
	交通量(veh/h)	247	103	143	254
	PHF	1.00	1.00	1.00	1.00
	流率(veh/h)	247	103	143	254
直行交通	流向	V_2	V_5	V_8	V_{11}
	交通量(veh/h)	308	393	207	94
	PHF	1.00	1.00	1.00	1.00
	流率(veh/h)	308	393	207	94
右转交通	流向	V_3	V_6	V_9	V_{12}
	交通量(veh/h)	105	123	77	152
	PHF	1.00	1.00	1.00	1.00
	流率(veh/h)	105	123	77	152

第二步:计算引道流量

$$V_{a,E} = V_1 + V_2 + V_3 = 660(\text{veh/h})$$
$$V_{a,W} = V_4 + V_5 + V_6 = 619(\text{veh/h})$$
$$V_{a,N} = V_7 + V_8 + V_9 = 427(\text{veh/h})$$
$$V_{a,S} = V_{10} + V_{11} + V_{12} = 500(\text{veh/h})$$

第三步:计算各引道前方绕环车流量

$$V_{c,E} = V_4 + V_{10} + V_{11} = 451(\text{veh/h})$$
$$V_{c,W} = V_1 + V_7 + V_8 = 597(\text{veh/h})$$

$$V_{c,N} = V_1 + V_2 + V_{10} = 809(\text{veh/h})$$
$$V_{c,S} = V_4 + V_5 + V_7 = 639(\text{veh/h})$$

第四步：计算通行能力和 V/C

因为环形交叉口流量小于 1200veh/h，且为单车道环岛，所以可以利用表 9.4.1 中的环岛的临界间隙和跟车时间上下限数据进行计算，采用式(9.4.1)计算上界和下界通行能力。

例如计算西进口的通行能力上界：

$$C_{a,west,up} = \frac{451 e^{-451 \times 4.1/3600}}{1 - e^{-451 \times 2.6/3600}} = 971(\text{veh/h})$$

西进口的通行能力下界：

$$C_{a,west,down} = \frac{451 e^{-451 \times 4.6/3600}}{1 - e^{-451 \times 3.1/3600}} = 788(\text{veh/h})$$

西进口 V/C 上界：

$$\frac{V}{C}_{up} = \frac{V_{a,E}}{C_{a,west,up}} = \frac{660}{971} = 0.680$$

西进口 V/C 下界：

$$\frac{V}{C}_{up} = \frac{V_{a,E}}{C_{a,west,down}} = \frac{660}{788} = 0.838$$

对于其他进口道，可得表 9.4.4 的结果：

各进口道通行能力和 V/C 表 9.4.4

交叉口进口方向		西进口	东进口	南进口	北进口
通行能力	上界	971	864	728	835
	下界	788	693	573	667
V/C	上界	0.680	0.716	0.587	0.599
	下界	0.838	0.893	0.745	0.750

课后习题

1. 某不允许超车的单车道路段，经调查人员统计，1h 内通过观测点的车辆数为 672 辆，车头时距为复指数分布，若最小车头时距为 1s，其中车头时距大于 12s 的车辆数是多少？

2. 右图为一主路优先交叉口，主路为南北向双向四车道，次路为东西向双向两车道。车流组成全部为标准小客车，具体流向和流量如表中所示，试计算：

(1) 各个进口方向左转车流的冲突交通量。

(2) 东进口方向直行车流的实际通行能力。

(3) 西进口方向右转车流的实际通行能力。

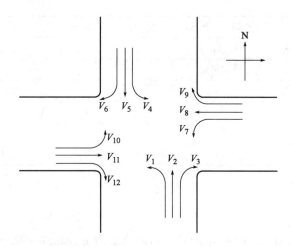

标号	交通量(veh/h)	标号	交通量(veh/h)
V_1	200	V_7	68
V_2	616	V_8	176
V_3	304	V_9	65
V_4	156	V_{10}	92
V_5	524	V_{11}	143
V_6	320	V_{12}	77

3. 一个四路相交的单车道环岛,各个进出口道均为单车道道路,环形交叉口流量小于1200veh/h,具体情况如图所示,若高峰小时系数 PHF=0.8,各流向的交通流量见下表。求:

(1) 东西进口的通行能力?

(2) 南北进口的 V/C?

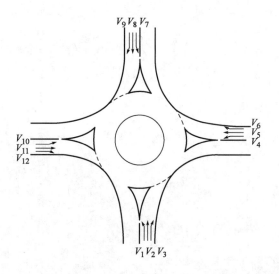

标号	交通量(veh/h)	标号	交通量(veh/h)
V_1	288	V_7	98
V_2	276	V_8	167
V_3	166	V_9	124
V_4	88	V_{10}	306
V_5	215	V_{11}	94
V_6	314	V_{12}	213

参考文献

［1］ Cowan, R J. An Extension of Tanner's Results on Uncontrolled Intersections［J］. Queuing Systems, 1987, Vol. 1: 249-263.

［2］ 李文权,王炜,袁琦,等. 主路车流车头时距服从 M3 分布下支路混合车流的通行能力［J］. 河南大学学报(自然科学版),1999(4):1-6.

［3］ Siegloch, W. Die Leistungsermittlung an Knotenpunkten Ohne Lichtsignalsteuerung (Capacity Calculations for Unsignalized Intersections). Schriftenreihe Strassenbau und Strassenverkehrstechnik, 1973, Vol. 154.

［4］ Al-Masaeid H R. Capacity of one-way yield-controlled intersections［J］. Transportation Research Record, 1995, 1484: 9~15.

［5］ 邹博,石京,陆化普,等. 环岛进入通行能力影响因素分析与模型改进研究［J］. 公路工程,2007,32(4):169-173.

第 10 章
交叉口延误分析

延误是车辆不能以期望的行驶速度运行而产生的时间损失,是用于评价交叉口服务水平的重要的定量指标。本章将对无信号控制和信号控制两类交叉口的延误计算模型进行介绍,并对交叉口各类延误的概念、特点和公式进行详细的论述与推导。

10.1 无信号控制交叉口延误

无信号控制交叉口通常采用主路优先的控制方式,研究此类无信号控制交叉口的运行状况,主要是对次路交通流进行车辆延误分析。本节主要介绍无信号控制交叉口单车的平均延误计算方法,并给出了 M/G/1 排队系统下排队车辆延误公式。

10.1.1 平均延误计算

对于主路优先控制交叉口,次要道路上的单车平均延误计算公式的一般形式如下:

$$D = D_{\min}\left(1 + \frac{\gamma + \varepsilon x}{1 - x}\right) \tag{10.1.1}$$

式中,γ 为常数(若是次路车辆随机到达,γ 为 0;若是车辆非随机到达且次路进口处存在车辆排队,则 γ 取值大于 0);x 为饱和度,$x = q_n/q_m$,q_n 为次路交通流实际交通量,q_m 为次路交通流通行能力。

ε 为常数,当次路车辆随机到达时,ε 的计算公式为:

$$\varepsilon = \frac{e^{q_p t_f} - q_p t_f - 1 + q_p(e^{q_p t_f} - 1)D_{\min}}{q_p(e^{q_p t_f} - 1)D_{\min}} \quad (10.1.2)$$

式中,q_p 为主路交通流流率(veh/h);t_f 为次路交通流的跟车时间,即连续队列行进条件下,次路相邻两车离开的时间差(s);$D_{\min}$ 为 Adams 延误[1-2],当次要车流流率极低时,它是次要车流的平均延误,同时也是次要车流经历的最小延误。$D_{\min}$ 依赖于主路车流的排队特性,当主路车队分布是 Borel-Tanner 分布[3]时,则有:

$$D_{\min} = \frac{e^{q_p(t_c - t_m)}}{(1 - t_m q_p)q_p} - t_c - \frac{1}{q_p} + \frac{q_p t_m^2(2t_m q_p - 1)}{2(1 - t_m q_p)^2} \quad (10.1.3)$$

式中 t_m 为最小车头时距,t_c 为临界间隙,其他变量与前文相同。

10.1.2 M/G/1 排队系统延误模型

排队系统由输入过程、排队规则和服务方式三个部分组成。输入过程是指系统内部各类型顾客按怎样的规律到达;排队规则是到达的顾客应按照怎样的次序接受服务;服务方式是指同一时刻有多少服务台可以为顾客提供服务,以及服务多长的时间。若将无信号控制交叉口的车辆运行视作排队系统,服务台指次路排队队列的第一个位置,则系统输入过程是由次路随机到达的车辆所组成。

M/G/1 排队系统[4]是一种简单的车流排队论模型,通过采用 M/G/1 队列表示的系统,可以建立更为复杂的排队论模型。M 表示输入过程中随机到达车辆的车头时距为负指数分布。车辆在排队队列的第一个位置上所消耗的时间为服务时间,其分布函数未知,取值受主路车流影响。因此,M/G/1 排队系统中的 G 表示广义服务时间。1 表示仅一个服务通道可接纳车辆,即次路为单车道。

对于 M/G/1 排队系统,Pollaczek-Khintchine 公式对于排队车辆平均延误的计算十分有效:

$$D_q = \frac{xE(W)(1 + C_W^2)}{2(1 - x)} \quad (10.1.4)$$

式中,D_q 为排队车辆平均延误;x 为饱和度,$x = q_n/q_m < 1$;W 为服务时间,即次路车辆在排队队列第一位置的消耗时间;$E(W)$ 为平均服务时间;C_w 为服务时间变动的变异系数,可由式(10.1.5)计算:

$$C_w = \frac{\sqrt{Var(W)}}{E(W)} \quad (10.1.5)$$

式中,$Var(W)$ 为服务时间的方差。

次路车辆总的平均延误时间为:

$$D = D_q + E(W) \quad (10.1.6)$$

单车道排队系统的平均服务时间等于 1/通行能力,即:$E(W) = 1/q_m$,因此 Pollaczek-Khintchine 平均延误公式可表示为:

$$D = \frac{1}{q_m}\left(1 + \frac{x}{1-x}C\right) \quad (10.1.7)$$

式中,$C = 1 + C_w^2/2$。

通行能力 q_m 计算公式为:

$$q_{\mathrm{m}} = q_{\mathrm{p}} \frac{\mathrm{e}^{-q_{\mathrm{p}}t_{\mathrm{c}}}}{1 - \mathrm{e}^{-q_{\mathrm{p}}t_{\mathrm{f}}}} \tag{10.1.8}$$

式中各变量与前文一致。

对于式(10.1.7)而言,真正的问题在于对 C 值的估计。只有在下列极端情况可以定义 C 的值:

(1)规律的服务时间:车辆在第一个位置的消耗时间相等,即 $Var(W)=0, C_{\mathrm{w}}^2=0, C=0.5$。这是 M/D/1 排队系统的解决方案。(2)随机的服务时间:车辆在第一个位置的消耗时间呈指数分布,即 $Var(W)=E(W)^2, C_{\mathrm{w}}^2=1, C=1$。这是 M/M/1 排队系统的解决方案。

然而,这两类方案并不能完全适用于无信号控制交叉口,故将平均延误计算公式稍作变形可以得到:

$$D = D_{\min}(1+\gamma)\left(1 + \frac{\gamma+\varepsilon}{1+\gamma} \cdot \frac{x}{1-x}\right) \tag{10.1.9}$$

与 Pollaczek-Khintchine 公式比较,可得:

$$C = \frac{\gamma + \varepsilon}{1 + \gamma} \tag{10.1.10}$$

$$D_{\min}(1+\gamma) = \frac{1}{q_{\mathrm{m}}} \tag{10.1.11}$$

式中,q_m 为关于参数 t_c、t_f 和车头时距分布的函数,但是 C、γ、ε 并不是在所有情况下都能获得。

对于 M/G/1 系统,不出现排队的概率为:

$$p_0 = 1 - x \tag{10.1.12}$$

10.2 信号控制交叉口延误

10.2.1 基本概念

信号控制交叉口延误模型[5]一般由两部分组成:确定性延误部分与随机延误部分。确定性延误的估算需基于以下假设:①无初始排队;②恒定到达率;③排队存在时出发率恒定,无排队时出发率等于到达率;④周期到达车辆数小于周期通行能力。

确定性延误过程描述如图 10.2.1 所示,应用得到一个信号周期内交叉口的排队变化过程,如图 10.2.2 所示。

10.2.2 稳态理论

一般情况下,车辆在信号控制交叉口的到达率和通过能力都是随时间变化的,它们的变化既包括规律性的变化,也包括非规律性的变化。观察交叉口交通状况的变化,我们可以发现,虽然不同时间点交叉口交通状况相差很大,但当我们以一个较长的时间段为观察周期,每个观察周期内总的交通状况(包括车辆到达率、交叉口通行能力)是可以保持稳定的,而出现这种稳定局面的首要条件是交叉口未达到饱和。

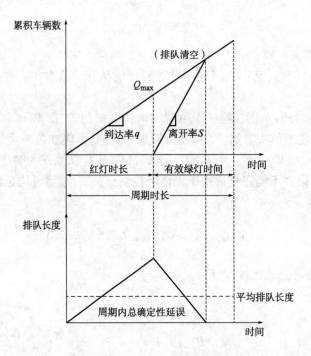

图 10.2.1　延误模型的确定性延误

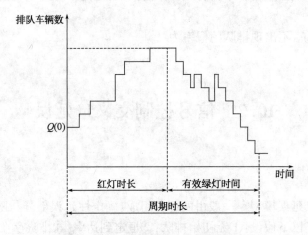

图 10.2.2　一个信号周期内交叉口排队过程

如图 10.2.3 所示，若以每个信号周期为单位，统计各个信号周期内交叉口的车辆到达率，各个周期内车辆到达率是随机波动的。但在时间段 T 内，车辆到达率是围绕一个均值 q_1 上下波动的。因此可以认为，在时间 T 内，车辆到达率是基本稳定的。而随着时间推移，到达 T' 时间段时，车辆到达率不再围绕 q_1 波动，而是显现出明显的下跌，围绕 q_2 波动。

以时间段 T 为研究期间，时间段 T 内交叉口车辆到达率基本稳定，假设信号配时保持不变，则交叉口通行能力也是基本稳定的。

稳态理论就是基于上述分析，建立了以下基本假定：
（1）车辆到达率在时间段 T 内保持基本稳定。
（2）交叉口通行能力在时间段 T 内保持基本稳定。

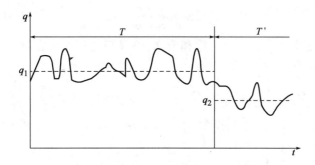

图 10.2.3 观察周期内车辆到达变化情况

(3)信号交叉口饱和度足够低(车辆平均到达率q远远低于通过能力),某些信号周期内可能出现由于车辆到达不平衡产生的过饱和滞留车队,但经过若干周期后,过饱和滞留车队将消散,就整个时间段T而言,车辆到达和消散保持平衡。

基于上述基本假定,用稳态理论计算车辆延误可归纳为如下步骤:

(1)将车辆到达率视为常数(取车辆平均到达率$\bar{q}$),计算"均衡相位延误"。

(2)计算个别周期内由于车辆到达不平衡而产生的"随机延误"。

(3)将上述两部分叠加,求得车辆总延误时间。

10.2.2.1 均衡相位延误

图10.2.4为均衡相位平均延误分析图。车辆A到达交叉口时,交叉口已有N_A辆车排队等候,其延误时间为d_A。从图中可以看出,三角形中水平线为每一辆车的延误时间,垂直线为某一时刻的排队车辆长度,因此,在一个信号周期内,全部车辆的总延误时间等于三角形的面积,同时也等于每一时刻车辆排队长度的总和(由于时间为连续变量,即每一时刻车辆排队长度对时间的积分),因此有全部到达车辆的总延误时间D为:

$$D = \sum d_i = \sum N_i = 三角形\ OCD\ 的面积 = \frac{1}{2} r \cdot \overline{CE} \tag{10.2.1}$$

式中,r为红灯时间(s);$\overline{CE}$为三角形的高。

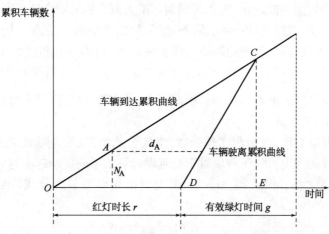

图 10.2.4 均衡相位平均延误分析图

$$\overline{CE} = \frac{q \cdot r}{S-q} \cdot S \tag{10.2.2}$$

q 为车辆平均到达率(veh/s);S 为饱和流率(交叉口进口道存在排队时,排队车辆的平均离去率(veh/s)),则:

$$D = \sum d_i = \frac{1}{2}r \cdot \overline{CE} = \frac{r}{2} \cdot \frac{q \cdot r}{S-q} \cdot S = \frac{q \cdot S \cdot r^2}{2(S-q)} \tag{10.2.3}$$

式(10.2.3)求出结果为一个周期 C 内所有车辆的总延误时间,其单位为 veh·s,则平均每辆车的延误时间为:

$$\bar{d} = \frac{\sum d_i}{qC} = \frac{q \cdot S \cdot r^2}{2qC(S-q)} \tag{10.2.4}$$

令 $g/C = u, r = C - g, y = q/S$,整理可得:

$$\bar{d} = \frac{C(1-u)^2}{2(1-y)} \tag{10.2.5}$$

由式(10.2.5)可知,当进口道交通流量 q 增加时,均衡相位平均延误时间 $\bar{d}$ 增加;当进口道饱和流率 S 增加时,均衡相位平均延误 $\bar{d}$ 减少;当进口道方向的绿信比 u 增加时,均衡相位平均延误 $\bar{d}$ 减少;当信号周期 C 增加时(红灯时间 r 也将比例增加),均衡相位平均延误时间 $\bar{d}$ 增加。

10.2.2.2 随机延误

基于车辆平均到达率为稳定值 q 的基本假定,可以获得均衡相位延误的计算公式,但是事实上,每个周期内的车辆达到率是随机波动的,尽管整个时间段 T 内交叉口车辆平均到达率远远低于交叉口通行能力,但仍有可能在个别周期内,由于车辆到达的不平衡性导致暂时的过饱和情况。出于对这种暂时的过饱和状况的考虑,稳态理论引入"随机延误"这一概念对总的延误时间进行补充。

Webster[6]根据稳态理论建立的延误计算公式如下:

$$d = \frac{C(1-u)^2}{2(1-y)} + \frac{x^2}{2q(1-x)} - 0.65 \left(\frac{C}{q^2}\right)^{\frac{1}{3}} \cdot x^{(2+5u)} \tag{10.2.6}$$

其中,第一项为均衡相位延误,代表车辆到达率为恒定值时产生的正常延误。第二项和第三项则代表车辆到达随机波动性产生的附加延误,第二项中的 x 指进口道饱和度($x = q/Su$),可以看出随着饱和度值增加,附加的随机延误也将增大,特别是饱和度趋于 1 时,随机延误时间将趋于无穷。假设情境:交叉口饱和流率 $S = 1800\text{veh/h}$,信号周期 $C = 60\text{s}$,有效绿灯时间 $g = 30\text{s}$,根据韦氏公式作出每辆车平均延误时间 $\bar{d}$ 在车辆平均到达率 q 由 0 增至 900veh/h 的变化趋势图,如图 10.2.5 所示。

从图 10.2.5 可以看出,当饱和度较低时,韦氏公式第二、三两项在总延误中所占比例很小,但是随着饱和度的增大,二、三两项对于总延误计算结果的影响越来越大了。

在 Webster 公式之后,Miller 与 Akcelik 也先后推导出类似的公式。Akcelik 公式较为简洁,形式如下:

$$d_s = \frac{C(1-u)^2}{2(1-y)} + \frac{N_s x}{q} \tag{10.2.7}$$

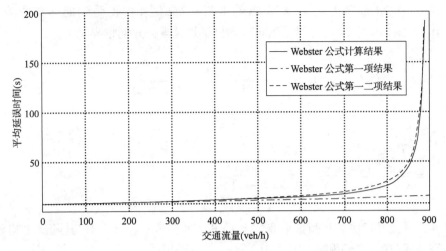

图 10.2.5 平均延误时间随交通流量变化趋势

式中,N_s 为进口道平均过饱和滞留车辆数,即个别过饱和周期中绿灯结束时仍被滞留在停车线后的车辆数;$N_s x/q$ 为 Akcelik 公式[7]中的进口道车辆的随机平均延误时间(s)。N_s 计算方法如下:

$$N_s = \begin{cases} \dfrac{1.5(x-x_0)}{1-x} & (x > x_0) \\ 0 & (x \leqslant x_0) \end{cases} \quad (10.2.8)$$

$$x_0 = 0.67 + \frac{S \cdot g}{600} \quad (10.2.9)$$

式中,S 为饱和流率;g 为有效绿灯时间。

由 Akcelik 公式同样可以看出,进口道饱和度是决定随机平均延误时间大小最主要的因素。随着饱和度的增加,随机平均延误时间将会迅速增大,进口道车辆的平均延误也相应迅速增大。

除上述两种随机延误的计算公式,车辆随机到达的波动性所产生的随机延误时间还可采用式(10.2.10)和式(10.2.11)进行计算:

由 Pollaczek-Khintchine 公式计算随机到达车辆的平均排队长度为:

$$E(q) = \frac{x^2 + q^2 \sigma_t^2}{2(1-x)} \quad (10.2.10)$$

式中,x 为饱和度,$x = q/c < 1$,其中 $c = Su$;σ_t 为服务时间标准差;q 为车辆平均到达率。

由 Little 法则 $L_q = \lambda W_q$,可以计算出平均随机延误 $E(d)$ 为:

$$E(d) = \frac{E(q)}{q} \quad (10.2.11)$$

爱尔朗分布函数为:

$$f(t) = \frac{(qa)^a}{(a-1)!} t^{a-1} e^{-aqt} \quad (10.2.12)$$

式中,a 为常数,$a = 1$ 时车辆以负指数分布离开交叉口,$a = \infty$ 时车辆以定长分布离去,$\sigma_t^2 = 1/(ac^2)$。

当车辆以泊松分布到达交叉口,并以爱尔朗分布离去时,将爱尔朗分布中的 σ_t^2 代入式(10.2.10)和式(10.2.11),可得以下车辆随机平均延误公式的推导:

$$E(q) = \frac{x^2 + q^2 \frac{1}{ac^2}}{2(1-x)} = \frac{x^2 + \frac{x^2}{a}}{2(1-x)} \tag{10.2.13}$$

$$E(d) = \frac{x^2 + \frac{x^2}{a}}{2q(1-x)} = \frac{x^2 + \frac{x^2}{a}}{2xc(1-x)} = \frac{x + \frac{x}{a}}{2c(1-x)} = \frac{x(a+1)}{2ac(1-x)} = \left(\frac{a+1}{2a}\right)\frac{x}{c(1-x)}$$

$$= \left(\frac{1}{2} + \frac{1}{2a}\right)\frac{x}{c(1-x)} = \frac{kx}{c(1-x)} \tag{10.2.14}$$

当车辆离开交叉口服从负指数分布($a=1$)和定长分布($a=\infty$)时,其随机平均延误的计算公式分别如式(10.2.15)和式(10.2.16)所示:

$$E(q) = \left(\frac{a+1}{2a}\right)\frac{x}{c(1-x)} = \frac{x}{c(1-x)} \tag{10.2.15}$$

$$E(q) = \left(\frac{1}{2} + \frac{1}{2a}\right)\frac{x}{c(1-x)} = \frac{x}{2c(1-x)} \tag{10.2.16}$$

10.2.2.3 停车率的计算方法

Webster 认为,至少有一次完全停车的车辆占通过交叉口车辆总数的比例(完全停车率)E 可按下式计算:

$$E = \frac{1-u}{1-y} \tag{10.2.17}$$

Akcelik 考虑了部分车辆不完全停车的情况,对 Webster 公式进行了修正,即包括不完全停车在内的平均停车率计算公式:

$$h_s = f\left(\frac{1-u}{1-y} + \frac{N_s}{qC}\right) \tag{10.2.18}$$

$$N_s = \frac{e^k}{2(1-x)} \tag{10.2.19}$$

式中,h_s 为平均停车率(即每辆车平均停车次数);$k = -1.33\sqrt{Sg(1-x)/x}$;$N_s$ 为平均过饱和滞留车辆数(veh);f 为考虑不完全停车的校正系数,通常可取 0.9。

仍以上述假设情境为例:交叉口饱和流率 $S=1800\text{veh/h}$,信号周期 $C=60\text{s}$,有效绿灯时间 $g=30\text{s}$,作 N_s 与饱和度 x 的关系图,如图 10.2.6 所示。

可以发现,当饱和度 x 超过 0.9 之后,N_s 值会迅速增大,当饱和度接近 1 时,N_s 趋近于无穷大,此时由 Akcelik 公式计算得到的延误也将趋近无穷大。类似地,Webster 公式在饱和度 x 趋近 1 时的计算结果同样趋近无穷大,交叉口的平衡状态将无法恢复。

综上所述,当饱和度接近或超过 1 时,由稳态理论所推演出的延误、停车率、排队长度等计算公式将不再适用,这是因为这与稳态理论的基本假定相矛盾。实际上,过饱和交通是一种历时有限的"峰值"现象,在车辆排队远未达到极端长度之前,驾驶者将自发地重新调整行驶路线,或者交通高峰阶段已经过去,因此交叉口滞留车队无限增长的条件也就不再存在。

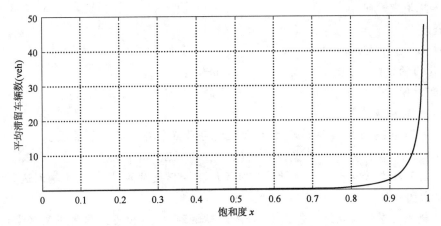

图 10.2.6　平均滞留车辆数随饱和度的变化趋势

10.2.3　定数理论

从 20 世纪 60 年代开始,许多学者开始研究过饱和交叉口车辆延误时间和排队长度的计算方法。其中具有代表性的论述见于 May 的《交通流理论》(1965)以及 May 与凯勒 keller 合著的《定数排队模式》。

定数排队模型[8-9]的建立基于以下基本假定:

(1)交叉口车辆到达率 q 在时间段 T 内为一定值。

(2)时间段 T 内的交叉口通行能力为定值。

(3)车辆到达率 q 大于交叉口通行能力 Q,$q-Q=ZQ$,$Z>0$。

(4)在时间段 T 的起始时刻,初始排队长度为 0;过饱和滞留车辆排队长度随时间增长而呈线性增加,在时间段 T 结束时刻为 ZQT。

这一假定与稳态理论是完全不同的。稳态理论中,考虑到车辆到达率的随机波动性使得个别周期内产生过饱和滞留车队,但经过几个周期后交叉口将恢复原来的平衡状态,因而将个别周期的过饱和滞留车队作为一种随机情况处理。而定数理论将过饱和和阻滞作为一种确定的情况考虑,认为滞留车队按照一种确定的增长率持续增长,但不考虑车辆到达率的随机性对阻滞延误的影响。

若在时间段 T 之后,交叉口处于非饱和状态,即 $q_2<Q$。那么在 T 时间段内累积的过饱和滞留车队长度 ZQT 经过时间 T_2 即可消散,设消散时间为 T_2:

$$(Q-q_2)T_2 = (q-Q)T \tag{10.2.20}$$

$$T_2 = \left(\frac{Z}{Z_2}\right)T \tag{10.2.21}$$

式中,$Z=x-1$;$Z_2=1-x_2$;$x_2=q_2/Q$;$x=q/Q$。

为了推导方便,先假定 T 时间段后车辆到达率 $q_2=0$,于是式(10.2.21)简化为:

$$T_2 = ZT = (x-1)T \tag{10.2.22}$$

【例题 10.2.1】

设:信号周期 $C=120\text{s}$,有效绿灯时间 $g=36\text{s}$,车辆到达率 $q=540\text{veh/h}$(10min 后开始没有车辆到达),饱和流率 $S=1500\text{veh/h}$,通行能力 $Q=450\text{veh/h}$。求:(1)10min 后滞留车辆数;

(2)滞留车队消散时间。

【解答】

饱和度 $x = 540/450 = 1.2$;

通行能力的过饱和量为 $ZQ = q - Q = 90(\text{veh/h})$;

取观测时间 $T = 10\text{min}$,在时间段 T 末,积存的车辆数为 $ZQT = 15(\text{veh})$。

10min 后无车辆到达,$q_2 = 0$。

15 辆滞留车辆从 10min 后开始放行,要使积存滞留车辆全部驶离,需要:

$$T_2 = ZT = (x - 1)T = 2(\text{min})$$

图 10.2.7 为过饱和状态下,不计黄灯时间和信号损失时间,进口道车辆到达和驶离的延误分析图,由图可知:

(1)车辆到达累积曲线为一条直线,斜率为车辆到达率;驶离累积曲线呈锯齿形,红灯期间斜率为 0,绿灯期间斜率为饱和流率 S。

(2)到达曲线与驶离曲线之间形成的面积代表全部车辆总延误,两条线之间的水平距离代表某一辆车的延误时间。(例如,第 42 辆车的到达、驶离点分别为 A、A',则 $AA' = 352.8 - 280 = 72.8\text{s}$ 为第 42 辆车的延误时间)。

(3)到达曲线与驶离曲线之间的竖向距离代表某一时刻的排队长度(veh),滞留车队长度指由于过饱和引起的每周期未能通过的积存车辆累积而成的车辆排队长度(如第四周期末滞留队长度 $BB' = 72 - 60 = 12(\text{veh})$。

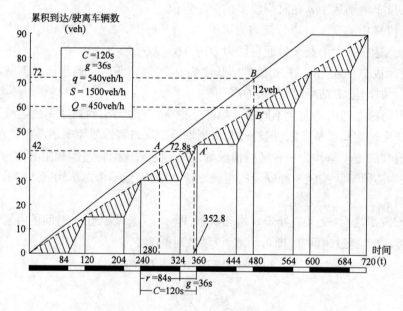

图 10.2.7 过饱和状态车辆延误分析图

过饱和状态下交叉口的车辆延误、排队长度、停车率计算同样分为两部分考虑:一部分是假定车辆到达率为常数且恰好等于通行能力 Q,以此求出延误时间、排队长度、停车率的"正常阻滞构成部分";另一部分是以实际到达率 q 与 Q 之间的差值考虑过饱和的影响,即"过饱和阻滞构成部分"。

第 i 个周期末,过饱和滞留车数 n_i 为:

$$n_i = n_{i-1} + qC - gS \tag{10.2.23}$$

第 i 个周期内，全部车辆的总延误时间 D_i 为：

$$\begin{aligned} D_i &= \frac{1}{2} \cdot (n_{i-1} - n_i + gS) \cdot C - \frac{1}{2} g^2 S \\ &= n_{i-1} \cdot C + \frac{1}{2}(qC^2 - g^2 S) \end{aligned} \tag{10.2.24}$$

第 i 个周期内，全部车辆的总停车次数 H_i 为：

$$H_i = n_{i-1} + qC = n_i + gS \tag{10.2.25}$$

在整个时间段 T 内，全部车辆(qT)的平均过饱和滞留车队长度 N_d 为：

$$N_d = \frac{(q-Q)T}{2} = \frac{ZQT}{2} = \frac{(x-1)QT}{2} \tag{10.2.26}$$

式中，N_d 为平均过饱和滞留车辆数；q 为车辆到达率，时间段 T 内为一定值；Q 为交叉口通行能力；x 为饱和度。

整个时间段 T 内，全部车辆的平均过饱和延误为：

$$OD_a = \frac{(qT - QT)T}{2} = \frac{(x-1)Q \cdot T^2}{2} \tag{10.2.27}$$

单个车辆平均过饱和延误 OD 为：

$$OD = \frac{OD_a}{QT} = \frac{(x-1)T}{2} \tag{10.2.28}$$

绿灯开始时的平均滞留车队长度 $\overline{N}_d$ 为：

$$\overline{N}_d = N_d + Qr \tag{10.2.29}$$

时间段 T 末形成的最大滞留车队长度 $\overline{N}_e$ 为：

$$\overline{N}_e = 2N_d + (S-q)g \tag{10.2.30}$$

整个时间段 T 内，车辆延误时间总和 D_d 为：

$$D_d = \frac{q \cdot r}{2} + N_d x \tag{10.2.31}$$

式中，D_d 为单位时间内所有车辆的总延误；$q \cdot r$ 为红灯期间到达的车辆数。

则每辆车的平均延误时间 d_d 为：

$$d_d = \frac{D_d}{q} = \frac{r}{2} + \frac{N_d}{q} \tag{10.2.32}$$

代入 $N_d = ZQT/2$，可简化为：

$$d_d = \frac{r + ZT}{2} \tag{10.2.33}$$

平均停车率 h_d 为：

$$h_d = 1 + \frac{N_d}{Sg} \tag{10.2.34}$$

式中，S 为饱和流率(veh/s)；g 为有效绿灯时间(s)。

分析上式可以看出：无论是排队长度、延误时间还是停车率计算公式，都是由两部分构成。前一部分是在 $q = Q$ 情况下车辆的"正常阻滞构成部分"，这部分值对于每一个信号周期是不变的,是饱和度为1(即 $x=1, u=y$)情况下三个参数的估计值,同时也等于非饱和交叉口三参数计算公式的第一项。因此,无论稳态理论还是定数理论,它们所给出的正常排队长度、正常延误值和正常停车率都是一致的。第二部分为"过饱和"部分,分别用 N_o、d_o、h_o 表示,三参数的"过饱和阻滞构成部分"均可表示为平均过饱和滞留车辆数 N_d 的函数,同时,三参数的过饱和部分之间也有一定的相关关系,即:

$$d_o = N_o x/q \tag{10.2.35}$$

$$h_o = N_o/Sg \tag{10.2.36}$$

$$h_o = d_o/C \tag{10.2.37}$$

【例题 10.2.2】

仍以上述情境为例,设:信号周期 $C=120\text{s}$,有效绿灯时间 $g=36\text{s}$,车辆到达率 $q=540\text{veh/h}$(10min 后开始没有车辆到达),饱和流率 $S=1500\text{veh/h}$,通行能力 $Q=450\text{veh/h}$。

求:(1)车辆的平均延误;(2)车辆的平均停车次数;(3)车辆的最大排队长度。

【解答】

饱和度 $x=1.2$;

通行能力的过饱和量为 $ZQ=q-Q=90\text{veh/h}$;

平均过饱和滞留车队长度为:

$$N_d = \frac{(x-1)QT}{2} = \frac{(1.2-1) \times 450 \times 10}{2 \times 60} = 7.5(\text{veh})$$

总延误时间为:

$$D_d = \frac{qr}{2} + N_d x = \frac{540 \times 84}{2 \times 3600} + 7.5 \times 1.2 = 15.3(\text{veh})$$

平均每辆车延误为:

$$d_d = \frac{D_d}{q} = \frac{15.3}{540/3600} = 102(\text{s})$$

平均每辆车停车次数为:

$$h_d = 1 + \frac{N_d}{Sg} = 1 + \frac{7.5}{1500 \times 36/3600} = 1.5$$

绿灯开始时平均滞留车队长度为:

$$\overline{N}_d = N_d + Q \cdot r = 7.5 + 450 \times 84/3600 = 20.1(\text{veh})$$

最大排队长度为:

$$\overline{N}_e = 2N_d + (S-q) \cdot g = 15 + (1500-540) \times 36/3600 = 24.6(\text{veh})$$

10.2.4 过渡曲线

前面两节分别介绍了稳态理论和定数理论,两种理论分别基于各自的基本假定用以分析交叉口车辆受信号阻滞的影响,但均存在局限性。稳态理论适用于低饱和度(饱和度 $x < x_P$)的情况,随着饱和度的增大,初始的"稳态平衡"将愈加难以维持,当饱和度接近 1 时,稳态理论无法给出切合实际的结果,其广义参数(延误或排队长度等指标)将会趋于无穷。定数理论对于高度过饱和交叉口车辆延误的情况能给出比较合理的结果,但在饱和度等于 1 或略大于

1 的情况下不适用。饱和度等于 1 时,定数理论计算得到的过饱和滞留车队长度为 0,忽略了实际情况中车辆到达随机性产生的周期过饱和现象,这与实际情况不相符合。结合稳态理论和定数理论的应用,交叉口延误或排队长度等指标随饱和度变化情况如图 10.2.8 所示。

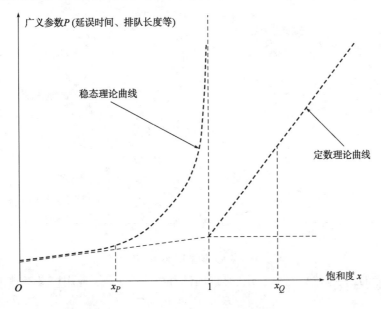

图 10.2.8 稳态理论及定数理论曲线

由图 10.2.8 可知,当饱和度 x 的范围接近 1 时($x_P \leqslant x \leqslant x_Q$)时,需要寻找一个新的分析理论和方法使得图中广义参数随着饱和度的改变而连贯平滑变化。

对于阻滞构成中的"正常阻滞"部分,无论是稳态理论还是定数理论,给出的结果都是相同的,问题在于两种理论在"准饱和"状态下(饱和度等于 1 或接近 1)对于"过饱和阻滞"部分的计算结果都不令人满意。

可以确定的是,随着车辆到达率 q 逐渐增大,饱和度 x 也将逐渐增大。相应地,进口道的车辆延误时间和排队长度等指标 P 也是一个逐渐增加的过程。换言之,交叉口的延误综合性能指标是随着饱和度单调增加的。因此,可以通过寻找一段($x_P \leqslant x \leqslant x_Q$)过渡曲线将低饱和度段($x \leqslant x_P$)曲线和过饱和段($x \geqslant x_Q$)曲线有机连接起来,从而合理地描述延误综合性能指标随饱和度 x 的变化趋势。具体情况如图 10.2.9 所示。

早在 20 世纪 70 年代便有学者开始在稳态理论曲线与定数理论曲线之间寻求一种中间过渡函数曲线,以协调二者,保留二者适用部分,摒弃它们各自不适用的部分。

过渡函数曲线在饱和度 $x \leqslant x_P$ 时与稳态理论曲线重合,将饱和度在 $x_P \leqslant x \leqslant 1$ 内的稳态理论曲线进行如下操作:曲线各点保持纵坐标不变,横坐标向右侧水平移动,使得移动后的横坐标与定数函数曲线之间的水平距离等同于移动前横坐标与 $x=1$ 垂线之间的水平距离。如此坐标协调变化后得到的平滑曲线称为过渡曲线。过渡曲线既解决了"准饱和"状态下稳态理论无效结果的问题,又弥补了定数理论所忽略的随机阻滞部分。

结合两种理论,过渡曲线函数应当包括以下三部分:"均衡阻滞"部分、"随机阻滞"部分和"过饱和阻滞"部分。需要注意的是,"过饱和阻滞"部分不仅在饱和度大于 1 的情况下存在,在饱和度小于或等于 1 的情况下也存在。

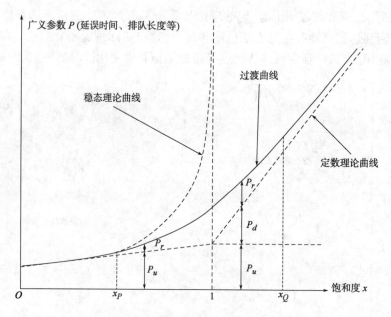

图 10.2.9 过渡曲线变化趋势

将反应阻滞的三个参数(排队长度、延误时间和停车率)笼统地用广义参数 P 表示:

$$P = P_u + P_o \tag{10.2.38}$$

式中,P_u 为"均衡阻滞"项,P_o 为"随机和过饱和阻滞"项。

由图 10.2.9 可以看出,当交叉口饱和度 $x \leq 1$ 时,随机和过饱和项 P_o 等于"随机阻滞"项 P_r,"均衡阻滞"项 P_u 是关于饱和度的线形递增函数。当交叉口过饱和时,随机和过饱和项等于"过饱和阻滞"项 P_d 和"随机阻滞"项 P_r 之和,"均衡阻滞"项 P_u 为常数。

$$\begin{cases} P_o = P_r & (x \leq 1) \\ P_o = P_d + P_r & (x > 1) \end{cases} \tag{10.2.39}$$

10.2.4.1 随机和过饱和延误

过渡曲线和稳态曲线的延误等指标均是由"均衡阻滞"所带来的均衡相位延误以及"随机和过饱和阻滞"所带来的随机和过饱和延误组成的。前文谈及的过渡曲线是由部分稳态曲线以定数理论曲线为渐进线进行坐标变换得到的光滑线形,其满足如下特点:当过渡曲线上饱和度 x_0 对应点的随机和过饱和延误与稳态曲线上饱和度 x_u 对应点处的随机延误相等时,稳态曲线上点与渐近线($x=1$)的偏差和过渡曲线上的点与渐进线(定数理论曲线)的饱和度偏差相等。

如图 10.2.10 所示,饱和度为 x_u 时稳态曲线上点的延误与饱和度为 x_0 时过渡曲线上点的延误相等。此时,这两点与各自渐近线的饱和度偏差相等,即:

$$1 - x_u = x_d - x_0 \tag{10.2.40}$$

式中,x_d 所对应的定数理论曲线上的点与 x_0 所对应的过渡曲线上的点具有相同的延误值。

对于稳态理论曲线,其随机平均延误 $d(x_u)$ 采用前文爱尔朗分布推导的延误公式进行计算:

$$d(x_u) = \frac{kx_u}{c(1-x_u)} = d \tag{10.2.41}$$

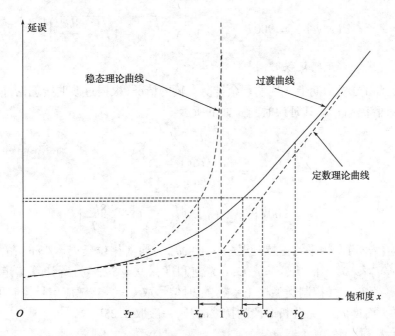

图 10.2.10 稳态理论曲线与过渡曲线之间的关系

对于过渡曲线,其饱和度 x_0 对应点的随机和过饱和延误 $d(x_0)$ 等于饱和度 x_d 所对应的过饱和延误 $d(x_d)$,由式(10.2.28)可得:

$$d(x_0) = d(x_d) = \frac{T}{2}(x_d - 1) = d \qquad (10.2.42)$$

由此可进行如下推导:

$$x_d = 1 - x_u + x_0 \qquad (10.2.43)$$

$$d = d(x_d) = \frac{T}{2}(x_d - 1) = \frac{T}{2}(1 - x_u + x_0 - 1) = \frac{T}{2}(x_0 - x_u) \qquad (10.2.44)$$

$$x_u = x_0 - \frac{2d}{T} \qquad (10.2.45)$$

$$d = d(x_u) = \frac{kx_u}{c(1-x_u)} = \frac{k\left(x_0 - \frac{2d}{T}\right)}{c\left(1 - x_0 + \frac{2d}{T}\right)} \qquad (10.2.46)$$

$$d^2 - \frac{T}{2}\left(x_0 - 1 - \frac{2k}{cT}\right)d - \frac{kx_0 T}{2c} = 0 \qquad (10.2.47)$$

式中,$2k/cT \approx 2 \times 0.5/400 \times 0.25 = 0.01 \to 0$,故上式可简化为:

$$d^2 - \frac{T}{2}(x_0 - 1)d - \frac{kx_0 T}{2c} = 0 \qquad (10.2.48)$$

$$d = \frac{T}{4}(x_0 - 1) + \frac{1}{2}\sqrt{\frac{T^2}{2^2}(x_0 - 1)^2 + \frac{T^2}{2^2}\frac{8kx_0}{cT}} = d(x_0) \qquad (10.2.49)$$

式(10.2.49)便是过渡曲线的随机和过饱和延误计算公式,化简后可得以下两种形式:

$$d(\text{h/veh}) = \frac{T}{4}\left[(x_0 - 1) + \sqrt{(x_0 - 1)^2 + \frac{8kx_0}{cT}}\right] \qquad (10.2.50)$$

$$d(\text{s/veh}) = 900T\left[(x_0 - 1) + \sqrt{(x_0 - 1)^2 + \frac{8kx_0}{cT}}\right] \tag{10.2.51}$$

10.2.4.2 交叉口车辆延误时间

若不计交叉口分析初期上一周期剩余排队车辆的情况,根据过渡曲线理论,信号控制交叉口延误模型由两部分组成,其延误时间 d 如下所示:

$$d = d_1 + d_2 \tag{10.2.52}$$

$$d_1 = \frac{0.5C(1-u)^2}{1-[\min(1,x)u]} \tag{10.2.53}$$

$$d_2 = 900T\left[(x-1) + \sqrt{(x-1)^2 + \frac{8kx}{cT}}\right] \tag{10.2.54}$$

式中,d 为各车道车辆平均信控延误(s/veh);d_1 为均衡相位延误(s/veh);d_2 为随机和过饱和延误(s/veh);u 为绿信比,$u = g/C$;x 为饱和度,$x = q/Su$;c 为所计算车道的通行能力(veh/h);k 为交叉口信号控制类型校正系数,定时信号取 $k=0.5$,感应信号控制下 $k \leq 0.5$,且随饱和度的增大而增大;T 为分析时段的持续时长,一般取 $0.25h$。

【例题 10.2.3】

图 10.2.11 为一个两相位的信号控制交叉口,各进口道的交通流量和饱和流率见表 10.2.1。交叉口信号周期时长为 78s,其中南北向绿灯时长 26s,东西向绿灯时长 38s,计算交叉口的通行能力及延误。

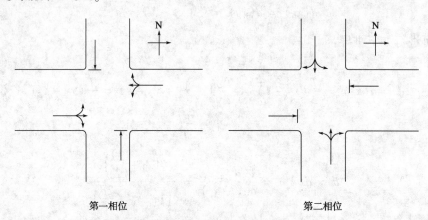

第一相位　　　　　　　　　　第二相位

图 10.2.11　交叉口信号相位图

交叉口各进口道流量及饱和流率　　　　　　　　　　表 10.2.1

进口道	北进口	南进口	东进口	西进口
小时流量(veh/h)	620	720	390	440
饱和流率(veh/h)	2400	2400	1000	1000

【解答】

第一步:计算各进口道通行能力

北进口:$CAP_N = S_N \times u_N = 2400 \times \dfrac{26}{78} = 800(\text{veh/h})$

南进口：$CAP_S = S_S \times u_S = 2400 \times \dfrac{26}{78} = 800\,(\text{veh/h})$

东进口：$CAP_E = S_E \times u_E = 1000 \times \dfrac{38}{78} = 487\,(\text{veh/h})$

西进口：$CAP_W = S_W \times u_W = 2400 \times \dfrac{38}{78} = 487\,(\text{veh/h})$

第二步：计算各进口道饱和度

北进口：$x_N = \dfrac{620}{800} = 0.78$

南进口：$x_s = \dfrac{720}{800} = 0.9$

东进口：$x_E = \dfrac{390}{487} = 0.8$

西进口：$x_W = \dfrac{440}{487} = 0.9$

第三步：计算交叉口延误

(1) 均衡延误的计算

北进口：$d_{N1} = \dfrac{0.5C(1-u_N)^2}{1-[\min(1,x_N)u_N]} = \dfrac{0.5 \times 78 \times \left(1-\dfrac{26}{78}\right)^2}{1-\left[\min(1,0.78) \times \dfrac{26}{78}\right]} = 23.7\,(\text{s/veh})$

类似地，可计算南进口、西进口和东进口均衡延误。南进口：$d_{S1} = 25\,(\text{s/veh})$；东进口：$d_{E1} = 16.6\,(\text{s/veh})$；西进口：$d_{W1} = 18.1\,(\text{s/veh})$。

(2) 随机和过饱和延误的计算

北进口：$d_{N2} = 900T\left[(x-1) + \sqrt{(x-1)^2 + \dfrac{8kx}{cT}}\right]$

$= 900 \times 0.25 \times \left[(0.78-1) + \sqrt{(0.78-1)^2 + \left(\dfrac{8 \times 0.5 \times 0.78}{800 \times 0.25}\right)}\right]$

$= 7.4\,(\text{s/veh})$

类似地，可计算南进口、西进口和东进口随机和过饱和延误。南进口：$d_{S2} = 15.1\,(\text{s/veh})$；东进口：$d_{E2} = 12.8\,(\text{s/veh})$；西进口：$d_{W2} = 22.5\,(\text{s/veh})$。

(3) 各进口道延误的计算

北进口：$d_N = d_{N1} + d_{N2} = 31.1\,(\text{s/veh})$

南进口：$d_S = d_{S1} + d_{S2} = 40.1\,(\text{s/veh})$

东进口：$d_E = d_{E1} + d_{E2} = 29.4\,(\text{s/veh})$

西进口：$d_W = d_{W1} + d_{W2} = 40.6\,(\text{s/veh})$

10.2.4.3 停车率

与延误时间类似，停车率 h 计算公式同样由两部分构成：

$$h = h_1 + h_2 \qquad (10.2.55)$$

前文已经得出随机和过饱和延误时间的函数，其随机和过饱和滞留车队长度计算公式为：

$$N = \begin{cases} \dfrac{cT}{4}\left[(x-1) + \sqrt{(x-1)^2 + \dfrac{8kx}{cT}}\right] & (x > x_P) \\ 0 & (x \leq x_P) \end{cases} \qquad (10.2.56)$$

"随机与过饱和"停车率 $h_2 = N/Sg$，从而可得：

$$h_2 = \begin{cases} \dfrac{cT}{4Sg}\left[(x-1) + \sqrt{(x-1)^2 + \dfrac{8kx}{cT}}\right] & (x > x_P) \\ 0 & (x \leq x_P) \end{cases} \qquad (10.2.57)$$

"正常阻滞"停车率 h_1 分别取稳态理论和定数理论停车率公式的第一项：

$$h_1 = \begin{cases} \dfrac{1-u}{1-y} & (x < 1) \\ 1.0 & (x \geq 1) \end{cases} \qquad (10.2.58)$$

考虑到有部分车辆只经历不完全停车的情况，对停车率进行校正：

$$h = f(h_1 + h_2) \qquad (10.2.59)$$

式中，f 为完全停车率校正系数，通常可取 0.9。

课后习题

1. 一无信号控制交叉口，东西向为主要道路，交通量为 $q_p = 420\text{veh/h}$，南北为次要道路，交通量 $q_n = 120\text{veh/h}$。已知，次路交通流的临界间隙 $t_c = 7\text{s}$，车辆的跟车时间 $t_f = 3\text{s}$，最小车头间距 $t_m = 1\text{s}$。求：

   (1) 次路交通流的通行能力 q_m；
   (2) 次路车流的单车平均延误 D。

2. 某信控交叉口信号周期 $C = 120\text{s}$，绿信比为 0.35，进口道饱和流率 $S = 1500\text{veh/h}$，高峰时间段车辆到达率 $q_1 = 620\text{veh/h}$。若 10min 后高峰小时过去，车辆的到达率变为 $q_2 = 400\text{veh/h}$，试计算：

   (1) 10min 后该进口道滞留车辆数；
   (2) 滞留车队消散时间；
   (3) 平均过饱和滞留车队长度；
   (4) 总延误时间；
   (5) 平均每车延误；
   (6) 绿灯开始时平均滞留车队长度。

3. 一个南北进口同时放行、东西进口同时放行的两相位信控交叉口，各进口道的交通量和饱和流率见下表。交叉口信号周期时长为 110s，其中南北向绿灯时长 44s，东西向绿灯时长 52s。试计算：

   (1) 交叉口各进口道通行能力；
   (2) 交叉口各进口道延误；
   (3) 交叉口各进口道停车率。

进口道	北进口	南进口	东进口	西进口
小时流量(veh/h)	760	600	422	344
饱和流率(veh/h)	1800	1600	800	1000

参考文献

[1] Adams. Road Traffic Considered as a Random Series [J]. Journal of the Institute of Civil Engineers, 1936, Vol. 4: 121-130.

[2] Troutbect R J. Average delay at an unsignalized intersection with two marjor stream each having a dichotmized headway distribution [J]. Transportation Science, 1986, Vol. 20(4): 272-286.

[3] Tanner, J C. A Theoretical Analysis of Delays at an Uncontrolled Intersection [J]. Biometrica, 1962, Vol. 49(1-2): 163-170.

[4] Levy Y, Yechiali U. Utilization of Idle Time in an M/G/1 Queueing System [J]. Management Science, 1975, Vol. 22(2):202-211.

[5] 鸠洛夫 DL, 休伯 MJ. 交通流理论[M]. 蒋璜, 任福田, 肖秋生, 徐吉谦, 译. 北京:人民交通出版社, 1983.

[6] Webster F V. Traffic Signal Settings[R]. London: Road Research Laboratory, 1958.

[7] Akcelik R, R J Troutbeck. Implementation of the Australian Roundabout Analysis Method in SIDRA [C]. Highway Capacity and Level of Service, Proceedings of the International Symposium on Highway Capacity, Karlsruhe, Germany, 1991.

[8] Rouphail N, R Akçelik. Oversaturation Delay Estimates with Consideration of Peaking [J]. Transportation Research Record, 1992, No. 1365: 71-81.

[9] Tarko A, N Rouphail, R Akçelik. Overflow Delay at a Signalized Intersection Approach Influenced by an Upstream Signal: An Analytical Investigation [J]. Transportation Research Record, 1993, No. 1398: 82-89.

第11章
行人交通流

行人交通流是交通流的重要组成部分,由于行人的运动没有固定车道可循,且行人的运动速度明显低于机动车,因而行人交通流在其交通特性和建模方法上都与机动车交通流存在一定的差异。本章将从行人交通流的统计学特征出发,介绍行人的运动特征以及动力学建模方法。

11.1 统计学特征

11.1.1 行人运动基本特征

与机动车交通不同,行人的运动过程非常复杂,路径决策过程非常灵活,可根据自身周围的实际情况,选择前进、后退、变换行走方向、停下等待等。具体来说,行人交通存在显著的个性化特征,包括出行目的多元性、出行行为非均质性、出行过程受限性等。

11.1.1.1 出行目的多元性

步行既可以是有明确目的的单纯交通行为,也可以是移动过程即为目的的散步,或者是两者的结合,如购物或参观游览。不同出行目的下行人的步行特征,如步行速度、对交通服务的要求都有显著差异,见表 11.1.1 所示[1]。

三类典型步行目的及其出行特征　　　　表 11.1.1

出行目的	典型行为	平均速度(m/s)	对交通服务要求
具有行为目的的两点间位置移动	通勤	1.3~2.5	快速通过,便捷
伴随其他行为目的的随意移动	购物、游园	0.7~1.3	舒适的、有吸引力的空间环境
移动过程即为目的的随意移动	散步	0.8~1.2	

11.1.1.2　出行行为非均质性

步行是人的自主行为,与步行者的生理、心理状况密切相关,具有典型的非均质性特征。不仅人与人之间不同,同一步行者在不同时间、空间及情绪条件下的步行状况都可能相去甚远。相比之下,步行者出行行为的非均质性特征对行人交通的影响比驾驶人个性差异对机动车交通的影响更为直接和显著。

11.1.1.3　出行过程受限性

行人交通尽管具有较高的自由度,但仍受到各种客观条件的限制,其中最主要的是行人自身机能的限制。限于体力因素,步行速度通常会低于其他交通方式,且步行方式不适宜中长距离出行。一般认为步行时间不超过 5min,步行距离 400~500m 较为适中。体力因素的限制,往往对行人路径选择具有决定性影响,如当自动扶梯与楼梯并排布置时,由于上下楼梯需要额外的体能消耗,行人往往宁愿在自动扶梯前排队等候通行,也不愿徒步于"空荡"的楼梯。

11.1.2　行人个体微观特性

当众多行人的出行目的明确、一致,且同时在具有一定边界的步行空间通过时(如地铁站通道),就形成了流动性、整体性很强的行人流。行人流在一定程度上可理解为可压缩的均质流,是行人交通流理论研究的重要对象。而行人的个体微观交通特性,包括行走特性、人体空间占用偏好以及个体步行速度,是分析宏观行人流交通特征的基础。

11.1.2.1　个体行走特征

对个体行走特性的讨论,可分为自由行走与受约束行走两种情形。受约束行走的情形包括被动跟随或超越同向行人、避让或要求对向行人避让以及横向穿越交叉人流等。目前关于个体行走特性的研究成果较少,主要分布在社会心理学与行为学领域,具体包括以下几方面。

(1) 自由行走的行为特性

弱规则性:如果不是赶时间想尽快到达目的地,行人都倾向于以自己最舒适的(能量消耗最少)的步行速度行走。他们无须、也不可能像汽车交通那样以整齐的"队列"行进,而是在可能的空间内以不规律的方式蛇行或交错地向前运动。

趋近性:当行人能够觉察到目的地方位与路径时,总是有选择最短路到达目的地的倾向。例如 Gehl 通过在哥本哈根市广场上的大量调查[2]发现,"人们走捷径的愿望是非常执着的"(图 11.1.1)。

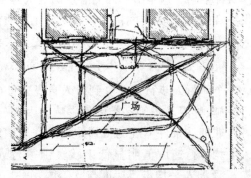

图 11.1.1　哥本哈根市广场上行人穿越的轨迹

隔离性：出于安全和舒适性要求，行人在行走过程中总是与建筑物边界（墙壁、街沿等）、障碍物或其他行人保持一定距离，且这个距离是可变的：在匆忙行走时变小，也会随着人流密度的增大而递减。行人的这种"隔离性"导致步行设施空间不能被完全利用。

(2) 受约束行走的行为特性

受约束条件下，行人在步行过程中会与其他行人发生交互作用，从而呈现出某些自由行走状态下不具备的行为特性。例如，Sobel 和 Lillith 在曼哈顿街道上开展了一个实验，考察与其他行人相遇时行人会给自己以及对方预留多少空间。实验结果表明，与女性相比，男性通常被对向行人给予更小的空间，这与 Wolff 的观测结果一致。Dabbs 和 Stokes 分析了不同类别行人相遇时，性别、群体大小以及相貌与被给予避让空间的关系。通过对 470 名行人的观测，他们发现男性、一群人或漂亮女性一般会得到更大空间。Willis 等人在美国堪萨斯州的大学食堂及购物大厦观察了 1038 个行人的让路样本，发现大多数情况下，男性给女性让路，单个行人给行人群体让路，小群体行人给大群体行人让路，白人给黑人让路，年轻人给老年人让路，而怀抱婴儿、有小推车、行动不便或背负行李的人一般不给其他人让路[3]。

(3) 个体行走行为小结

总体来说，个体行走行为既有共性——作为"人"而普遍遵守的行为规则，又存在很大差异性——受文化习惯、自身特点、出行特征、结伴与否、步行设施、外界环境等众多因素影响而呈现出不同的个性化特点，但当前的研究尚未形成完整体系。

11.1.2.2 人体尺寸与空间占用偏好

(1) 人体尺寸

目前常利用人体肩宽与胸厚两个水平身体尺寸，将人体站立时所占用的空间模拟为长轴为肩宽，短轴为胸厚的椭圆或矩形，从而计算行人站立所需的最小空间。不同国家或地区由于人体形态的差异，计算得到的人体所需空间值也各有不同。中国男、女身体尺寸及站立空间通常比西方国家小，男女平均肩宽为 46.9cm 和 43.8cm，平均胸厚为 24.5cm 和 23.9cm。

(2) 空间占用偏好

人体尺寸仅反映了行人站立的最小空间需求。为了避免与其他行人身体接触，行人一般约需 $0.22 \sim 0.26 m^2$ 的站立空间[4]。另外，心理学家所做的人体缓冲区测量实验表明，当强调个人舒适时，男性与女性都倾向于选择与男性分开较大的距离：面对女性时，人们会在女性周围预留 $0.37 \sim 0.46 m^2$ 的身体缓冲空间，而面对男性时则会在其周围预留 $0.74 \sim 0.84 m^2$ 的身体缓冲空间。这是由于人们潜意识里认为男性一般更具侵犯性，故与其保持更大的距离。值得注意的是，行人空间占用偏好与文化习惯密切相关。和西方国家相比，东方、中东地区的行人可以接受更小的个人空间，以及忍受更大程度的身体接触。

11.1.2.3 行人个体步行速度分布

个体行人步行速度受到行人自身条件（年龄、性别、文化习惯、行动能力）、出行目的、步行设施、外界环境等多类因素影响。因此，个体行人的步行速度值变化范围较大。部分学者在非拥挤条件下观测得到的结果[5]表明，水平通道上（测量地点以城市人行道为主）亚洲人平均步行速度值明显低于欧美国家行人的平均速度，但在楼梯上（包括上行和下行楼梯），亚洲人平均步行速度与欧美国家平均速度接近，并且不同国家行人在楼梯上的步行速度基本相当。

11.1.3 行人流宏观特性

在个体行人交通特征的基础上,对行人流宏观特性的研究主要针对行人群集移动特征,包括行人的流量-速度-密度三参数关系(行人流基本图)、行人交通设施通行能力与服务水平分级标准等。

11.1.3.1 行人群体行为特征

行人群体行为可区分正常条件下的群集流动行为与紧急条件下的疏散行为。前者分析行人在正常行走过程中,通过大多数个体都遵循特定的行走规则而自然展现的群体行为特征。后者分析面对突发事件(如火灾、恐怖袭击)时,人群的逃生行为与路径选择特征。

(1)正常条件下的行人群集流动行为

正常条件下的人群流动特征主要包括行人自组织行为、行人流速度分布边缘效应以及行人流气泡现象。

a. 行人自组织行为。

在双向行人流中,不同方向的人群会自发形成若干条行人通道,从而展现自组织的行为特征(图11.1.2),通常称之为"通道形成"(Lane Formation)。这一自组织现象的行为学解释如下:双向通行过程中,一个方向上的某个行人个体要想减少与对向行人的冲突干扰,最好(最省力)的方法是跟随其前方的同向行人行走。当两个方向中大多数个体都遵循这个行为规则时,行人自组织行为也就自然呈现,它使得通行空间获得更均衡、有效的利用。

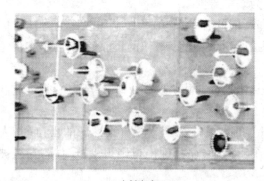

a) 中低密度　　　　　　　　　　b) 高密度

图11.1.2　双向行人流的通道形成行为

b. 行人流速度分布边缘效应。

行人在步行通道上并非以均匀分布的方式行走,往往是通道中轴线附近的人流密度较高,而靠近两侧的人流密度较低(行人移动的"向心性"),从而导致通道两侧附近的人流速度高,中轴线附近的人流速度低。这种现象被称为行人流速度分布的边缘效应,如图11.1.3所示。

c. 行人流气泡现象。

同样由于行人在步行空间上的非均匀分布特性,尤其在高密度时,人群中的个体受周围行人的制约,并不能自由选择他所期望的空间位置,因此,经常在步行空间内形

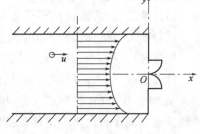

图11.1.3　行人流速度分布边缘效应

成一些未被利用的空间。这种未被利用的空间常被比喻为行人流的"气泡(Bubble)",如图11.1.4所示。

图11.1.4 行人流气泡现象

(2)紧急条件下的行人疏散行为

对于紧急条件下人群疏散行为的研究多以建筑物火灾为研究背景,以人在通道、楼梯中的移动过程为研究对象,考察人的行为对火灾疏散中开始疏散时间的影响、火灾烟气中人的行为模式以及火灾疏散中遇害者与幸存者的行为活动等内容。目前这方面已积累了较丰富的研究成果,简要归纳人群在火灾中的逃生行为如下:

a. 紧急状态下,人的情绪变得十分紧张,整个人群处于一种惶恐状态。人群的行为较少受法规与道德的影响,而呈现出一种近乎疯狂的行为。

b. 集散人员都试图根据集散过程中所接受和反馈的各种信息,不断调整自己的行动目标和运动方式。集散人群以受到的阻碍程度最小为行动原则,并以最快的集散速度,力争在最短的时间内向最终的集散目标行进。

c. 当集散场面较混乱时,集散人群的逃生顺从主流向。由此部分人员会产生一些不理性的盲目行为,如盲目跟随人群移动。

d. 当有两个以上集散出口时,紧急集散状态下的人员往往会选择自己熟悉的出口(行人的"识途性"),因而经常会出现很多人聚集在一个出口处,而其他出口则很少被使用,甚至被完全忽略。

11.1.3.2 行人的流量-速度-密度关系

行人的流量-速度-密度关系,即行人流基本图,是行人群集流动行为的定量表征,也一直是行人流研究的重点内容。此处先定义几个重要的特征变量,包括:

自由流速度:行人自由行走时可获得的速度,即行人流密度趋于零时的速度。

最佳速度:行人流达到通行能力时的速度。

通行能力:单位时间、单位宽度步行设施断面的最大行人通过量。

最佳密度:行人流达到通行能力时的密度。

堵塞密度:行人流停滞不前,速度趋于零时的密度。

从20世纪50年代后期开始,国内外一些研究人员就先后通过现场人工观测、摄像记录等手段获取不同步行设施人流移动的原始数据,继而利用统计方法建立行人流量、密度与速度三参数之间的基本关系。这些成果体现出了不同国家和地区之间的差异,包括:

(1)自由流速度:我国水平通道的自由流速度较欧美国家平均约低10%,上楼梯自由流速度与欧美国家基本相同,而下楼梯自由流速度比欧美国家平均约高10%。

(2)最佳速度与最佳密度:我国单向水平通道的最佳速度研究值大于欧美国家,相应的最佳密度小于欧美国家。上、下行楼梯的最佳速度研究值介于欧美国家之间,相应的最佳密度研究值也有同样特征。

(3)通行能力:由于我国的最佳密度比欧美国家小,单向水平通道的通行能力研究值也明显小于欧美国家。上行楼梯通行能力研究值显著高于欧美国家,下楼梯通行能力则介于欧美国家之间。

(4)堵塞密度:我国的单向水平通道堵塞密度研究值介于欧美国家之间,上楼梯堵塞密度介于欧美国家之间,下楼梯堵塞密度与欧美国家相同。

对于行人流基本图而言,不同学者给出了不同的研究结果,尤其在高密度区域存在定性差异。图11.1.5汇总了7组有代表性的行人流基本图实测数据[6],包括3组单向数据[7-9]、2组通道形成后的双向数据[10-11]以及2组单向双向混合数据[12-13]。这些差异可能取决于多种因素,如采集地点、外界环境、出行特征、步行设施、统计方法、心理状况或者文化差异等。如何系统解释这些数据、准确描述行人流基本图的规律,将是未来重要的研究课题,除了采集更多的实测数据进行研究外,开展行人流实验也将是可用的手段。

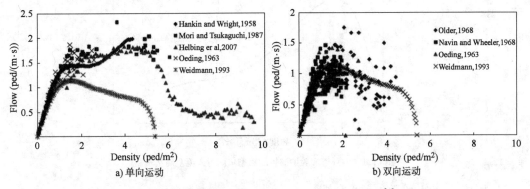

图11.1.5 已有研究行人流基本图对比(数据来源于文献[6])

【例题11.1.1】
采集合适的单向行人流数据,绘制基本图。
【解答】
(1)确定数据采集方案

可以考虑的数据包括现实中的实测数据和实验数据。由于实验数据便于采集和统计分析,可以设定想要的参数和控制条件,所以此处采用做实验的方法。

(2)设定实验条件

可以考虑的实验条件包括周期边界和开放边界两种。在开放边界条件下,全局密度不固定,而局部密度的计算方法较为复杂,此处略。所以本题只考虑周期边界条件,开展环道实验,从而得到固定的全局密度。

(3)配置实验条件

按照一定的外半径和内半径长度,布置环道;使用预先设定的密度,乘以环道面积,得到实验所需人数。

(4) 开展实验

安排行人进入环道,按照日常步行习惯集体前进,每次实验长度至少为5min。运动方向顺时针或逆时针皆可。实验过程可使用高处固定的摄像机或室外的无人机拍摄,在实验结束后使用视频进行数据分析。

(5) 统计流量

在单向环道实验中,各处流量可能会近似相等,也可能会有差异,所以通常在环道上选择4个距离相等的位置(彼此正好相差90°),分别统计流量然后再取平均值。流量统计的时间间隔可选择30s或15s,统计这一时段内通过的行人个数N,然后除以时间长度T和环道宽度W得到流量Q,即$Q = N/(T \cdot W)$。

(6) 绘制基本图

将流量平均值和全局密度配对,画成XY散点图(流量-密度图),并用拟合曲线连接。这一做法可以避免复杂的速度分析,完全排除速度计算过程中的误差。不论实验过程如何,基本图结果通常具备一些共性。例如,有左右两个分支,且左分支单调递增,右分支单调递减,临界密度通常在2人/m²左右,如图11.1.6所示。

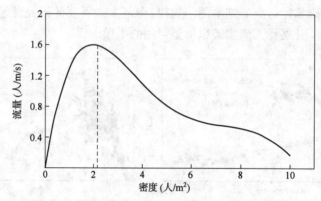

图11.1.6 环道实验中测得的典型单向行人流全局基本图

11.1.3.3 行人的服务水平分级

行人设施的服务水平是描述行人步行所感受到的一种服务的质量标准。一般用人均占用道路面积、可达到的步行速度、步行者步行自由程度、超越他人与横穿人流的可能性和安全舒适度等作为评价人行道服务水平的标准。

行人设施服务水平与通行能力互为依存、密切相关,并且与道路条件、交通条件、服务设施、管理水平等因素有着密切的关系。事实上,除了这些影响通行能力的因素会影响到服务水平,还有许多客观因素是通过影响行人的感觉而使行人感受到服务水平的,主要包括系统的舒适、便利、安全、可靠和经济等方面的因素:

(1) 舒适因素:包括天气防护、气候控制、公共交通站棚状况以及其他行人舒适设施等。

(2) 便利因素:包括步行距离、便捷的路径、坡度、人行匝道、方向标志、导游图以及其他使行人出行变得更方便和简单的设施。

(3) 安全因素:将行人和机动车分离的措施。例如,在平面上,将行人布置在林荫道或其他无车辆的地区;在立面上,设置下跨或下穿立交。

(4) 可靠因素:包括照明、开辟视线及街道活动的类型和程度。

(5)经济因素：与道路使用者成本、旅行延误和方便程度有关，并且由于受行人客观因素的影响，也关系到道路周边房屋租金及零售业的发展。

高水平的服务标准必定有相应的经济基础支撑，因此，不同发展水平的国家所制定的人行道服务标准与指标不尽相同，即使美国、日本、德国等经济发达的国家之间以及他们在不同时期制定的服务水平标准也有很大的差别。例如，美国 A 级标准的行人空间占用面积同日本的指标相差达 3.7 倍之多，美国 1971 年同 1985 年制定的标准也相差很大。

考虑到我国的实际状况和行人交通特点(街道上行人多、人行道窄、障碍物多)，若标准定得太高，建设费用必将增加，造成实际困难；若分得过细，从反映特性上不易明确划分，实施时也难于掌握。从实际资料来看，我国的行人交通具有步行速度低、速度差小、分布范围小等显著特点，因此，建议将我国行人设施服务水平分为五个技术等级。详细划分和指标见表 11.1.2。

行人设施服务水平等级划分 表 11.1.2

技术等级	等级划分技术标准						
	行人占有面积 (m^2/人)	横向间距 (m)	纵向间距 (m)	步行速度 (m/s)	通行能力人 (h·m)	运行状态	行人自由度
A	>3.0	1.0	3.0	1.2	1400	可以完全自由行动	有足够的空间供行人选择速度及超越他人，也可横向穿越与选择行走路线
B	2~3	0.9	2.4	1.1	1830	处于准自由状态，偶尔有降速	可以较自由地选择步行速度、超越他人，反向与横穿要适当减速
C	1.2~2	0.8	1.8	1.0	2500	尚属于舒适状态，部分行人行动受到约束	选择步速与超越他人受限，反向与横穿常发生冲突，有时要变更步速和行走路线
D	0.5~1.2	0.7	1.4	0.8	2940	行走不便，大部分处于受约束状态	正常步速受限，有时要调整步幅、速度与线路，超越、反向、横穿均有困难，可能产生堵塞或中断
E	<0.5	0.6	1.0	0.6	3600	完全处于排队前进状态，个人无行动自由	所有步行速度、方向均受限制。经常发生堵塞和中断，反向、横穿均不可能

11.2 连 续 模 型

依据行人移动空间的定义形式，可将常见的行人仿真模型分为连续模型和离散模型。在连续模型中，行人的移动空间是连续的，行人依据连续场的作用在空间上移动。在离散模型中，行人的移动空间被划分为离散的网格状位置，行人依据一定的移动规则和条件在位置之间移动。本节主要介绍连续模型,并在下节介绍离散模型。

在连续模型中,主要用函数或微分方程来描述人员运动过程,如流体力学模型[14]、磁场力模型[15]和社会力模型[16-18]等。在流体力学模型中,Henderson等人将运动中的行人当作流体力学中的粒子,再借助流体力学的传统理论对人员运动进行模拟,可以研究人群中的相变过程。磁场力模型由Okazaki和Matsushita提出,通过参照磁场中的库伦定理,行人被当作磁场中运动的粒子。行人和空间都具有一定的磁性,行人和障碍物为正极,个人运动或疏散目的地为负极。行人运动中遵循"同性相斥,异性相吸"的定律、与行人和障碍物之间存在排斥力,与目的地之间存在吸引力。社会力模型是Helbing等人于1995年提出的一种基于牛顿力学的连续模型[16],模型中提出了"社会力"概念,可以很好地重现行人流现象,模拟结果也更加准确,受到很多研究者的青睐,因此以下将重点介绍它的规则。

在社会力模型中,行人由于自身动机、周围行人和环境的影响,共受到如图11.2.1所示的三种作用力,即自身驱动力、人与人间的作用力、人与障碍物间的作用力,三种力的合力共同作用于当前行人i而形成加速度,如式(11.2.1)所示:

$$m_i \frac{\mathrm{d}\vec{v}_i}{\mathrm{d}t} = \vec{f}_i^{\,0} + \sum_{j(\neq i)} \vec{f}_{ij} + \sum_w \vec{f}_{iw} \qquad (11.2.1)$$

图11.2.1 社会力模型示意图

自身驱动力$\vec{f}_i^{\,0}$指行人主观意识对行为的影响所转化为的、作用于自身的"社会力",反映了行人希望达到其期望速度的一种意愿,由式(11.2.2)表示:

$$\vec{f}_i^{\,0} = m_i \frac{v_i^0(t)\vec{e}_i^{\,0} - \vec{v}_i(t)}{\tau_i} \qquad (11.2.2)$$

式中,m_i为行人i的质量;$v_i^0(t)$为期望速度;$\vec{e}_i^{\,0}$为在期望方向上的单位向量;$\vec{v}_i(t)$为行人的步行速度;τ_i为弛豫时间,指的是行人i为避让其他行人和障碍物而导致的运动状态改变的持续时间,反映了行人调整自身速度的持续时间。

2005年Helbing等人进一步指出[17],行人的期望速度与其紧张程度密切相关,并提出用参数$n_i(t) = 1 - v_{id}(t)/v_i^0(0)$反映行人的焦躁和紧张程度。其中,$v_{id}(t)$是行人步行速度在期望方向上的投影值,$v_i^0(0)$是初始期望速度。因此,期望速度如式(11.2.3)所示:

$$v_i^0(t) = (1 - n_i(t))v_i^0(0) + n_i(t)v_i^{\max} \qquad (11.2.3)$$

式中,$v_i^{\max}$为行人可实现的最大期望速度。

人与人间的相互作用力 $\vec{f}_{ij}$ 主要包括行人间试图保持一定间距所产生的社会排斥力 $\vec{f}_{ij}^s$（当行人中心点的间距大于两人的半径和时产生）和身体间的接触力 $\vec{f}_{ij}^p$（当行人中心点的间距小于两人的半径和时产生），如图 11.2.2 所示。其中，身体间的接触力 $\vec{f}_{ij}^p$ 包括身体间的挤压力 $\vec{f}_{ij}^{p1}$ 和摩擦力 $\vec{f}_{ij}^{p2}$，如式（11.2.4）~式（11.2.6）所示：

$$\vec{f}_{ij} = \vec{f}_{ij}^s + \vec{f}_{ij}^p \tag{11.2.4}$$

$$\vec{f}_{ij}^s = A_i \exp\left[\frac{r_{ij} - d_{ij}}{B_i}\right]\vec{n}_{ij}\left[\lambda_i + (1 - \lambda_i)\frac{1 + \cos\phi_{ij}}{2}\right] \tag{11.2.5}$$

$$\vec{f}_{ij}^p = \vec{f}_{ij}^{p1} + \vec{f}_{ij}^{p2} = kg(r_{ij} - d_{ij})\vec{n}_{ij} + \kappa g(r_{ij} - d_{ij})\Delta v_{ji}^t \vec{t}_{ij} \tag{11.2.6}$$

此处 A_i 和 B_i 为常数，行人 i 和 j 的半径和为 $r_{ij} = r_i + r_j$，行人 i 和 j 间的距离 $d_{ij} = \|\vec{r}_i - \vec{r}_j\|$。此外，$\vec{n}_{ij} = (n_{ij}^1, n_{ij}^2) = (\vec{r}_i - \vec{r}_j)/d_{ij}$，$\Delta v_{ji}^t = (\vec{v}_j - \vec{v}_i) \cdot \vec{t}_{ij}$，$\vec{t}_{ij} = (-n_{ij}^2, n_{ij}^1)$，$\cos(\phi_{ij}) = -\vec{n}_{ij} \cdot \vec{e}_i$，$\vec{e}_i = \dfrac{\vec{v}_i}{\|\vec{v}_i\|}$。$\lambda_i$ 引入了行人在运动过程中视野域各向异性的效果，$0 \leqslant \lambda_i \leqslant 1$。这里假设 $\lambda_i = 0.3$，因此，视野域内前方行人比后方行人对当前行人的运动决策会产生更大的影响。

人与障碍间的相互作用力 f_{iw} 主要包括行人与障碍物间试图保持一定间距所产生的排斥力 f_{iw}^s（当行人与障碍物的间距大于人的半径时产生）和身体与障碍物间的接触力 f_{iw}^p（当行人与障碍物的间距小于人的半径时产生）。其中，身体与障碍物间的接触力 f_{iw}^p 包括身体与障碍物间的挤压力 f_{iw}^{p1} 以及摩擦力 f_{iw}^{p2}，如式（11.2.7）~式（11.2.9）所示：

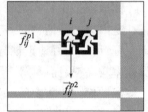

图 11.2.2 身体间接触力示意图

$$\vec{f}_{iw} = \vec{f}_{iw}^s + \vec{f}_{iw}^p \tag{11.2.7}$$

$$\vec{f}_{iw}^s = A_i \exp\left[\frac{r_i - d_{iw}}{B_w}\right]\vec{n}_{iw} \tag{11.2.8}$$

$$\vec{f}_{iw}^p = \vec{f}_{iw}^{p1} + \vec{f}_{iw}^{p2} = kg(r_i - d_{iw})\vec{n}_{iw} + \kappa g(r_i - d_{iw})\Delta v_{wi}^t \vec{t}_{iw} \tag{11.2.9}$$

式中，$\Delta v_{wi}^t = -\vec{v}_i \cdot \vec{t}_{iw}$。

在社会力模型中，涉及的参数值见表 11.2.1 所示。

社会力模型中各参数 表 11.2.1

符 号	含 义	数 值
m	行人体重	80kg
A_i	社会排斥力强度（人-人）	2000N
B_i	社会排斥力特征距离（人-人）	0.04m
A_w	社会排斥力强度（人-墙）	2000N
B_w	社会排斥力特征距离（人-墙）	0.08m
κ	滑动摩擦系数	40000kg·m^{-1}·s^{-1}
k	身体压缩系数	120000kg·s^{-2}

2000年Helbing等人提出用社会力模型在自我驱动多粒子系统的框架下模拟群体恐慌逃生现象[18],研究中考虑了人群的从众心理和恐慌急躁心理等因素对疏散的影响。Helbing等人通过模拟,进一步对恐慌逃生时行人的行为特性做了相关总结:①行人比平时运动更快;②行人开始相互挤压,此时行人间的相互作用成为群体自然特征;③继续保持运动,但通过瓶颈时开始变得不协调;④在出口处人群会产生拱形;⑤容易产生堵塞现象;⑥在拥挤人群中,行人间的相互作用力互相叠加,可产生高达4450N/m的压力,此压力足可挤弯钢铁屏障或推倒砖墙;⑦摔倒或受伤的行人会成为疏散过程中的障碍,行人运动的速度整体会变得缓慢;⑧行人有从众心理;⑨在恐慌的情况下,紧急备用出口经常被忽略或未得到充分利用。

近年来,很多学者通过改进社会力模型的规则和参数,展开了一系列行人流动态特性分析和疏散方面的研究。社会力模型将恐慌时产生的各种因素等都考虑在内,模拟准确度较高。但社会力模型规则烦琐,计算量较大,对计算机性能要求较高,不易直接应用到工程实践中。

11.3 离散模型

离散模型中行人运动的空间、时间和状态参量是不连续的。行人运动的速度等状态参量往往是离散的数值,在行走过程中行人依据设定好的规则进行运动。由于考虑了行人微观运动特征,可以较好地重现行人运动和疏散的过程,并且离散化的参量和简单的算法使得模型计算效率较高,故而可以广泛应用到科学研究和工程实践中。

离散模型中重要的一类是元胞自动机模型,以下介绍应用在行人运动领域的几种有代表性的元胞自动机模型。

11.3.1 格子气模型

格子气模型(Lattice Gas Model)是元胞自动机在流体力学和统计物理学中的具体应用。最早的格子气模型是由Hardy等人于20世纪70年代建立的HPP格子气模型。这个模型由简单、离散的粒子构成,这些粒子保持动量守恒和粒子数守恒,在二维网格上发生运动和碰撞,模拟结果非常接近描述流体运动的Navier-stokes方程。在不断发展改进后,格子气模型也逐步应用到行人流研究中,Muramatsu、Tajima和Nagatani等人[19-21]建立了行人运动的"有偏随机无后退"格子气模型,并用来研究行人在直通道、十字路口、存在瓶颈的通道以及房间等场景内的运动规律。

模型遵循体积排斥原则,在同一时刻一个格点只能被一人占据,行人在运动中按照一定的运动概率向相邻的空格点移动。运动方向具有一定的偏向性和随机性,即行人有偏向靠近目的地格点移动的趋势,但最终是否移动由概率随机决定。在最初的格子气模型中,行人在运动中不能后退,只选择前、左、右三个相邻方向移动。如图11.3.1所示,行人的目的地在上方,所以向上走为前向运动。行人在行走过程中具有向前行走的偏好,但考虑到周围格点的占据情况,行人一共会面临8种可能状态。各种状态下的行人运动概率P为:

(1)周围无人:$P_前 = D + (1-D)/3$;$P_左 = (1-D)/3$;$P_右 = (1-D)/3$。

(2)左侧有人:$P_前 = D + (1-D)/2$;$P_左 = 0$;$P_右 = (1-D)/2$。

(3) 右侧有人：$P_前 = D + (1-D)/2 ; P_左 = (1-D)/2 ; P_右 = 0$。
(4) 前方有人：$P_前 = 0 ; P_左 = 1/2 ; P_右 = 1/2$。
(5) 前方无人：$P_前 = 1 ; P_左 = 0 ; P_右 = 0$。
(6) 右侧无人：$P_前 = 0 ; P_左 = 0 ; P_右 = 1$。
(7) 左侧无人：$P_前 = 0 ; P_左 = 1 ; P_右 = 0$。
(8) 周围全被占：$P_前 = 0 ; P_左 = 0 ; P_右 = 0$。

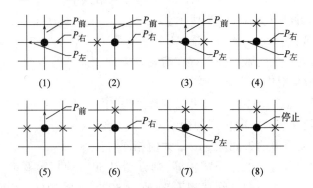

图 11.3.1 格子气模型中运动行人可能会面临的 8 种状态
注：圆圈代表行人，箭头表示可移动的方向，叉号表示格点被人占据。

此处公式中的 D 表示行人往期望方向运动的偏向程度，D 值越大，行人往目的地运动的欲望越强烈，移动的确定性越强，行走路径也越短。

格子气模型的简单规则使得模拟的计算效率较高，但没有考虑行人之间的相互作用力关系，并且一个行人占据一个格点使得计算的精度不够高，无法体现一些复杂的行人流现象。因此，宋卫国等人[22]提出了多格子模型（Multi-grid Model），将网格细化，一个行人可以占据多个格子，行人在单个时间步内可以根据自身期望速度大小移动多个格点，而且在运动过程中考虑了自驱动作用、行人间以及行人与建筑之间的相互作用，可以重现出口处的拱形分布、堵塞以及间歇性人流等典型人员疏散现象。

11.3.2 两步骤更新模型

两步骤更新模型（Two Processes Model）由 Blue 和 Adler 在 2001 年提出[23-24]。在双向行人流仿真中，行人的期望速度分别为 4 元胞/秒（快速度）、3 元胞/秒（中等速度）和 2 元胞/秒（慢速度），对应行人所占的比例分别为 5%、90% 和 5%。模型允许行人完成左右换道、向前移动、与对向行人交换位置这三个基本的行为。模型通过左右换道使行人移动速度达到其期望速度，通过与对向行人交换位置避免发生面对面的死锁。它采用分步骤的并行更新规则，把行人换道过程和行人移动过程分开。在一个时间步长内（通常为 1 秒），模型首先利用换道的并行更新规则实现行人换道，然后利用并行的行人移动规则实现行人向前移动，再进入下一个时间步长。

模型主要包括行人移动间隙计算规则、行人换道规则和行人移动规则三部分。

11.3.2.1 行人移动间隙计算

(1) 行人向前搜索 $V_{max} \times 2 = 8$ 个元胞。

(2) 如果前方行人与自己移动方向相同,那么 gap_{same} = 二者距离,否则 gap_{same} = 8。

(3) 如果前方行人与自己移动方向相反,那么 gap_{opp} = 二者距离 × 0.5,否则 gap_{opp} = 4。

(4) 计算间隙: $gap = \min(gap_{same}, gap_{opp}, v_{max})$。

11.3.2.2 行人换道(并行更新)

(1) 避免位置冲突:侧向相邻的两个行人之间不可交换位置。当两个行人一起换道,即将共同占用一个元胞位置时,分别以 50% 的概率随机分配给其中一人。

(2) 计算前方移动间隙,如第(1)步所示。

(3) 判断换道必要性:

a. 当在前方搜索的 8 个元胞空间内存在有移动方向相反的行人时,$gap = 0$ 可以使行人移出目前通道,使行人避免对向冲突。

b. 当行人移动间隙 $gap = 0$ 时,行人可以选择通道内移动间隙 $gap = 0$ 且 $gap = gap_{same}$ 的通道作为换道目标,跟随在移动方向相同的行人身后。

c. 当行人每个移动通道前方间隙 gap 最大值相同时:

如果行人临近的左右通道前方间隙相等,则分别以 50% 的相等概率换道;如果行人当前通道的前方间隙与其临近通道前方间隙相等,分别以 80%、20% 的概率保持原有通道或换道;如果行人当前通道与左右通道的前方间隙全都相等时,分别以 80%、10% 和 10% 的概率保持原有通道或换道。

(4) 换道移动:所有的行人执行完(1)和(2)后,每个行人 p_n 选择相邻的左右通道平移或保持原有通道不变。

11.3.2.3 行人移动(并行更新)

(1) 更新速度:如果 $gap \geq 2$,那么前进速度 $v(p_n) = gap$。

(2) 交换位置:如果 $gap = 0, 1$ 且 $gap = gap_{opp}$,那么行人之间以概率 P_{exc} 发生换位,并设定 $v(p_n) = gap + 1$;如果不能换位,则令 $v(p_n) = 0$。

(3) 所有的行人执行完(1)和(2)后,每个行人 p_n 向前移动 $v(p_n)$ 个元胞。

两步骤模型的基本思路非常类似于车辆交通流元胞自动机模型,将运动过程分为跟驰和换道两个阶段,因此,容易和车辆模型对接。主要缺点是行人运动方向固定向前,不易用于描述紧急疏散的情况。

11.3.3 场域模型

场域模型(Floor Field Model)由 Burstedde 等人在 2001 年提出[25],随后 Kirchner 等人对其进行了修正[26],有时也被翻译为地面场模型。场域模型通过静态场域(Static Floor Field)和动态场域(Dynamic Floor Field)实时地调整行人的移动概率,从而实现行人运动过程中的相互作用。

模型首先需要确定行人的移动选择[图 11.3.2a)],并建立相应的偏好矩阵[图 11.3.2b)],以及相应位置的静态场域矩阵和动态场域矩阵(图 11.3.3)。静态场域仅仅与行人移动的交通环境有关,与行人流的实时状态无关,不随系统演化时间的变化而变化。一般行人选择位置的静态场域值越大,选择进入该位置的概率就越大。动态场域反映行人流实时动态的特征和行人之间的相互作用,其值随系统演化时间的变化而变化。

第11章 行人交通流

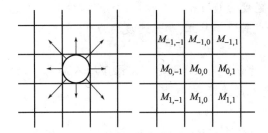

图11.3.2 行人的移动选择及其相应的偏好矩阵

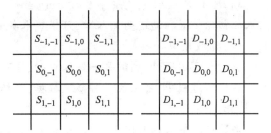

图11.3.3 行人的静态场域和动态场域矩阵

在 Burstedde 模型中,行人的移动概率 p_{ij} 为

$$p_{ij} = N M_{ij} D_{ij} S_{ij} (1 - n_{ij}) \tag{11.3.1}$$

在 Kirchner 模型中,行人的移动概率 p_{ij} 为

$$p_{ij} = N\exp(k_D D_{ij})\exp(k_S S_{ij})(1 - n_{ij}) \tag{11.3.2}$$

在式(11.3.1)和式(11.3.2)中,M_{ij} 为行人移动的偏好参数;n_{ij} 为元胞位置占据标志,如果元胞被占据 $n_{ij}=1$,否则 $n_{ij}=0$;k_D、k_S 分别为动态领域和静态领域的敏感调整系数;D_{ij}、S_{ij} 分别为动态领域和静态领域值;N 为标准化系数:

$$N = \left[\sum_{(i,j)} \exp(k_D D_{ij})\exp(k_S S_{ij})(1 - n_{ij})\right]^{-1} \tag{11.3.3}$$

在场域模型中,当多个行人同时向一个元胞位置移动时,将会发生位置冲突,此时拥有较大移动到该位置概率的行人将会占据该位置。发生冲突的行人占据冲突位置的概率 $p_{(i)}$ 为

$$p_{(i)} = \frac{p^{(i)}}{\sum_{n=1}^{M} p^{(n)}} \tag{11.3.4}$$

式中,$p_{(i)}$ 为第 i 人被选择移动到冲突位置的概率;$p^{(i)}$ 为第 i 人在移动选择中选择移动到冲突位置方向的移动概率;M 为发生位置冲突的行人个数。

近年来在场域模型的基础上,很多学者也进行了一系列改进,如 Kirchner 等人引入了反映行人之间竞争与协作行为的摩擦系数;Henein 等引入了受力领域(Force Flood Field)的概念,分析在紧急情况下行人受到挤压发生伤害的情况[27];黄海军等人针对具有障碍物和多出口的房间提出了改进的场域模型[28];等等。

【例题 11.3.1】

使用元胞自动机模型计算双向行人流中的死锁状态(Deadlock)发生的概率。

【解答】

(1) 选择模型

前文所述的各种元胞自动机模型均可使用(包括且不限于),并且可对比不同模型的模拟结果。

(2) 设定模拟条件

周期边界条件和开放边界条件均可使用,模拟结果不会有定性差异,主要区别在于输入条件(全局密度或者实验人数)。本题只考虑开放边界条件,初始参数为通道两侧入口处的总人数,且设定两侧人数相等(50%:50%)。

(3) 配置模拟条件

首先设置通道长度和宽度,为了促使行人有充分的空间形成通道,长度和宽度均不能太小,如长度不少于20m,宽度不少于4m(当行人宽度为0.4m时,一排至少可容纳10个人)。行人的初始位置在通道两侧入口,可根据人数分成若干排站立,初始速度均为0。

(4) 开展模拟

当行人穿过通道,到达另一侧入口时,即可从系统中移走,同时可记录下行人的总运动时间。在模拟过程中,可记录多种微观数据,包括行人的速度、位置等。

(5) 判断死锁

当运行足够长的时间后,系统中仍然有若干行人没有离开,并且速度全部为0,完全无法移动,此时可认为系统中出现了死锁。它的原因是在密度较高时,行人不能自动形成通道,从而互相阻挡无法通过。在给定实验人数后,通常需进行多次实验(如100次),记录下发生死锁的次数,算出相应的死锁概率。

(6) 绘制死锁概率图

将死锁概率和实验人数配对,画成 XY 散点图,并用曲线连接。不论模型性能如何,死锁概率图通常具备一些共性,如在人数较少时概率为0,人数较多时概率为1,在中间临界值附近概率会迅速上升,类似于生长曲线,如图11.3.4所示。

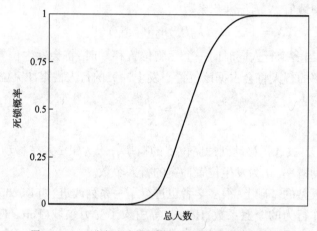

图11.3.4 双向行人流模拟中测得的典型死锁概率演化图

课后习题

1. 如何计算单向行人流的通行能力值?
2. 通过开展控制实验研究行人流特性,它的主要优点和缺点各是什么?
3. 选择一种行人流模型,模拟单向行人流基本图,并和前人已有的单向实测数据做对比,重点关注高密度区域的差异,模型可任选。
4. 选择一种行人流模型,模拟周期边界条件下密度较低时的双向行人流通道形成过程,模型可任选。输出结果包括每一时间步所有行人的位置、平均流量和平均速度。

参考文献

[1] 叶建红. 行人交通行为与交通流特性研究[D]. 上海:同济大学,2009.

[2] Gehl J. 交往与空间[M]. 北京：中国建筑工业出版社,2002.

[3] Gupta A K. A study on pedestrian walking behavior[D]. Master Thesis: University of Delaware, 2005.

[4] Fruin J J. Pedestrian planning and design[J]. Elevator World, 1987.

[5] Morrall J F, Ratnayaka L L, Seneviratne P N. Comparison of central business district pedestrian characteristics in Canada and Sri Lanka[J]. Transportation Research Record, 1991, 1294: 57-61.

[6] Zhang J, Klingsch W, Schadschneider A, Seyfried A. Ordering in bidirectional pedestrian flows and its influence on the fundamental diagram[J]. Journal of Statistical Mechanics, 2012, P02002.

[7] Hankin B D, Wright R A. Passenger flow in subways[J]. Operation Research Quarterly, 1958, 9: 81.

[8] Mori M, Tsukaguchi H. A new Method for Evaluation of Level of Service in Pedestrian Facilities[J]. Transportation Research Part A, 1987, 21: 223-234.

[9] Helbing D, Johansson A, Al-Abideen H. Dynamics of crowd disasters: An empirical study [J]. Physical Review E, 2007, 75: 046109.

[10] Older S. Movement of pedestrians on footways in shopping streets[J]. Traffic Engineering and Control, 1968, 10: 160-163.

[11] Navin P, Wheeler R. Pedestrian flow characteristics[J]. Traffic Engineering, 1969, 19: 30-33.

[12] Oeding D. Verkehrsbelastung und Dimensionierung von Gehwegen und anderen Anlagen des Fußgängerverkehrs Straßenbau und Straßenverkehrstechnik[J], Heft 22, 1963.

[13] Weidmann U. Transporttechnik der Fussgänger. Tech. rep., Institut für Verkehrsplanung und Transportsysteme, ETH Zürich, ETH-Hönggerberg, CH-8093 Zürich, 1993.

[14] Henderson L. On the fluid mechanics of human crowd motion[J]. Transportation Research, 1974, 8: 509-515.

[15] Okazaki S, Matsushita S. A study of simulation model for pedestrian movement with evacuation and queuing[J]. International Conference on Engineering for Crowd Safety, 1993.

[16] Helbing D, Molnar P. Social force model for pedestrian dynamics[J]. Physical Review E, 1995, 51: 4282.

[17] Helbing D, Farkas I, Vicsek T. Simulating dynamical features of escape panic[J]. Nature, 2000, 407: 487-490.

[18] Helbing D, Buzna L, Johansson A, Werner T. Self-organized pedestrian crowd dynamics: experiments, simulations and design solutions[J]. Transportation Science, 2005, 39: 1-24.

[19] Muramatsu M, Irie T, Nagatani T. Jamming transition in pedestrian counter flow[J]. Physica A, 1999, 267: 487-498.

[20] Tajima Y, Nagatani T. Scaling behavior of crowd flow outside a hall[J]. Physica A, 2001, 292: 545-554.

[21] Tajima Y, Takimoto K, Nagatani T. Scaling of pedestrian channel flow with a bottleneck[J]. Physica A, 2001, 294: 257-268.

[22] Song W G, Xu X, Wang B H, et al. Simulation of evacuation processes using a multi-grid model for pedestrian dynamics[J]. Physica A, 2006, 363: 492-500.

[23] Blue V J, Adler J L. Emergent fundamental pedestrian flows from cellular automata micro-simulation[J]. Transportation Research Record, 1998, 1644: 29-36.

[24] Blue V J, Adler J L. Cellular automata microsimulation for modeling bi-directional pedestrian walkways[J]. Transportation Research Part B, 2001, 35: 293-312.

[25] Burstedde C, Klauck K, Schadschneider A, et al. Simulation of pedestrian dynamics using a two-dimensional cellular automaton[J]. Physica A, 2001, 295: 507-525.

[26] Kirchner A, Schadschneider A. Simulation of evacuation processes using a bionics-inspired cellular automaton model for pedestrian dynamics[J]. Physica A, 2002, 312: 260-276.

[27] Henein C M, White T. Macroscopic effects of microscopic forces between agents in crowd models[J]. Physica A, 2007, 373: 694-712.

[28] Huang H J, Guo R Y. Static floor field and exit choice for pedestrian evacuation in rooms with internal obstacles and multiple exits[J]. Physical Review E, 2008, 78: 021131.

第 12 章
交通流理论的新发展

进入 21 世纪以来,随着交通观测技术、智能交通技术的发展,交通流理论研究呈现出许多新的进展。其中,最具代表性的发展方向有三相交通流理论、智能网联交通流建模等。本章将对这两方面的内容进行介绍。

12.1 三相交通流理论

对于交通流不同状态的区分,通常简便的做法是划分为拥堵和非拥堵。以经典的 Greenshields 模型为例,如图 12.1.1a)所示,基本图的左分支上流量随密度单调递增,视为非拥堵(uncongested);基本图右分支上流量随密度单调递减,则视为拥堵(congested)。后来发现实测数据的左右分支通常并非对称形态,如图 12.1.1b)所示,但拥堵和非拥堵的概念区分一直沿用至今。

1996 年,德国学者 Boris S. Kerner 提出了新的观点[2-7],认为交通流应该分成三个不同的相:自由流(Free Flow,简称 F)、同步流(Synchronized Flow,简称 S)、堵塞(Jam,简称 J)。同步流和堵塞都属于拥堵状态,但彼此间有着本质差异。这一新观点引起了广泛关注,同时也带来了很多争议,至今在交通流领域未能形成共识。

在三相交通流理论发展至今的 20 多年里,Kerner 本人及其团队提出了大量的观点和结论,内容在不断变化,时有前后不一致之处,因此,本节只概述三相交通流理论最核心的内容。

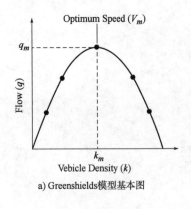 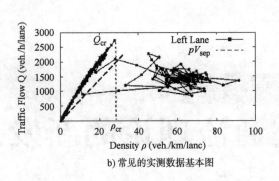

a) Greenshields模型基本图　　b) 常见的实测数据基本图

图 12.1.1　经典的交通流基本图(摘自文献[1])

12.1.1　堵塞和同步流的定性区别

堵塞的下游阵面固定在瓶颈处,上游阵面可以以恒定速度向道路上游不断传播,且不受上下匝道等瓶颈的影响,在各种数据中测量得到的速度通常都为 15～20km/h。在周期边界条件下,基本图里的堵塞数据会落在一条直线上(J 线),如图 12.1.2 所示,它的恒定斜率即堵塞传播速度①。另外,在某些文献中曾出现过"窄运动堵塞"(Narrow-moving Jam)的说法,但以上所述的典型堵塞都是指"宽运动堵塞"(Wide-moving Jam)。

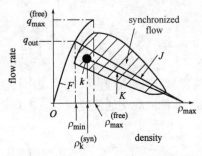

图 12.1.2　符合三相交通流理论的概念性基本图(摘自文献[7])

同步流的上下游阵面比较复杂,在某些模式(LSP)中会固定在某处,而在另一些模式(WSP,MSP)中会向上游或者下游传播,并且其传播速度不确定,容易受到固定瓶颈的影响而改变状态。不论在何种边界条件下,基本图里的同步流数据都会无规律地散布在一个宽广的二维平面内,如图 12.1.2 所示。换言之,在给定密度下不存在唯一的流量和速度,也没有固定的流量-密度或者速度-密度关系,因此 Kerner 认为交通流不存在固定唯一的基本图。

12.1.2　相变特征

Kerner 认为,$F \rightarrow S$ 和 $S \rightarrow J$ 两个相变都应该是一阶相变而非连续相变,并且不存在直接发生的 $F \rightarrow J$ 相变。粗略地说,在连续相变中流量会在相变密度附近连续变化,而一阶相变中流量会在相变密度附近发生突变。以 $F \rightarrow S$ 相变为例,流量会在一段密度区域内发生突降:突降前的流量是自由流,属于亚稳态(Metastable States);而突降后的流量属于同步流,属于稳态;两种流量在同一密度区域能共存,构成"Z 形结构"。因为 $S \rightarrow J$ 相变的基本结构也与之相同,所以当基本图上同时具备这两个一阶相变的形态时,会呈现出典型的"双 Z 结构"。Kerner 认为一个典型的三相模型不仅要能模拟出二维平面内同步流数据点的无规律散布,也要能模拟出

---

①在开放边界条件下,堵塞数据会表现为流量接近于 0 或完全等于 0。

$F\to S$ 和 $S\to J$ 两个一阶相变和"双 Z 结构"。但 Kerner 本人提出的 KKW 模型[8-9]规则过于复杂,而且在 $F\to S$ 相变的模拟结果上不够明显,因此,此处以中国学者姜锐等人提出的 MCD 模型[10-11]和 FMCD 模型[12]为例进行展示,如图 12.1.3 所示。AB 是自由流分支,AC 是同步流分支,DE 是堵塞分支。AB 和 AD 在一段密度内可以共存,但 AB 不够稳定,会发生 $F\to S$ 一阶相变;DC 和 DE 在另一段密度内可以共存,但 DC 不够稳定,会发生 $S\to J$ 一阶相变。由此就得到了基本图上的双 Z 结构。

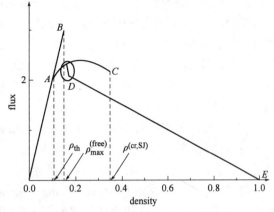

图 12.1.3 符合三相交通流理论的 FMCD 模型基本图(摘自文献[12])

【例题 12.1.1】

使用一种符合三相交通流理论的元胞自动机模型,模拟交通流基本图,模型可任选。

【解答】

本题思路和例题 6.2.1 一致,流程相似,此处只概述区别。

(1)规则的复杂性

三相模型规则较为复杂,模拟时需要注意规则的正确顺序和参数的正确取值。亦可通过调整参数取值,观察其对模拟结果的影响,从而实现敏感性分析。

(2)格点配置

从 CD 模型到 MCD、FMCD 模型,每个格点长度均为 1.5m,每辆车占用 5 格,车长仍然为 7.5m。因此,对于长度为 10000 辆车的环道而言,此时共有 50000 格。

(3)车辆初始分布位置和模拟时间

此处是模拟两个一阶相变的关键。如果继续沿用"初始随机分布",则有很大概率会在短时间内直接得到双 Z 结构中流量较低的稳态,观察不到相变。因此,通常采用两种不同的初始分布。①均匀分布。令所有车辆均匀分布在环道上,彼此间距相同(不能整除时可略有差别),并且起始速度均为最大值。②堵塞分布。令所有车辆紧挨着排在一起,彼此间距都为 0,并且起始速度均为 0。

对于堵塞分布,可以采用例题 6.2.1 的配置,运行足够长的时间以便达到稳态。但对于均匀分布,通常只需要运行较短时间便可统计其流量和速度。因为不同的三相模型性质不同,有些模型的亚稳态可能在较短时间后就迅速失稳发生相变,因此,可通过观察时空图寻找合适的模拟时间。

12.1.3 上匝道堵塞模式

Kerner 认为,支持三相交通流理论正确性最有效的证据就是对孤立上匝道的上游堵塞模式的模拟。在给定主道和匝道流量后,模拟出的堵塞模式可以根据时空图状貌分为若干种。在这种体系中,最核心的模式如下。

(1)一般模式 GP(General Pattern):当主道和匝道流量都较高时,会得到最常见的 GP,堵塞和同步流会同时出现在瓶颈上游,堵塞会不断以 15~20km/h 的恒定速度向上游传播,如

图 12.1.4a)所示。

(2) 扩展同步流模式 WSP(Widening Synchronized Flow Pattern):当主道流量较高,匝道流量较低时,有可能产生这种纯粹的同步流模式,它的下游阵面固定在瓶颈处,上游阵面不断向上游传播,内部相对均匀,如图 12.1.4b)所示。

(3) 局部同步流模式 LSP(Localized Synchronized Flow Pattern):当主道流量较低,而匝道流量较高时,会产生这种模式,同步流一直局限在瓶颈附近一带而不传播,同步流区域长度比较稳定,如图 12.1.4c)所示。

(4) 移动同步流模式 MSP(Moving Synchronized Flow Pattern):当主道流量较高,匝道流量很低时,有可能产生这种同步流模式,它的上下游阵面都不固定,会向上游或者下游传播,且容易消散,内部并不稳定,如图 12.1.4d)所示。

(5) 消退的一般模式 DGP(Dissolving General Pattern):在某些情况下,可以观测到一般模式中的堵塞逐渐消散,然后形成纯粹的同步流,即发生 J->S 相变。严格来说它不是一个独立模式,而是介于 GP 和 WSP 之间的过渡状态。

(6) 其他:当主道和匝道流量都很低时,自然会得到自由流(Free Flow)。在 Kerner 文献中,还提到另外一些模式,包括交替同步流模式 ASP,相邻匝道共同作用导致的扩展模式 EP 等。

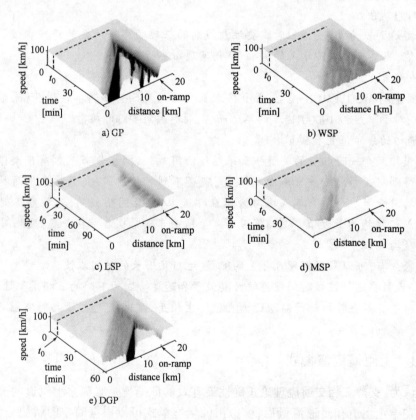

图 12.1.4 三相交通流理论中有代表性的上匝道堵塞模式时空图(摘自文献[6])

【例题 12.1.2】

使用一种元胞自动机模型,模拟孤立上匝道上游的堵塞模式,模型任选。

【解答】

(1) 设立基本环境

主道为开放边界,设长度为 L。为便于绘制时空图,此处 L 不需太长,可取 1000 辆车的长度。车辆从进口以流量 Q_1 veh/s 驶入,当 Q_1 未超过模型的通行能力上限时,主道不会有拥堵。为简化起见,此处只考虑单车道情形。

(2) 设立匝道

设匝道车流量为 Q_2 veh/s,此处可以有不同思路:

若采用复杂配置,则要考虑匝道长度(例如设为 $L_q = 200\text{m}$),车辆从匝道驶入后也要进行跟驰行为模拟,驶入主道时默认车速不变。当主道拥堵时,匝道也会拥堵并形成排队。

若采用简化配置,则不考虑匝道长度和匝道车辆运动及排队现象,只设定在主道上有一段距离内(如 $L_q = 100\text{m}$),当某 2 辆车的车头间距(或车头时距)小于某一临界值时,则以概率 X_2 插入一辆车,车速可以设为等于前车速度(或前后车速度平均值)。具体的插车方法有多种可能性,只要取值合理,不会影响最终的堵塞模式模拟结果。

(3) 进行模拟

先设 $X_2 = 0$,X_1 取预设值,模拟时间步 T_1 以使得主道达到稳定状态。然后令 X_2 取预设值,再模拟时间步 T_2 使得上游堵塞模式达到稳定状态。T_1 和 T_2 通常不少于 1h(3600s)。然后在继续模拟的过程中,采集数据以便于输出时空图。对于二维时空图而言,数据只包括每一时间步所有车辆的位置;对于三维时空图而言,数据还包括这些车辆的瞬时速度①。

(4) 输出时空图

当得到数据之后便可画时空图,通常横坐标为位置,纵坐标为时间。在某些取值范围内,堵塞模式可能不稳定(如 WSP 和 DGP 交界处),可反复运行程序,观察多次模拟结果的综合效果。另外,在某些模型中使用恒定流量难以模拟出典型的 DGP,可在 GP 达到稳定状态后,通过手动减少匝道流量来获得。

(5) 做出堵塞模式图

据时空图状貌,分析其属于哪种模式,从而作出堵塞模式图(diagram of congested patterns),例如,KKW 模型和 FMCD 模型的堵塞模式图如图 12.1.5 所示。不同的三相模型模拟结果可能会有定量差异。例如,不同区域的边界位置可能不同,面积大小也不同,但都应该具有自由流和 GP、WSP、DGP、LSP 和 MSP 五种重要的堵塞模式,且各种时空图的状貌应该定性一致,如图 12.1.4 所示。另外不同模型的模拟过程均基本一致,主要区别在于细节。例如,FMCD 模型取每格 =1.5m,每辆车占据 5 格,则 100m 长度大约等于 66 格;而 KKW 模型取每格 =0.5m,每辆车占据 15 格,则 100m 长度等于 200 格。

(6) 内容扩展

下匝道模拟相对简单,尤其是在采用简化配置时,只需按照一定概率(匝道出流量)将换道区域内的车辆移走即可。除非下匝道车辆运动受到限制,否则匝道上游不会产生任何拥堵。采用复杂配置时,需要具体考虑强制性换道规则,此处略。若同时进行不止一个匝道的模拟,过程是类似的,如交织区可视为一组距离较近的上匝道和下匝道。

---

① 本题所涉及的开放边界时空图,与例题 6.2.1 中的周期边界时空图画法一样,唯一区别在于进口和出口不连接。

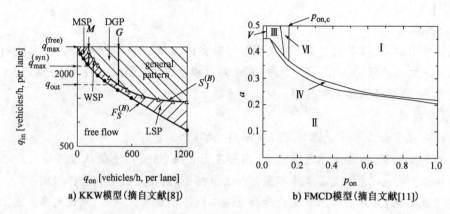

a) KKW模型(摘自文献[8])   b) FMCD模型(摘自文献[11])

图 12.1.5 使用三相模型模拟的上匝道堵塞模式图

12.1.4 持续的争议和进一步的发展

自三相交通流理论提出之后不久,以 Dirk Helbing 和 Martin Treiber 等人为代表,明确反对三相的说法,他们认为同步流和堵塞在本质上没有定性差异,交通流存在固定唯一的基本图,并与 Kerner 等人展开了长达十几年的论战[15-18],始终没有达成一致。其中比较核心的争议点在于以下几方面。

12.1.4.1 二维散布特征的来源

Helbing 等人认为,"同步流数据的二维散布特征"并不是它的本质属性,而来源于其他多种因素的综合效果[15-19],包括少数慢车和大车的影响;基本图上密度等结果的测量误差;道路几何因素,如坡度等地形;交通事故造成的影响;换道行为导致的影响;复杂天气状况导致堵塞出流变化;等等。另外他们也提出了各种可以解释数据点二维散布现象的方法,如驾驶者的沮丧效应(Boomerang Effect)等。因为在现实的交通流中无法具体排除此类干扰项,所以难以澄清原因。

12.1.4.2 上匝道堵塞模式

Helbing 等人在早期文献[15, 20]中提到,在上匝道上游堵塞模式中,当匝道流量较低时得到的堵塞是时走时停的、内部速度不均匀的(命名为 TSG 和 OCT),而匝道流量较高时得到的堵塞是内部速度均匀的(命名为 HCT)。Kerner 则指出这种模拟结果与实测数据定性不一致[7],事实上当匝道流量较低时,会得到速度均匀的同步流模式(如 WSP 和 MSP),而匝道流量较高时会得到时走时停的堵塞和同步流混合模式(GP),并认为这是支持三相交通流理论最有效的证据。

对此 Helbing 等人先后进行了多次解释,并不断修正自己的模拟结果,这一过程在图 12.1.6 中可以充分体现。具体包括:认为 HCT 只发生在事故导致的车道封闭地点上游,而非上匝道上游[16];在堵塞模式图中取消了 HCT 的位置,并将原属于 HCT 的区域命名为 Extended Congested Traffic [17];尝试用不同的参数去模拟,发现参数取某些值时会得到类似于 WSP 的效果[18],或得到名为 HST(Homogeneous Synchronized Traffic)的状态[19];使用两相模型模拟出类似于三相模型的效果[21]。总之他们的核心观点是:三相模型并非是合理解释实测数据的唯一手段,相反有很多可用的替代手段。

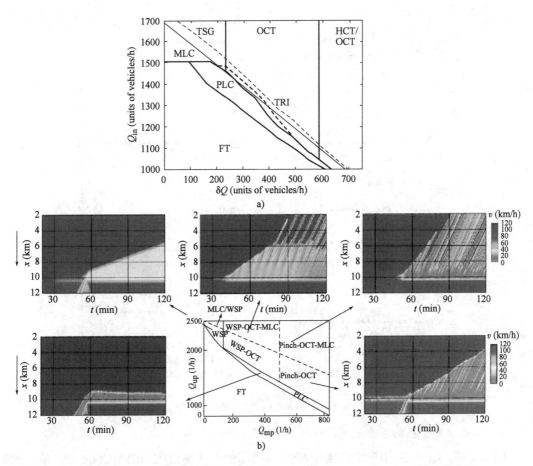

图 12.1.6 Helbing 等人使用两相模型(跟驰模型中的 IDM 模型)模拟出的上匝道堵塞模式图

12.1.4.3 均匀堵塞的实测数据

Kerner 不仅认为匝道流量较高时不该存在均匀堵塞(HCT),他还在文献[22]中进一步指出,Helbing 之所以模拟结果不准确,是因为他所获得的原始速度数据存在着严重的问题:如果 1 分钟内通过线圈的所有车辆速度都为 0~20km/h,监控中心的电脑会把这 1 分钟的平均速度直接设定为 10km/h;除非完全没有车辆通过,才把平均速度设定为 0,如图 12.1.7 所示。Helbing 等人对于这个问题没有回应。

12.1.4.4 关于紧致压缩区域和 S→J 相变

Kerner 认为同步流在向上游传播的过程中会发生紧致压缩效应(pinch effect),导致 S→J 一阶相变而形成堵塞。于是在瓶颈上游的这一块紧致压缩区域,成了同步流最重要的来源地,并且最常见的堵塞模式 GP 中都会包含它。Helbing 等人则指出,在很多匝道上游拥堵数据中并没有观察到这块同步流区域,堵塞经常是"直接"在瓶颈处出现,形成了 F→J 相变,因此 Kerner 所说的紧致压缩区域可能只是多个相邻的上下匝道复合作用的效果。对此 Kerner 在文献[22]中具体回应说,当瓶颈下游出流被限制时,瓶颈上游的紧致压缩区域内部结构会发生变化,同步流会变得不稳定并逐渐消失,最终会演变成巨堵塞(Mega Jam),但这只是一种特殊情况。

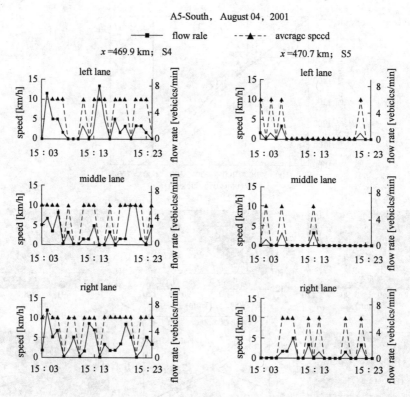

图12.1.7 Kerner认为Helbing的原始速度数据存在问题(摘自文献[22])

12.1.4.5 关于移动同步流模式和 $F \rightarrow S$ 相变

Helbing 等人指出,三相理论里区分 MSP 和堵塞的方法不合理,如果仅仅通过"是否能越过瓶颈继续向上游传播"来区别,就等于把同步流和堵塞的差异判断建立在了瓶颈强度的基础上,而没有客观的固定标准。同时 Kerner 模型中移动同步流模式(MSP)过快的传播速度(时而 40km/h,时而 70km/h 甚至更高)也不正常,因为在实测数据中无法找到此类交通波数据。对此 Kerner 在文献[23]中承认 KKW 模型本身存在问题,又提出了新的 KKS 模型:当它不包含某些规则时,就不能自发产生堵塞(没有 $S \rightarrow J$ 一阶相变),但可以自发产生 MSP(拥有 $F \rightarrow S$ 一阶相变);如果包含了某些规则,两个一阶相变就都能发生。于是就从模型机理上展示了 MSP 和宽运动堵塞的差异。

自 2012 年起,Helbing 等人不再发表批判三相交通流理论的论文,逐渐退出了这一领域。而 Kerner 从 2013 年起,除了进一步总结高速公路拥堵理论之外[24],更将研究对象从高速公路交通流拓展到了城市路网交通流[25]、宏观交通分配方法[26]乃至自动驾驶[27]等领域,指出传统的两相理论在这些领域的应用也会遇到各种问题,只有使用三相交通流理论才能解决。这些观点还需要通过更多的数据加以检验。

总而言之,随着时间的推移,Kerner 的三相交通流理论已经越来越完善,能够准确地描述各种交通现象,但是它是否是唯一正确的理论,其他两相模型是否都无法应用,仍然没有得到业内共识。三相交通流理论在未来的交通流领域仍将是极具争议性的话题。

12.2 智能网联交通流

12.2.1 智能网联交通流特性

12.2.1.1 智能网联车辆特性

智能网联交通流是由智能网联汽车构成的新型交通流。智能网联汽车(Autonomous and Connective Vehicle)包含自动驾驶和网联通信两大技术特征。自动驾驶技术基于先进的车载传感器实现对路线、路况、环境以及交通状态的感知,并通过车辆动力控制器内置算法,实现对车辆运动的自主控制。网联通信技术则通过车辆与车辆之间、车辆与路侧设施之间的通信实现信息的传递。

与人类驾驶行为相比,自动驾驶技术和网联技术能够更为迅速和精准地获取周围车辆的状态信息,尤其是网联通信技术,能够显著缩短人类驾驶过程中的反应延迟时间,有利于提升交通流的稳定性。

12.2.1.2 智能网联车辆纵向运动控制系统

在智能网联车辆控制技术中,纵向运动控制的研究工作开展最早,发展也较为成熟。智能网联车辆的纵向运动控制系统包括早期的自适应巡航控制系统(Adaptive Cruise Control,ACC)和更先进的协同自适应巡航控制系统(Cooperative Adaptive Cruise Control,CACC)。

ACC 是一种通过车载测量设备获得与前车的实时车间距离及速度等信息,并应用加速度优化算法控制车辆与前车保持稳定车间时距行驶的车辆纵向跟驰控制技术。对 ACC 的研究始于 20 世纪 60 年代,自从 20 世纪 90 年代起在美国、日本和欧洲开始进入实用化阶段。ACC 控制系统仅关注车辆沿车道线方向的纵向行驶控制,其控制系统通常分为上层控制和下层控制,如图 12.2.1 所示。其中,上层控制根据车载设备获得的车间距、速度差等行驶状态,负责输出下一时刻的目标加速度;下层控制负责调整车辆内部动力系统以实现上层控制的加速度优化目标。下层控制系统主要研究车辆内部动力系统的具体机电控制过程,属于车辆工程领域,而交通流理论则更关注上层控制系统的设计,即 ACC 系统的跟驰模型。

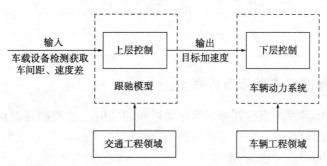

图 12.2.1　ACC 控制系统示意

ACC 车辆车载设备在检测前车位移、速度等行驶状态时,车载设备的内部处理过程存在一定的延时,若延时过大,易诱发交通流不稳定。此外,由车载设备检测得到的位移与速度信息在精度上亦存在一定误差,若对检测得到的位移与速度信息做差分处理得到前车加速度信息,则将放大车载设备的检测误差,不利于 ACC 车辆控制的稳定。

因此,为了有效缩短对前车行驶状态的感知延时,以及能够有效获取精确度较高的前车加速度信息,在 ACC 技术基础之上,CACC 控制技术得到发展。CACC 车辆不再通过车载设备检测前车行驶状态,而是应用车-车无线通信技术,由前车无线通信装置将其速度、加速度等行驶状态发送至跟驰车辆。与 ACC 车辆的车载检测设备相比较,CACC 应用车-车通信技术获取前车行驶状态,一方面可有效缩短前车信息获取中的延时;另一方面能够获取精确度较高的前车加速度信息,使得 CACC 车辆可以采用比 ACC 车辆更小的车间时距行驶。与 ACC 系统一样,CACC 车辆控制系统同样分为上层控制与下层控制,且与 ACC 车辆具有一样的控制功能。

CACC 系统功能的实现同样具有一定的局限性,CACC 车辆控制系统的实现需要车-车无线通信的环境,若 CACC 车辆紧跟前车为传统人工驾驶车辆,则需要传统人工驾驶车辆安装车-车无线通信设备,即要求前车是网联车。因此,在传统人工车辆安装车-车无线通信设备比例较低的阶段,CACC 车辆的前车出现非网联车的概率较大,这时 CACC 车辆的系统功能将无法实现。

ACC 车辆和 CACC 车辆均以保持稳定的车间时距为行驶目的,ACC 技术可使得车辆对前车的反应延时缩减 1~2 秒的时间范围。如前所述,车-车通信技术使得 CACC 车辆比 ACC 车辆可进一步缩减对前车的反应延时,使得 CACC 车辆的车间时距可缩减 1 秒以内。加州大学伯克利分校 PATH 实验室通过真车实验[28],研究了传统驾驶人对 ACC/CACC 车辆车间时距的接受程度,见表 12.2.1。由表中可以看出,对于 ACC 车辆而言,有超过 50% 的驾驶者接受 ACC 车辆具有 1.1 秒的车间时距。同时,接受 CACC 车辆具有 0.6 秒车间时距的比例接近 60%。

ACC/CACC 车间时距接受比例　　　　　　　　表 12.2.1

车 辆 类 型	车间时距(s)	驾驶人接受比例(%)
ACC	1.1	50.4
	1.6	18.5
	2.2	31.1
CACC	0.6	57.0
	0.7	24.0
	0.9	7.0
	1.1	12.0

12.2.2 智能网联交通流跟驰模型

研究智能网联车辆跟驰模型既可以为车辆纵向控制的上层控制器提供设计依据,又可以为智能网联交通流的微观交通仿真提供基础动力学模型,十分有意义。目前,智能网联车辆跟驰模型有三种常用的建模方法,特点如下。

12.2.2.1 类人跟驰行为的建模方法

有一种观点认为,一个理想的自动驾驶控制系统应该具有与优秀人类驾驶员相类似的行为表现。因而,基于传统跟驰模型进行 ACC/CACC 跟驰建模是一种重要的建模思路。ACC/

CACC 车辆跟驰要求保持稳定的车头时距,而智能驾驶模型(Intelligent Driver Model,IDM)含有能够反映车头时距的参数,且 IDM 模型具有理想的跟驰特性。因此,应用 IDM 模型描述 ACC 车辆跟驰模型得到学者的普遍认可,基于 IDM 的 ACC 跟驰模型公式为[29]

$$a_i = a\left[1 - \left(\frac{v_i}{v_0}\right)^\delta - \left(\frac{s_1}{s}\right)^2\right]$$

$$s_1 = s_0 + Tv_i + \frac{v_i \Delta v_i}{2\sqrt{ab}}$$

(12.2.1)

式中,下标 i 为第 i 辆车;a_i 为车辆 i 的输出加速度;v_i 为车辆 i 的速度;Δv_i 为车辆 i 与前车的速度差;v_0 为自由流速度;s_1 为期望车间距离;s 为实际车间距离;s_0 为静止安全间距;T 为安全车头时距;a 为最大加速度;b 为舒适减速度;δ 为常数项幂系数;其值可由模型标定获得,一般情况建议 δ 取为 4 较为合理。

因此,只需改变 IDM 模型中安全车头时距 T,即可实现传统跟驰模型和 ACC 车辆跟驰模型之间的转换。这类 ACC 跟驰模型被广泛认可的参数取值见表 12.2.2。另外,基于 IDM 模型的 CACC 跟驰模型只需在 ACC 跟驰公式中增加对前方车辆加速度的考虑[30]。

基于 IDM 的 ACC 跟驰模型参数取值 表 12.2.2

文献	参数	数值
Kesting 等[31]	$a/(\text{m}\cdot\text{s}^{-2})$	1.4
	$b/(\text{m}\cdot\text{s}^{-2})$	2.0
	$v_0/(\text{km}\cdot\text{h}^{-1})$	120.0
	δ	4.0
	s_0/m	2.0
	T/s	1.5
Milanés 等[32]	$a/(\text{m}\cdot\text{s}^{-2})$	1.0
	$b/(\text{m}\cdot\text{s}^{-2})$	2.0
	$v_0/\text{km}\cdot\text{h}^{-1})$	120
	δ	4.0
	s_0/m	0.0
	T/s	1.1

12.2.2.2 PATH 实验室模型

加州大学伯克利分校 PATH 试验室针对 ACC/CACC 跟驰模型进行了长期研究[28,32-35],所提模型结构简单,并通过真车实验验证了所提模型的可靠性。这类跟驰模型的基本模型公式、参数取值等见表 12.2.3。在表中,下标 i 为第 i 辆车,即跟驰车辆;x_i 为跟驰车辆的位移;x_{i-1} 为跟驰车辆前车的位移;v_i 为跟驰车辆的速度;v_{i-1} 为跟驰车辆前车的速度;$v_{i\text{prev}}$ 为跟驰车辆前一时刻的速度;a_i 为跟驰车辆的加速度;a_{i-1} 为跟驰车辆前车的加速度;T 为车头时距;e 为实际车间距离与期望车间距离的误差;$\dot{e}$ 为车间距误差 e 对时间的微分项;k_0 为前车加速度项权重系数;k_1 为车间距误差项权重系数;k_2 为速度差项权重系数;k_3 为车间距误差微分项权重系数。

PATH 试验室模型　　　　　　表 12.2.3

文　献	跟驰公式	参　数	ACC/CACC
Shladover 等[28] Vander 等[33] Milanés 等[32]	$e = x_{i-1} - x_i - Tv_i$ $a_i = k_1 e + k_2 (v_{i-1} - v_i)$	$T = 1.1\text{s}$ $k_1 = 0.23\text{s}^{-2}$ $k_2 = 0.07\text{s}^{-1}$	ACC
	$e = x_{i-1} - x_i - Tv_i$ $a_i = k_0 a_{i-1} + k_1 e + k_2 (v_{i-1} - v_i)$	$T = 0.6\text{s}$ $k_0 = 1.1$ $k_1 = 0.23\text{s}^{-2}$ $k_2 = 0.07\text{s}^{-1}$	CACC
Milanés 等[32]	$e = x_{i-1} - x_i - Tv_i$ $v_i = v_{iprev} + k_1 e + k_3 \dot{e}$	$T = 0.6\text{s}$ $k_1 = 0.45$ $k_3 = 0.25$	CACC

PATH 试验室模型能够从本质上体现 ACC/CACC 恒定车间时距的跟驰特性，且模型跟驰特性得到小规模实地真车实验的验证[32]，使得基于该模型的交通流研究能够较为客观地反映 ACC/CACC 对交通流动态特性的影响。不足之处在于，PATH 试验室目前较多地关注恒定车间时距的 ACC/CACC 跟驰要求，针对其他跟驰策略下的 ACC/CACC 跟驰模型研究，尚未形成系统的研究成果。

12.2.2.3　基于控制论的跟驰模型

从优化控制的角度进行建模是这一类 ACC/CACC 跟驰模型的特点。应用的主要方法包括比例微分（Proportional-derivative，PD）控制、模型预测控制（Model Predictive Control，MPC）、人工智能方法。这类跟驰模型的典型文献见表 12.2.4。

控制论跟驰模型　　　　　　表 12.2.4

文　献	建模方法	ACC/CACC
Naus 等[36]	MPC	ACC
Naranjo 等[37]	人工智能方法	ACC
Milanés 等[38]	方法综述	ACC
Milanés 等[39]	PD 控制	CACC
Naus 等[40]	PD 控制	CACC
Kianfar 等[41]	MPC	CACC

应用 PD 控制方法进行跟驰建模的控制框图如图 12.2.2 所示[40]，该图表示的是具有 3 辆车的 CACC 建模框图。其中 x_0 为第 1 辆车的期望参考位移；x_1、x_2、x_3 分别为第 1 辆车、第 2 辆车、第 3 辆车的位移；$\ddot{x}_1$、$\ddot{x}_2$、$\ddot{x}_3$ 表示位移量的二次微分，即第 1 辆车、第 2 辆车、第 3 辆车的加速度；s^2 表示拉普拉斯变换算子；e_1 为第 1 辆车以参考位移量 x_0 为基准的实际车间距与期望车间距的误差；e_2 和 e_3 为第 2 辆车和第 3 辆车的实际车间距与期望车间距的误差；K_1、K_2、K_3 为第 1 辆车、第 2 辆车、第 3 辆车控制系统的反馈控制器；F_2 和 F_3 为第 2 辆车和第 3 辆车控制系统的前馈控制器；u_1 为第 1 辆车反馈控制器的目标加速度输出量；u_2 和 u_3 为第 2 辆车和第 3 辆车反馈控制器以及前馈控制器的目标加速度联合输出量；G_1、G_2、G_3 为第 1 辆车、第 2 辆

车、第 3 辆车控制系统中的执行控制器；H_1、H_2、H_3 为第 1 辆车、第 2 辆车、第 3 辆车控制系统的车头时距控制策略；D_2 和 D_3 为第 2 辆车和第 3 辆车基于车-车无线通信技术获取前车加速度信息的时间延时。以第 2 辆车为例，第 1 辆车通过车-车无线通信，将第 1 辆车的加速度 $\ddot{x}_1$ 传递至第 2 辆车。建模时将第 1 辆车的加速度作为第 2 辆车 CACC 控制系统的前馈控制信号，同时将第 2 辆车与第 1 辆车的车间距误差 e_2 作为反馈控制信号，并对反馈控制信号通过反馈控制器 K_2 进行 PD 控制，将车间距误差量转换为加速度项，该加速度项与第 1 辆车加速度的前馈控制输出量联合确定第 2 辆车的目标加速度输出量 u_2。而后通过执行器 G_2 将目标加速转变为位移量，并通过车头时距控制策略 H_2，得到第 2 辆车的期望车间距，同时与第 1 辆车位移相比较，计算实际车间距与期望车间距的误差 e_2，进而形成 CACC 闭环控制系统。基于此框架的 ACC 控制原理，只需将基于车-车通信获得的前馈信号去除即可。

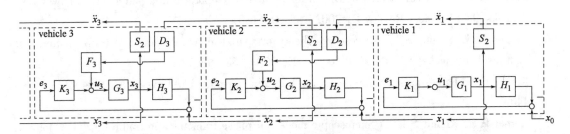

图 12.2.2　CACC 跟驰建模 PD 控制结构框图[40]

MPC 方法应用预测模型、滚动优化、反馈校正等控制策略，提高鲁棒性，同时可兼顾多控制目标和系统约束，有利于满足车辆行驶中多个控制需求，缺点是模型结构较为复杂。人工智能方法主要包括模糊控制、人工神经网络等，其建模思想是通过样本训练，建立输入车间距、速度差、加速度等信息与输出目标加速度的关系，缺点是模型的结构难以描述。

这类模型不受具体模型结构限制，建模较为灵活，对于 ACC/CACC 控制系统的实现具有一定的推动作用。这类模型普遍缺点是模型仅能应用于纯 ACC/CACC 车辆的同质交通流特性研究，难以用于研究不同 ACC/CACC 车辆渗透比例对传统人工驾驶交通流的影响作用。

课后习题

1. 使用一种三相交通流模型，通过初始均匀分布，在周期边界条件下模拟同步流并绘制时空图，观察是否有 $F \rightarrow S$ 或者 $S \rightarrow J$ 相变发生，模型可任选。

2. 对于 Kerner 的三相交通流理论，交通流领域一直存在争议。在今后的实践中，我们用什么方法来检验它的正确性？

3. 试对 PATH 试验室的 ACC 模型和 CACC 模型的线性稳定性进行分析。

4. 假设交通流中人工驾驶车辆、ACC 车辆和 CACC 车辆均匀地混合，三者的比例分别为 50%、20% 和 30%，试分析该混合交通流的基本图函数曲线。其中，人工驾驶车辆跟驰模型采用 IDM 模型，ACC 车辆和 CACC 车辆的跟驰模型采用 PATH 实验室模型。

参考文献

[1] Helbing D. Traffic and related self-driven many-particle systems[J]. Review of modern physics, 2001, 73: 1067-1141.

[2] Kerner B S, Rehborn H. Experimental properties of complexity in traffic flow[J]. Physical Review E, 1996, 53: R4275-R4278.

[3] Kerner B S, Rehborn H. Experimental properties of phase transitions in traffic flow[J]. Physical Review Letters, 1997, 79: 4030-4033.

[4] Kerner B S. Experimental features of self-organization in traffic flow[J]. Physical Review Letters, 1998, 81: 3797-3800.

[5] Kerner B S. Empirical macroscopic features of spatial-temporal traffic patterns at highway bottlenecks[J]. Physical Review E, 2002, 65: 046138.

[6] Kerner B S, Klenov S L. Microscopic theory of spatial-temporal congested traffic patterns at highway bottlenecks[J]. Physical Review E, 2003, 68: 036130.

[7] Kerner B S. Three-phase traffic theory and highway capacity[J]. Physica A, 2004, 333: 379-440.

[8] Kerner B S, Klenov S L. A microscopic model for phase transitions in traffic flow[J]. Journal of Physics A, 2002, 35: L31-L43.

[9] Kerner B S, Klenov S L, Wolf D E. Cellular automata approach to three-phase traffic theory[J]. Journal of Physics A, 2002, 35: 9971-10013.

[10] Jiang R, Wu Q S. Cellular automata models for synchronized traffic flow[J]. Journal of Physics A, 2003, 36: 381-390.

[11] Jiang R, Wu Q S. Spatial-temporal patterns at an isolated on-ramp in a new cellular automata model based on three-phase traffic theory[J]. Journal of Physics A, 2004, 37: 8197-8213.

[12] Jiang R, Wu Q S. First order phase transition from free flow to synchronized flow in a cellular automata model[J]. European Physical Journal B, 2005, 46: 581-584.

[13] Knospe W, Santen L, Schadschneider A, et al. Towards a realistic microscopic description of highway traffic[J]. Journal of Physics A, 2000, 33: L 477-485.

[14] Knospe W, Schadschneider A, Santen L, et al. A realistic two-lane traffic model for highway traffic[J]. Journal of Physics A, 2002, 35: 3369-3388.

[15] Treiber M, Hennecke A, Helbing D. Congested traffic states in empirical observations and microscopic simulations[J]. Physical Review E, 2000, 62: 1805-1824.

[16] Schönhof M, Helbing D. Empirical features of congested traffic states and their implications for traffic modeling[J]. Transportation Science, 2007, 41: 135-166.

[17] Schönhof M, Helbing D. Criticism of three-phase traffic theory[J]. Transportation Research Part B, 2009, 43: 784-797.

[18] Treiber M, Kesting A, Helbing D. Three-phase traffic theory and two-phase models with a fundamental diagram in the light of empirical stylized facts[J]. Transportation Research Part B, 2010, 44: 983-1000.

[19] Treiber M, Kesting A. Evidence of convective instability in congested traffic flow: A systematic empirical and theoretical investigation[J]. Transportation Research Part B, 2011, 45: 1362-1377.

[20] Helbing D, Hennecke A, Treiber M. Phase Diagram of Traffic States in the Presence of Inhomogeneities[J]. Physical Review Letters, 1999, 82: 4360.

[21] Tian J F, Yuan Z Z, Treiber M, et al. Cellular automaton model within the fundamental-diagram approach reproducing some findings of the three-phase theory[J]. Physica A, 2012, 391: 3129-3139.

[22] Kerner B S. A theory of traffic congestion at heavy bottlenecks[J]. Journal of Physics A, 2008, 41: 215101.

[23] Kerner B S, Klenov S L, Schreckenberg M. Simple cellular automaton model for traffic breakdown, highway capacity, and synchronized flow [J]. Physical Review E, 2011, 84: 046110.

[24] Kerner B S, Klenov S L, Schreckenberg M. Probabilistic physical characteristics of phase transitions at highway bottlenecks: Incommensurability of three-phase and two-phase traffic-flow theories[J]. Physical Review E, 2014, 89: 052807.

[25] Kerner B S, Klenov S L, Hermanns G, et al. Synchronized flow in oversaturated city traffic [J]. Physical Review E, 2013, 88: 054801.

[26] Kerner B S. Criticism of generally accepted fundamentals and methodologies of traffic and transportation theory: A brief review[J]. Physica A, 2013, 392: 5261-5282.

[27] Kerner B S. Failure of classical traffic flow theories: Stochastic highway capacity and automatic driving[J]. Physica A, 2016, 450: 700-747.

[28] Shladover S E, Su Dong-yan, Lu Xiao-yun. Impacts of cooperative adaptive cruise control on freeway traffic flow[J]. Transportation Research Record: Journal of the Transportation Research Board, 2012 (2324): 63-70.

[29] Kesting A, Treiber M, Helbing D. Enhanced intelligent driver model to access the impact of driving strategies on traffic capacity[J]. Philosophical Transactions of the Royal Society of London A: Mathematical, Physical and Engineering Sciences, 2010, 368 (1928): 4585-4605.

[30] Li Zhipeng, Li Wenzhong, Xu Shangzhi, et al. Stability analysis of an extended intelligent driver model and its simulations under open boundary condition[J]. Physica A: Statistical Mechanics and its Applications, 2015, 419: 526-536.

[31] Kesting A, Treiber M, Schonhof M, et al. Extending adaptive cruise control to adaptive driving strategies[J]. Transportation Research Record: Journal of the Transportation Research Board, 2007 (2000): 16-24.

[32] Milanes V, Shladover S E. Modeling cooperative and autonomous adaptive cruise control dynamic responses using experimental data[J]. Transportation Research Part C: Emerging Technologies, 2014, 48: 285-300.

[33] Vanderwerf J, Shladovre S, Kourjanskaia N, et al. Modeling effects of driver control assis-

tance systems on traffic[J]. Transportation Research Record: Journal of the Transportation Research Board, 2001 (1748): 167-174.

[34] Shladovre S E. Review of the state of development of advanced vehicle control systems (AVCS)[J]. Vehicle System Dynamics, 1995, 24(6-7): 551-595.

[35] Shladovre S E, Desoer C A, Hedrick J K, et al. Automated vehicle control developments in the PATH program[J]. IEEE Transactions on Vehicular Technology, 1991, 40(1): 114-130.

[36] Naus G J L, Ploeg J, Vande Molengraft M J G, et al. Design and implementation of parameterized adaptive cruise control: An explicit model predictive control approach[J]. Control Engineering Practice, 2010, 18(8): 882-892.

[37] Naranjo J E, Gonza C, Garci R, et al. ACC + Stop & go maneuvers with throttle and brake fuzzy control[J]. IEEE Transactions on Intelligent Transportation Systems, 2006, 7(2): 213-225.

[38] Milanes V, Villagra J, Perea J, et al. Low-speed longitudinal controllers for mass-produced cars: A comparative study[J]. IEEE Transactions on Industrial Electronics, 2012, 59(1): 620-628.

[39] Milanes V, Shladover S E, Spring J, et al. Cooperative adaptive cruise control in real traffic situations[J]. IEEE Transactions on Intelligent Transportation Systems, 2014, 15(1): 296-305.

[40] Nnus G J L, Vugts R P A, Ploeg J, et al. String-stable CACC design and experimental validation: A frequency-domain approach[J]. IEEE Transactions on Vehicular Technology, 2010, 59(9): 4268-4279.

[41] Kianfar R, Augusto B, Ebadighajari A, et al. Design and experimental validation of a cooperative driving system in the grand cooperative driving challenge[J]. IEEE Transactions on Intelligent Transportation Systems, 2012, 13(3): 994-1007.